Praxis Heilpädagogik – Konzepte und Methoden
Herausgegeben von
Heinrich Greving

Barbara Schroer/Elke Biene-Deißler/
Heinrich Greving

Das Spiel in der heilpädagogischen Arbeit

Verlag W. Kohlhammer

Dieses Werk einschließlich aller seiner Teile ist urheberrechtlich geschützt. Jede Verwendung außerhalb der engen Grenzen des Urheberrechts ist ohne Zustimmung des Verlags unzulässig und strafbar. Das gilt insbesondere für Vervielfältigungen, Übersetzungen, Mikroverfilmungen und für die Einspeicherung und Verarbeitung in elektronischen Systemen.

1. Auflage 2016

Alle Rechte vorbehalten
© W. Kohlhammer GmbH, Stuttgart
Gesamtherstellung: W. Kohlhammer GmbH, Stuttgart

Print:
ISBN 978-3-17-025890-7

E-Book-Formate:
pdf: ISBN 978-3-17-025891-4
epub: ISBN 978-3-17-025892-1
mobi: ISBN 978-3-17-025893-8

Für den Inhalt abgedruckter oder verlinkter Websites ist ausschließlich der jeweilige Betreiber verantwortlich. Die W. Kohlhammer GmbH hat keinen Einfluss auf die verknüpften Seiten und übernimmt hierfür keinerlei Haftung.

Inhalt

Inhalt 5

Einleitung 7

1 Eine philosophische Basis: Der Mensch als »homo ludens« 9
   1.1 Das Spiel als grundlegendes Phänomen menschlichen Lebens 10
   1.2 Das Spiel als Identitätsmarkierung 14

2 Spielrelevante Erkenntnisse der Gehirnforschung und Gehirnentwicklung 19

3 Spiel: Ein In-der-Welt-Sein 26
   3.1 Elementare Bausteine des Phänomens Spiel 27
   3.2 Die Kinder der Heilpädagogik 44
   3.3 Die heilpädagogische Bedeutung des Spiels 48

4 Spielentwicklung in ihren typischen Grundformen und Ausprägungen 54
   4.1 Funktionsspiel 60
   4.2 Rollenspiel 78
   4.3 Konstruktionsspiel 95
   4.4 Regelspiel 107
   4.5 Spiel unter erschwerten Bedingungen: Besonderheiten in der Spielentwicklung von Kindern mit Entwicklungsbeeinträchtigungen 111

5 Spiel: Das zentrale Medium in heilpädagogischen Tätigkeitsfeldern 145
   5.1 Zwei Förderkonzepte: Heilpädagogische Übungsbehandlung (HPÜ) und Heilpädagogische Spieltherapie (HPS) 145
   5.2 Von der heilpädagogischen Diagnose zur Stundenplanung und -gestaltung 151
   5.3 Überlegungen zum Einzelkontakt von Heilpädagogin und Kind 158

	5.4	Überlegungen zur Anleitung von Eltern im gemeinsamen Spiel	167
	5.5	Überlegungen zur Kleingruppenarbeit	169
6	Ausblick		183
Literatur			184
Sachwortregister			189

Einleitung

Für den Menschen ist das Spiel ein kulturelles Element, in dem er sich mit den gewachsenen Bezügen seiner Welt auseinandersetzt. Leben und Spiel werden zu einer Lebenskunst verbunden. In allen Lebensaltern kann es als das grundlegende Phänomen menschlichen Lebens verstanden werden. Das Spiel bleibt über die Lebensspanne hinweg als Identitätsmarkierung bedeutend. In der Begleitung von Kindern ist es das vorrangige Medium in der heilpädagogischen Arbeit.

Eine Vielzahl an Spieltheorien, die in ihren Aussagen noch immer unausgeschöpft erscheinen, thematisiert das Grundphänomen Spiel und zeigt seine schillernde Vielseitigkeit. Spielen kann das Kind von Anfang an und dennoch ist sein Tun an Entwicklung und Lernen gebunden, um sich differenzieren, erweitern und stabilisieren zu können. Seine Selbst- und Welterfahrung werden im Spiel in Szene gesetzt, überprüft und neu geordnet. Spielen wirkt sich aktivierend und ordnungsgebend aus. Es ist somit existenzsichernd und -steigernd.

Um seine innere Balance (wieder) zu finden, braucht gerade das Kind mit einer Beeinträchtigung oder Behinderung das Erleben, dass sein Handeln für es einen konstruktiven Sinn erhält. Im Spiel – unter der behutsamen Führung der Heilpädagogin oder des Heilpädagogen – kann das Kind eine Chance finden, unverbundene Erfahrungsanteile zu einer neuen Gestalt zu verknüpfen, die sich positiv auf seine weitere Entwicklung auswirkt: Das Kind kann zu sich selbst heimkommen.

Spiel ist also die Lebenswelt, die Sprache des Kindes. Hier setzt es sich mit seiner sozialen und dinglichen Umwelt auseinander und drückt seine emotionale Befindlichkeit aus. Das Spiel kann als das zentrale Medium im heilpädagogischen Tätigkeitsfeld der frühen Hilfen im Kindesalter (Frühförderung, Kindertagesstätte) verstanden werden. Im und über das Spiel werden entwicklungsförderliche Impulse in der Begleitung gegeben, wodurch das Kind die anstehende Entwicklungsaufgabe positiv bewältigen kann. Praxisrelevant sind die Handlungskonzepte der »Heilpädagogischen Übungsbehandlung« und der »Heilpädagogischen Spieltherapie«, die von den Grundphänomenen personaler Existenz abgeleitet werden.

In diesem Buch soll das Grundphänomen Spiel theoretisch durchdacht werden. Um dem Wesen des spielenden Menschen, dem »homo ludens« (Huizinga), auf die Spur zu kommen, eröffnen philosophische Überlegungen einen verstehenden Zugang. Ausgehend von einem zeitgemäßen bio-psycho-sozialen Erklärungsmodell erfährt das Spiel eine mehrdimensionale Betrachtung. Im Kontext der biologischen Faktoren wird der Versuch unternommen, neurobiologische/neuropsychologische Erkenntnisse auf das Spiel zu übertragen. Die psychologischen Faktoren umfassen entwicklungspsychologisch fundierte Prozesse, die sich im Wandel der Spielformen abzeichnen. Im Kontext der sozialen Faktoren ist einerseits davon auszugehen, dass sich aus der Eltern-Kind-Interaktion heraus Spielszenen gestalten und das Kind in einer sozial sicheren Bindung sein Spiel entfalten kann. Andererseits sammelt das Kind im Spiel mit anderen soziale Erfahrungen, baut seine Kompetenzen aus und kann hierüber seine Ich-Identität finden. Das Zusammenwirken der einzelnen Faktoren wird deutlich und muss in der Praxis berücksichtigt werden.

Im weiteren Text wird das Spiel in seiner praktischen Relevanz veranschaulicht. Im gemeinsamen Spiel wird mit dem Kind auf der Handlungsebene ein Kontakt aufgenommen, die Begegnung gestaltet und eine tragfähige Beziehung aufgebaut. Eine Auswertung der Beobachtungen – wie spielt das Kind und was spielt es, wo bewegt es sich und was braucht es – erfolgt auf der Metaebene, um heilpädagogische Impulse im Spiel geben zu können. Die Spielthemen des Kindes können aufgegriffen und am Kind orientiert weiterentwickelt werden. Die Spielraumgestaltung, die Auswahl der Spielmaterialien und das methodische Vorgehen sind individuell verschieden. Es kann ein freies Spiel mit offenen, vielseitigen Angeboten bis hin zu einem gelenkten, strukturierten Spiel mit gezielten Angeboten sein: in der Einzelsituation oder im Gruppengeschehen. Im Sinne der inklusiven Bildung bedarf es einer lernzieldifferenzierten Förderung. Nach dem Motto: »gemeinsam spielen – voneinander lernen« wird die konzeptionelle Umsetzung einer heilpädagogischen Kleingruppe vorgestellt.

Coesfeld/Sinn-Fleisbach/Münster, im Juni 2016
Barbara Schroer, Elke Biene-Deißler, Heinrich Greving

1 Eine philosophische Basis: Der Mensch als »homo ludens«

Das Spiel stellt – nicht erst nach Huizinga (vgl. Huizinga 1938) – ein kulturelles Element dar: Spiel erscheint in der Kultur, Spiel wird durch Kultur real, Spiel ist Kultur. Mehr noch: Spiel bekommt eine kulturschaffende Funktion, wird lebendig und gestaltend in Fragen der Dichtung, des Wissens, ja sogar der Philosophie und der Kunst (vgl. Huizinga 1938, 75–278). Im Spiel stellt sich der Mensch somit in die kulturellen Bezüge seiner Welt: Diese werden im Spiel und durch Spielen generell geschaffen, verändert und in einigen Teilen sogar auch zu ernsten Themen und Vollzügen (wie z. B. in liturgischen Handlungen). Im Spiel erfährt das Kind ein Hineinkommen, ein Ankommen in die jeweilige Kultur – so z. B. durch die Rollenspiele. Das Spiel umfasst hierbei sowohl pädagogische als auch kulturprägende und sozialisierende Funktionen – so z. B. in der Entwicklung der Beziehung zwischen den Spielenden, im Kennenlernen von Normen und Werten einer Gesellschaft und vieles andere mehr. Weit über diesen argumentativen Kontext hinaus betrifft das Spiel nicht nur das Kind, sondern hat auch eine »Bedeutung für unsere Lebensführung« (Prange/Strobel-Eisele 2015, 120). Mit Bezug auf Huizinga stellen Prange und Strobel-Eisele fest, dass es »ohne Spiel keine Kultur (gibt)« (ebd.). Eine solchermaßen verstandene Wirksamkeit und Wirkmächtigkeit des Spiels führt dazu, dies sehr weit zu fassen, so dass mit Huizinga dargestellt werden kann, dass hierunter »alle sinndarstellenden Handlungen, in denen wir unser kollektives und individuelles Verständnis des Lebens ausdrücken[, fallen], d. h., wie wir uns und die anderen sehen« (ebd.). So wird auch der erwachsene Mensch zu einem spielenden Menschen: Er erfährt bzw. bringt kreativ im Spiel folgende Merkmale hervor:

Das Spiel ist immer eine freie Handlung. Das Spiel entsteht in Freiheit und erschafft hierbei auch Freiheit. Das Spiel ist nicht wirtschaftlich orientiert, sondern auf sich selbst bezogen – es genügt sich folglich selbst. Zu diesem Spiel gehören immer auch Raum und Zeit, also Spielraum und Spielzeit, in denen es stattzufinden vermag. Zu jedem Spiel gehören Regeln, welche je nach Spielform immer aber auch wieder verändert werden können – wie dieses im Regel-, aber auch im Funktionsspiel der Fall ist. Durch das Spiel erlebt der Mensch sich in der Erfahrung des »Als-ob«: Er tut so, als sei er jemand, jemand anderer, ein Ding, ein Tier, in einer anderen Welt usw. Last but not least: Durch all diese Merkmale erzeugt und erhält das Spiel Formen der Gemeinsamkeit zwischen den Spielenden. Es entstehen Dialog und Nähe (ebd., 121).

Auf diesem argumentativen Hintergrund erscheint »Leben als Spiel« (Schmidt 2005, 23). Leben und Spiel werden zu einer Lebenskunst verbunden, in welcher der Spielende sich mit dem Zufälligen, mit dem Widerständigen, mit unterschiedlichsten Ebenen der (weltlichen, gegenständlichen und menschlichen) Polarität auseinandersetzen muss, um so, mehr oder weniger, zu sich zu finden (ebd., 23–31). Das Spiel verfolgt hier, z. T. ohne es bewusst zu tun, unterschiedliche Ziele: Es ereignet sich an Schnittpunkten von bildenden, philosophischen und auf die Ästhetik bezogenen Handlungsspielräumen (vgl. Reitemeyer 2005, 47). In den Konkretionen des Spiels erfährt sich der Mensch, so zumindest Schiller recht treffend, erst recht als Mensch. Das Spiel stellt sich hierbei als »gestaltete Zeit« (Portmann 1976, 58) dar. Durch das Spiel bekommt die Zeit, welche ansonsten unscheinbar, unmerklich, unstrukturiert – vielleicht durch Arbeit organisiert – verfließt, eine individuelle Kantigkeit. Die Zeit erfährt eine deutliche Bestimmung, eine zutiefst subjekt-, aber auch auf den anderen bezogene Normierung, welche so einzig und allein durch das Spiel entstehen kann. Hierzu noch einmal Schiller: Der Mensch ist dort ganz Mensch, wo er spielt! Der ›homo ludens‹, welcher durch sein Spiel Kultur schafft bzw. wird, wird somit von klein auf in die Möglichkeitsräume des Spieles eingeführt, begeht und erforscht diese, konstruiert sie neu, gestaltet sie aus – und das am besten immer mit anderen, im Dialog mit diesen. Hieran anschließend werden in diesem einführenden Kapitel zwei weitere Aspekte zum menschlichen Spiel näher erläutert:

- das Spiel als grundlegendes Phänomen menschlichen Lebens,
- das Spiel als Identitätsmarkierung, bzw. als Konturierung der Identität.

1.1 Das Spiel als grundlegendes Phänomen menschlichen Lebens

Immer wenn wir als Mensch kreativ, gestaltend und dialogisch da sind, sind wir als mitspielende Menschen unterwegs. Spielen stellt sich somit als »Grundvollzug des menschlichen Daseins« (Zaborowski 2013, 131) dar. Hierzu noch einmal Zaborowski ausführlich:

> »Das Spiel ist ein Phänomen, das – bei allen Unterschieden im Detail – in allen Kulturkreisen und geschichtlichen Epochen nachgewiesen werden kann: Immer spielen Menschen auch. Der Mensch ist nicht nur ein politisches Wesen, nicht nur ein Wesen, das über Sprache und Vernunft verfügt, nicht nur *homo faber* oder *homo laborans*, sondern auch ein *homo ludens*, der spielende Mensch, und zwar derart, dass er nicht das eine oder das andere wäre oder zu gewissen Zeiten das eine, dann, zu anderen Zeiten, das andere, sondern in einer derartigen Weise, dass sich in der Regel diese Grundzüge menschlicher Existenz lebendig durchdringen und aufeinander ›abfärben‹: Gerade auch in der Arbeit, im Herstellen oder in politischer Tätigkeit ist der Mensch auch und vor allem dies: ein Spieler.« (Zaborowski 2013, 132)

Durch das Spiel erlebt der Mensch aber auch seine Gegenseite: Elementar wird ihm deutlich, dass es eben nicht nur um Arbeit, um Streben, um Bemühen geht, sondern vielmehr um ein menschliches Miteinander, welches auch in Bezug auf die Endlichkeit spielerisch gedeutet werden kann. Der Mensch erlebt sich spielerisch in

Auseinandersetzungen mit Tragik, mit Komik, mit Leben schlechthin (vgl. ebd., 135). In dieser Bedeutung des grundlegenden Charakters des Spiels für den Menschen stellen sich die Elemente der Zeit, des individuell Projektierenden und die Auseinandersetzung mit Alltäglichkeiten als weitere zentrale Merkmale dar.

In einem ersten Schritt kann nun im Hinblick auf den Erlebnisraum der Zeit, also auf die Relevanz für die Begegnungserfahrungen und das Erleben, was sich zeitlich orientiert alltäglich wiederholt, eine grundlegende Bedeutung des Spiels skizziert werden. In dieser Alltäglichkeit wird das Spiel zum Urphänomen, also im Sinne Goethes zu einer Dimension, die »die ursprüngliche Einheit in der Mannigfaltigkeit alles Seienden bezeichnet« (Röhrs 1981, 3). Hierdurch wird zudem angedeutet »dass das Spiel zu den konstitutiven Prinzipien des Lebens gehört, dass das Lebendige trägt und sich quer durch alle Lebensbereiche erstreckt [… somit] erweist [… es] sich sowohl unter ontogenetischem als auch unter phylogenetischem Aspekt als ein grundlegendes Prinzip, in dem das Leben über die jeweilige Bewährung zur Selbstvollendung findet« (ebd., 4). Das Spiel begleitet hierbei die Entwicklung eines jeden Menschen – und ist folglich im Rahmen heilpädagogischer Methoden und Konzepte sehr relevant – von seinen Ursprüngen an, in der Gestalt einer »motivierenden Tätigkeitsform« (ebd., 5). Es spricht diesen in seiner Personenhaftigkeit an, da es neben den intellektuell-kognitiven vor allem auch die sensomotorischen und emotionalen Erlebensbereiche in den Blick nimmt und aufeinander abstimmt. Dieses ereignet sich im Spiel immer in der Bezogenheit auf und in der Auseinandersetzung mit einer Umwelt, welche sich in Objektbereichen (also Spielmaterialien, räumlichen Gegebenheiten etc.) und Subjektgestalten (Spielpartner, Geschwister, Eltern, Pädagogen etc.) dem spielenden Kind zur kommunikativen Verständigung darbietet, denn »Verständigung im Spiel ist das Grundelement der Kommunikation« (ebd., 6). Folglich kann das Spiel auch als eine die Ausformung menschlicher Kommunikation erheblich mitbedingende »primäre Wirklichkeit begriffen« werden (Eichler 1979, 129).

Hierbei realisiert sich das Spiel erneut grundlegend auf dem Hintergrund der Zeit: Spiel stellt sich als gestaltete Zeit dar. Der Mensch erfährt Zeit als Ureigenschaft – Zeit bedingt alles und jeden, alles und jedes (Da-)Sein. Der Mensch ist in einem Zeitraum unwiderruflich eingespannt; er ist genötigt, diesen immer wieder sinnvoll (was immer das auch im Einzelfall konkret bedeuten mag) auszufüllen. Leben erscheint hierbei als realisierende Konkretisierung der Zeit »[…] ist Sinngebung für leere Uhrenzeit« (Portmann 1987, 52). Das Eingebundensein des Menschen in den unaufhaltsamen Verlauf der zeitlichen Dimension, des Vollzuges unwiederbringlich verrinnender Augenblicke, Stunden und Jahre stellt ihn von Anbeginn seines Daseins vor die Aufgabe, diese, als die Möglichkeit Sinn zu erfahren, immer einmal wieder lebendig werden zu lassen. Der Mensch erlebt den Vollzug der Zeit in der Wandelbarkeit allen Seins:

- Blumen wachsen, blühen, verwelken;
- die Länge der Tage, die Sonnendauer nimmt zu und wieder ab;
- die Jahreszeiten gestalten die Natur in ständig wechselnden Farbspielen;
- nicht zuletzt ist auch der Mensch selbst der Verwandlung unterworfen: Er erlebt sich als Geborener, sich Entwickelnder, sich Veränderer und Sterbender.

Die vielfältigen Zeitgestalten erscheinen folglich als integrierende Phasen und Aufgaben einer kontinuierlichen Entwicklung, sie werden erfahrbar und »fassbar durch das sinnlich Wahrnehmbare« (Portmann 1987, 52). Der Mensch erlebt sich geformt und gestaltet durch die Beziehungen zur Außenwelt, welche bei ihm immer einmal wieder eine (seine) innere Welt grundlegen und ausformen. Diese innere Welt erscheint ihm als Identität, als Selbstbewusstsein, wird von ihm als eine solche erfahren und weiter konturiert. Im Verlauf einer permanenten Ausdifferenzierung dieser Innerlichkeit, durch intensivere Beziehungen zum Außenseienden, kommt es im Laufe der Menschheitsgeschichte »[...] zu lustbetontem Verhalten, das nicht unmittelbar dem Zwang der Lebenserhaltung dient – es begegnet uns zweckfreies Tun – zweckfrei, aber nicht sinnlos – es begegnet uns erlebtes [...] Spielen« (ebd., 54). Hierbei lässt sich das Spiel als sehr freies Erleben der Zeit, letztlich als »erfüllte Zeit« (ebd.), also als Kairos definieren. In dieser gestaltet der Mensch sein Dasein mit einem Spielpartner, auf dem Hintergrund einer sinnlich und sinnvoll wahrnehmbaren Wirklichkeit, immer wieder neu aus. Die Vergangenheit der spielenden Personen wirkt hierbei auf ihr aktuelles Spiel ein, welches in seiner Vergegenwärtigung eine Zukunft für beide (oder auch mehrere) grundlegt und entwirft. Eine Zukunft, welche ohne die Ausgestaltung in gerade diesem Spiel vielleicht anders verlaufen würde – auch dieses kommt in den Rollenspielen der Kinder immer wieder deutlich zur Geltung. Das Spiel kann in diesem Kontext also auch als »Lebensversuch« (Hillebrand 1987, 96) gelten, in welchem immer einmal wieder neu ein Experiment hinsichtlich der subjektiv-sinnvollsten Gestaltung der eigenen Entwicklung (und somit auch der Beziehung zu anderen) versucht wird.

In einem zweiten Schritt lässt sich das Spiel aber auch als individuelles und subjektives Projektionsfeld darstellen: Abgehoben vom freien Vollzug des Spieles werden diesem bestimmte Funktionen zugeschrieben, von denen die wichtigsten die Entfaltung und die Ausformung der je altersgemäßen Fähigkeiten sein dürften: In sich ständig wechselseitig vollziehenden Beziehungsschleifen hält es die Voraussetzung für die Entwicklung der Sozialisation und Enkulturation bereit (s. o.) (Röhrs 1981, 8/9). Der spielende Mensch – mithin primär und häufig leider meist nur das Kind – erfährt das Spiel somit als Möglichkeit, mit welcher notwendige Elemente des Lebensvollzuges erfahren und eingeübt werden können. Vergangene Erfahrungen und die eigene Geschichte werden hierdurch in ihrer individuellen Ausprägung projiziert, von den Spielpartnern in ihrer je individuellen Subjekthaftigkeit wahrgenommen, aufgegriffen und in einem kommunikativen Vollzug des gemeinsamen Spielens verändert. So gesehen ereignet sich ein sich ständig erweiternder Zuwachs in der Erfahrung und Handhabung gesellschaftssystemischer Lebensmechanismen und (diese zum Teil bedingend) interindividueller Begriffsbildungen durch das Spiel.

Diese Prozesse vollziehen sich zwar in dem, was der Mensch als Alltäglichkeit wahrnimmt, dennoch stellen sie diese Alltäglichkeit aber auch deutlich in Frage, so dass das Spiel in einem dritten Schritt als Fragestellung des Alltäglichen gelten kann:

Ein grundsätzliches Merkmal eines jeden Spieles besteht in der »Kontrastwirkung als scheinbare Randgegebenheit, die aber von entscheidender Bedeutung für die Entwicklung von relativer Freiheit ist« (Röhrs 1981, 15). Das Spiel ereignet sich also als Begleitelement des Lebens, dient aber dennoch der Entwicklung der Lebensfunktionen, welche sich erst aufgrund dieses teilweisen Ausklinkens aus der Ernsthaftigkeit des Lebens in immer neuen Variationen und Möglichkeiten entwickeln können. Dieses Grundmerkmal des Spiels lässt sich also in dem »Wechselbezug zwischen dem scheinbar zweckfreien Handeln und dem Vorvollzug partieller Lebensfunktionen [erkennen]« (ebd.). Der Charakter des Spiels zeigt sich somit in dem Gefühl der Wahrnehmung des »Als-ob« (s. o.), welches immer den freien Vollzug, also immer auch den Abbruch (aber nicht das Scheitern!) des Spiels mit einschließt. Das Spiel ereignet sich hierbei erneut als Experimentierfeld, welches den schmalen Grat zwischen spielerischem Sein und nichtspielerischem Schein begehen und neu festlegen muss. Hierbei erprobt sich der spielende Mensch selbst, ohne dass hierin »die Notwendigkeit des existentiellen Vor- oder Nachvollzugs des Erprobten eingeschlossen wäre« (ebd., 16). Dennoch aber hält das Spiel, aufgrund seiner subjektiv erfahrenen Wirklichkeit, die Möglichkeit der Bewährung des Erprobten offen, ohne dass diese freilich im Spielprozess erzwungen werden könnte.

Die Welt des Spiels und die Welt des Lebens stehen somit in permanenter Wechselwirkung, sind voneinander abhängig, ohne hierbei aber ihren spezifischen eigenständigen Charakter (also den des Spiels und den der Welt) aufzugeben. »Der ›Spielkreis‹ ist Glied des ›Lebenskreises‹, so dass beide sich wechselseitig beeinflussen und nicht beziehungslos einander gegenüber oder gar gegeneinander stehen« (ebd.). Eine Kommunikation zwischen diesen beiden Welten ist somit immer intendiert und in jedem Spiel neu zu gestalten, wobei jeder Spieler seine Alltäglichkeit infrage stellen können muss, um zu einer gewissen Selbstdistanz, also zu einer Loslösung von sich selbst und hin zu einem Weg auf den anderen zu und somit zu einer Veränderung seines Selbst- und Welterlebens zu erlangen. Dieses wird an Abbildung 1 deutlich.

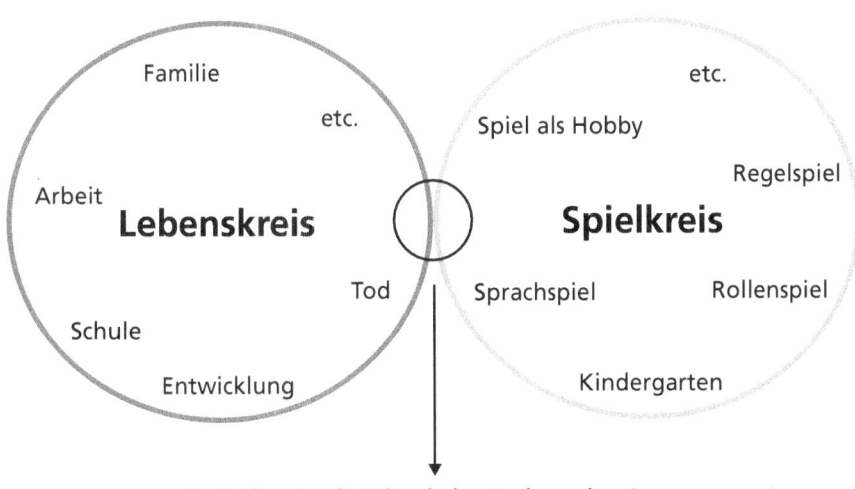

Abb. 1: Beziehung zwischen Spielkreis und Lebenskreis

Das Spiel kann also nur dann als Spiel betrachtet werden, »sofern es [...] die Spieler zu einer Gemeinschaft bindet, damit aus einer anderen vorhandenen löst« (Röhrs 1981, 17). Für die heilpädagogisch Tätigen bedeutet das, dass sie ihr Erleben des Spieles, ihr Bild der spielerisch-verspielten Wirklichkeit hinterfragen und immer wieder neu erkennen sollten, um so den grundlegenden Charakter ihrer Spielmöglichkeiten und Spielvarianten im Zusammensein mit dem gegenüber seienden Menschen wahrzunehmen. Sie können sich hierbei folgende Frage stellen und sie gegebenenfalls zu beantworten suchen:

- Wie erlebt der andere Mensch eine gemeinsam zu gestaltende Zeiteinheit?
- Welche Erfahrungen hat er gegenüber seinem Spielpartner bislang mit dem Spiel gemacht?
- Wie projiziert er diese Erfahrung auf das nun zu realisierende gemeinsame neue Spiel?
- Wie wirkt das Herausgenommenwerden aus den alltäglichen Lebensvollzügen im Spiel auf den Spielpartner (gegebenenfalls verunsichernd, verängstigend und vielleicht auch beflügelnd)?
- Wie wirkt das Spiel auf die alltäglichen Lebensvollzüge (wie der Alltag in der Familie, in der Schule etc.) zurück?
- Ist vom Spielpartner eine Transferleistung vom Spiel zur nichtspielerischen Wirklichkeit zu leisten oder muss diese vielleicht durch andere pädagogische Maßnahmen angebahnt werden?
- Wie erfährt sich der/die heilpädagogisch Tätige im Spiel (als Mitspieler oder als Mitvollziehender eines irgendwie gearteten Berufsauftrages)?
- Wie erlebt der/die heilpädagogisch Tätige das Spiel (als Freiraum gegenseitigen Lebensvollzuges oder als pädagogische Methode)?
- Wie verbindet der/die heilpädagogisch Handelnde den Berufsauftrag mit den Grundelementen und Grundgedanken des Spieles?

1.2 Das Spiel als Identitätsmarkierung

Der Mensch gestaltet sich durch das Spiel selbst: Das Spiel ist somit im Letzten eine »kreative Erwiderung des Menschen auf die Zufälligkeit« (Marsal/Dobashi 2008, 33). Der Mensch erlebt sich immer auch als in das Leben und die Welt »Geworfener«, als in die Gegenwart einer kaum zu kontrollierenden Welt Hinausgesetzter. Dieses erfährt er erst recht in den Ausprägungen postmoderner Beliebigkeiten, in denen scheinbar alles möglich und doch vieles unmöglich ist – nur dass der Mensch selten einmal das eine vom anderen zu unterscheiden vermag. Auf diesem Hintergrund definiert der Mensch sich durch das Spiel bzw. die Gegebenheiten der Welt, indem er sie hierdurch fassbar, greifbar und vielleicht sogar begrifflich zu fassen vermag. Mit Bezug auf Nietzsche definieren Marsal und Dobashi hierbei »das Leben als künstlerisches Spiel« (ebd., 37). Durch diese Form, sich selbst im

Spiel an die Welt zu geben, bzw. die Welt in Teilen durch das Spiel zu gestalten, kommt es zu einer Selbst- und Weltkonstruktion der Spielenden: »Um der Zufälligkeit nicht anheim zu fallen, wird sie in das Spiel hineingenommen, aufgesucht, als Möglichkeit vorweggenommen oder – aus einer innerlichen Größe heraus – akzeptiert [...]. Spiel ist also mit ›Vision‹, ›Gefahr‹, und ›Anstrengung‹ verbunden [...]« (ebd., 39 f.). In der Art des Spielens, in der kreativen Auseinandersetzung mit Zufälligkeit entsteht ein Verhältnis des Menschen zu eben dieser: Es gelingt ihm eventuell mehr und mehr, seine eigene Positionierung in den Zeiten des Unzuverlässigen, des Ungenauen zu kartieren, um sich (zumindest für die Momente und Augenblicke eines gelingenden Spieles) einer Nichtzufälligkeit bewusst zu werden. Um die Vernetzungen von Spiel und Identität näher zu fokussieren müsste es daher zu einer »Anthropologie ludischer Selbstverhältnisse« (Ferrin 2013, 109) kommen – wobei Ferrin sich hierbei auf die Art und Weise der Gestaltung eines Avatars in Bezug auf Computerspiele bezieht. Aber dennoch: Wie sich ein Mensch durch das Spiel als Kulturseiender und Kulturgebender, hierbei seine eigene Identität stets neu Schaffender versteht, müsste deutlicher in die Fassung anthropologischer Grundaussagen zum Menschen eingepasst werden.

Einige Positionierungen hierzu hat schon Scheuerl in seinen Untersuchungen über das Wesen bzw. die pädagogischen Möglichkeiten und Grenzen des Spiels formuliert (vgl. Scheuerl 1994). Hierin erläutert er unterschiedlichste Themen, um dem Wesen des Spieles als identitätsmarkierendes Szenario beizukommen: so das Moment der Freiheit, das Moment der inneren Unendlichkeit, das Moment der Scheinhaftigkeit, das Moment der Ambivalenz, das Moment der Geschlossenheit, wie auch das Moment der Gegenwärtigkeit (vgl. ebd., 67–102). Auf diesem Hintergrund sollen im Folgenden drei Punkte herausgegriffen werden, um die identitätsstiftende Funktion des Spieles beispielhaft zu konkretisieren:

- Freiheit und Spiel,
- Ambivalenz und Spiel,
- Glück und Spiel.

Wenn die Freiheit als die »Pflicht zur subjektiven Entscheidung« (Ziethen 1988) bezeichnet werden kann, ist das Spiel grundsätzlich als freies Handeln zu betrachten, da sich hier einzelne Subjekte aufeinander beziehen, um in ihrer je eigenen individuellen Entscheidung festzulegen, was, wie und auf welchem Hintergrund sie miteinander spielen möchten. Ein gefordertes, aufgetragenes oder gar befohlenes Spiel ist somit »kein Spiel mehr« (Huizinga 1958, 15). Im Spiel ereignet sich daher also einerseits das »Freiheitsbedürfnis« (Hildebrand 1987, 90) des Menschen. Andererseits führt es den Menschen aber auch erst zum Erlebnis des Freiseins, lässt es dieses grundlegend selbstgestaltend einüben und immer wieder neu variieren, so dass es auch als »frei gewählte Tätigkeit schöpferischen Charakters« (ebd., 98) beschrieben werden kann. In dieser hinterfragt und bestimmt der Mensch sein Verhältnis zum Dasein der anderen und zur Welt immer wieder neu.

Das Spiel ist infolgedessen in seinem Vollzug frei von allen Ziel- und Zwecksetzungen, die außerhalb dieses Spieles liegen bzw. an dieses Spiel herangetragen werden (vgl. Scheuerl 1981, 42). – Oder es sollte es zumindest sein, wobei gerade in der professionellen pädagogischen Anwendung des Spielens Probleme auftreten können, da es hierbei darauf ankommt, den schmalen Grat zwischen methodischer Strukturierung und freier Gestaltung zu begehen. Weiterhin ist das freie Spiel durch das Moment der »inneren Unendlichkeit« (ebd.) gekennzeichnet, die auf die fortwährende Wiederholung des Spielgeschehens hindeutet, welches um seiner selbst willen vollzogen wird. Streben somit bestimmte Bedürfnishandlungen ganz bestimmten, außerhalb ihrer selbst liegenden Zielen zu (wie dieses zum Beispiel beim Arbeiten oder beim Erfüllen bestimmter Leistungen der Fall ist), ist das Spiel primär zweckfrei und will in diesem Erleben des Ungebundenseins einen ewigen Vollzug erreichen. Das Spiel »strebt […] nach Ausdehnung in der Zeit« (ebd.). Hierbei ist den Spielenden die Aufgabe gestellt, diese Zeit als die ihrige wahrzunehmen. Sie müssen hierbei Zeitstrukturen als solche realisieren, und zwar im Erleben ihrer je eigenen Freiheit, in der Beziehung des Freiseins des je anderen, wobei beides kreativ auszufüllen ist. Ein weiteres Strukturmoment des freien Spiels ist dasjenige der »Scheinhaftigkeit« (ebd.): Es ist nur scheinbar herausgehoben aus dem kontinuierlichen Verlauf des Lebens. Es ist in Wirklichkeit eng mit diesem verwoben und wirkt auf diesen zurück. Das Spiel kann dieses aber nur deshalb in solcher Intensität leisten, da es seine »besondere Spielqualität auf einer eigenen, sich von der sonstigen Realität abhebenden Ebene [erreicht]« (ebd.). Spielende sind also immer wieder vor die Aufgabe gestellt, die Wanderung zwischen den Welten der Realität und der spielerischen Illusion zu wagen und zu konkretisieren. Sie sind dazu aufgefordert, in freier Entscheidung die eine Seite der anderen vorzuziehen, die jeweiligen Ebenen und Sichtweisen hierbei zu variieren und dieses im gemeinsamen Vollzug spielerisch zu gestalten.

Im Spiel treten also freie Partner in der Durchführung und im Erleben und Gestalten der ihr eigenen Freiheit in eine Beziehung, welche gerade erst durch diese zu einem Mehr an Freiheit führt. Hierdurch verwirklichen sie ihr Bedürfnis nach dieser Freiheit, indem sie nicht nur mit etwas spielen, sondern vielmehr spielt dieses Etwas auch mit ihnen. Hierdurch kann es zu einem Prozess der gegenseitigen Dynamikentwicklung und Dynamiksteigerung im freien Spiel kommen, in welchem immer wieder neue Varianten und Variationen die Spieler vor immer neue Aufgaben ihrer je eigenen Freiheitsdefinition stellen. Diese Konfrontation mit der eigenen Freiheit bindet den spielenden Menschen in freiheitlicher Selbstbestimmung letztlich an sich selbst. Es wirft ihn aber auch auf seine Existenz zurück und veranlasst ihn dazu, dieses spielerisch reflektierend wahrzunehmen und gegebenenfalls umzudeuten (vgl. Schäfer/Schöller 1973, 95). Hierbei ist er aber immer auch auf das mitspielende Gegenüber angewiesen, so dass sich das Erlebnis der Freiheit nur im kommunikativen Dialog mit diesem Anderen zu realisieren vermag.

In einem zweiten Punkt kann nun näher auf das Wesensmerkmal der Ambivalenz (also der Widersprüchlichkeit) im Kontext des Spieles eingegangen werden. Das oben skizzierte Phänomen der Freiheit reflektierend kann hierzu festgestellt werden, dass diese, wenn sie im Spiel erfahren wird, immer auch mit »der Bindung gekoppelt ist […] Spielen ist immer ein Handeln unter Bedingungen, sonst verflüchtigt sich sein Charakter und wir haben nicht Spiel, sondern ›Spielerei‹ vor uns« (Hildebrand 1987, 98). Die miteinander Spielenden erleben sich in ein regelhaftes Umfeld eingebunden, übernehmen Elemente hieraus in ihr Spiel, entwerfen Regeln, üben sich in diesen und übertragen sie gegebenenfalls auf ihr außerspielerisches Dasein. Durch diesen ständigen Wechsel zwischen Freiheit und Bindung erfahren die Spieler die Ambivalenz des Spieles, wie aber auch den stetigen Wandel ihres je eigenen Daseins. Sie müssen immer wieder realisieren, wie ihre Identität hierin begründet ist, wie sie aber auch hierauf reagieren und sich somit weiterentwickeln können.

Ein zweites Moment der Ambivalenz drückt sich in der Vereinigung von Ernst und Unernst im Spiel aus. Dieses erfahren die Spielenden und müssen es gleichermaßen aushalten. Sie sind also permanent vor die Aufgabe gestellt, sich »die Scheinhaftigkeit des Spieles […] bewusst zu machen und dennoch das Ganze als […] Zustand einer äußerst wirksamen Wirklichkeit zu erleben […]« (Hildebrand 1987, 110). Die Verwandlung von ernsten in unernste Momente (und umgekehrt) ereignet sich immer wieder im Spiel mit einem Handlungspartner, so dass sich als ein drittes Merkmal dieses ambivalenten Charakters des Spieles die Wahrnehmung eigener Interessen und Wünsche im Spiel mit dem Anderen beschreiben lässt: Manche Spielziele lassen sich eben nur mit einem Spielpartner erreichen. Durch den spielerischen Vollzug dieser Tatsache kommt es zum Aufbau einer »Binnenspannung« (Scheuerl 1981, 43) im Spiel, welche durch den ständigen Wandel von Spannung und Lösung gekennzeichnet ist. Diesen müssen die Spieler im kommunikativen und interaktiven Austausch immer wieder neu zu realisieren in der Lage sein. Der spielerische Vollzug stellt sich also folglich durch seinen »antithetischen Charakter« (Huizinga 1958, 52) dar, indem sich kommunikative Spannung und spielauflösende Unsicherheit wechselseitig bedingen und immer wieder neu ausgehandelt werden müssen. Das kann zu einer Wahrnehmung und Entwicklung der Identitäten der Spielenden beitragen. Diese müssen diese Ambivalenz aushalten, denn in dem Moment, in dem sie sich »[…] in Eindeutigkeit wandelt, erlischt das Spiel« (Scheuerl 1981, 43).

Als dritten und letzten Punkt dieses einführenden Kapitels können die Verhältnisse von Glück und Spiel skizziert werden: Glücksmomente können als Erfahrung des Getragenwerdens sowie als Erlebnisse der individuellen Ganzheit des Lebens beschrieben werden. Ein glücklicher Mensch erfährt sein Dasein als sinnvoll eingespannt in einen wechselseitigen Vollzugrahmen allen Daseins, an dem er in seiner umfassenden Personhaftigkeit kreativ teilnimmt. Spiele können hierbei als »Spielräume des Glücks« (Höhler 1987, 108) erfahren werden, indem der Spielende im Mitsein zu sich selbst gelangen kann. Das Erleben eines spannenden Spieles im freiheitlichen Vollzug stellt also immer wieder einen Moment geglückten und glücklichen Lebens für alle Beteiligten dar. Dieses vermag sich in einem intensiven Selbst- und Weltverstehen aufleuchtend kundzutun. Dieses lustvolle Empfinden des Seins bereitet den Spielenden, hierbei die Welt genießend, auf diese vor. Das Außen wird nun nicht mehr nur als Bedrohung der eigenen Identität erlebt, es wird vielmehr zum Spielball, mit dem die eigene Entwicklung jonglierend entfaltet und erlernt werden kann. »Spielen ist (somit) eine Schule des Glücks« (ebd., 111) – in welcher jeder Spielpartner – und vielleicht hierbei gerade der Erwachsene – mehr und mehr erfährt, was es bedeuten kann, glücklich zu sein.

Das aktive Erleben des Eintauchens in die Welt des kreativ-kommunikativen Spielgeschehens führt alle Spielpartner hierbei auf den Weg gegenseitiger und voneinander abhängiger Lebensgestaltung. Diese sollte nun nicht – auch nicht in der methodischen Anwendung des Spiels in der Pädagogik, obwohl dieses ein recht hoher Anspruch ist – in verplanten Spielverläufen angestrebt werden. Hierdurch kann das Moment der Selbsterfahrung glücklos verloren gehen, da der Raum selbständiger Daseinsgestaltung eingeengt wird, denn »wer nicht Spiel-Raum hatte, der ist unsicher bei der Gestaltung seines Lebensraumes« (Höhler 1987, 114). Dennoch ist es pädagogisch bedeutsam, dass das Kind diese Spielräume gegebenenfalls erst erlernen muss. Die Markierung und das Erfahren gegenseitiger Identitätsentwicklungen kann demnach im professionell gespielten Spiel immer nur auf dem Hintergrund dialogischer Daseinsgestaltung angestrebt und umgesetzt werden.

Das Spiel stellt sich also als »[...] umfassende Lebensmacht (dar), weil es alle Schichten des Menschen beschäftigt und ergreift« (Höhler 1987, 120). Dem spielenden Menschen glückt hierbei eine Überwindung des Geknechtetseins durch die Objekte, aber auch durch die Zufälligkeiten des Daseins. Er wird frei zum subjektiven Welterleben, wobei ihm das Spiel »die Erlaubnis zur Subjektivität« (Höhler 1987, 123) erteilt. Hierbei kann das Glück als »Vollständigkeitserlebnis« (ebd., 128) benannt werden, welches durch das Spiel immer wieder eingeübt werden kann. Für den und die heilpädagogisch Tätigen ergeben sich, wenn die Realisation der eigenen und auch fremden Identität im Spiel wahrgenommen und zum Ausgangspunkt des Handelns gemacht werden, unter anderem folgende Fragen:

- Ist der mitspielende Mensch dazu in der Lage, den Raum der Freiheit wahrzunehmen und auszuhalten?
- Ist der/die heilpädagogisch Tätige dazu fähig, ungebunden von konkreten Zielvorstellungen und in Freiheit zu spielen?
- Gelingt es dem/der heilpädagogisch Tätigen, sich im Spiel mit verschiedenen Partnern immer wieder neu auf deren Lebenswirklichkeiten einzuspielen?
- Gelingt es dem mitspielenden Menschen, die Spannung der Ambivalenz im Spiel auszuhalten?
- Ist der/die heilpädagogisch Tätige dazu in der Lage, mit dem Partner ein spielerisches Spannungsverhältnis aufzubauen, in welchem sich beide als kreativ Tätige erleben können?
- Wie nimmt der gegenüber seiende Spielpartner Glück wahr, wie äußert er seine Glücksmomente?
- Gelingt es dem/der heilpädagogisch Tätigen, das Glücksempfinden des Mitspielers wahrzunehmen und sein Glück für diesen erfahrbar werden zu lassen?
- Erlebt der Spielpartner das Spiel überhaupt als beglückend?
- Ist es durch das gemeinsame Spiel von heilpädagogisch Tätigen und Spielpartnern möglich, neue Glücksmomente auch im Außerspielerischen zu entdecken?

Diese Fragen werden nun in ersten Ansätzen im Hinblick auf die heilpädagogische Relevanz des Grundphänomens Spiel im Weiteren ausgeführt.

2 Spielrelevante Erkenntnisse der Gehirnforschung und Gehirnentwicklung

Aktuell gibt es mindestens zwei, wenn nicht sogar drei Zugangswege, die Funktionen des Gehirns im Hinblick auf die Gestaltung des menschlichen Bewusstseins zu beschreiben: Eine Position – man könnte sie eher die klassische Position der Neurologie nennen – bezeichnet das Gehirn als Konstrukteur. Hierbei werden dem Gehirn und den neuronalen Schaltkreisen die grundlegenden Funktionen zur Entstehung des menschlichen Bewusstseins (nahezu losgelöst von den übrigen Teilen und Bereichen des Körpers) zugeschrieben. Ein zweiter, hiervon deutlich zu unterscheidender, Beitrag bezeichnet das Gehirn eher im Rahmen einer phänomenologischen und ökologischen Beschreibung und Betrachtung, in welcher das Gehirn eine Funktion unter vielen aufnimmt und hierbei dafür zuständig ist, die Beziehungen des Menschen zu seiner Umwelt zu gestalten. Eine dritte Position schließlich gibt dem Gehirn keine intensive Funktion zur Entwicklung des Bewusstseins – diese käme eher dem Unbewussten zu. Im Folgenden werden vor allem grundlegende Erkenntnisse der ersten beiden Positionen skizziert, weil diese unseres Erachtens dafür zweckdienlich sind, Entwicklungspotentiale des Menschen (hier vor allem des Kindes) im Hinblick auf das Spiel zu veranschaulichen.

Da in dieser kurzen Hinführung nicht alle Funktionsweisen des Gehirns beschrieben werden können, mögen im Hinblick auf die eher konstruktorientierte Begründung des neuronalen Systems Hinweise zum Lernen, zur Gedächtnisentwicklung bzw. zur Plastizität des Gehirns genügen (vgl. Amthor 2013, 219–251). Die Lernfähigkeit bzw. die Gedächtnisentwicklung des Menschen dient dazu, sich unterschiedlichen Umwelten anzupassen und das Verhalten im Hinblick auf diese Umwelten zu gestalten und zu verbessern. Vor allem im Rahmen der Anpassung der menschlichen Entwicklung bzw. im Hinblick auf eher klassisch zu beschreibende Lernprogramme ist hierbei das Gehirn zentral (vgl. ebd., 219 f.). Nach der Geburt modifiziert das Gehirn sich vor allem im Hinblick auf die Größe und Struktur des Nervensystems. Dieses vollzieht sich bis weit in das Erwachsenenalter des Menschen hinein – danach »finden Veränderungen nicht mehr durch die Vermehrung von Nervenzellen statt, sondern indem sich die Synapsenstärke verändert« (ebd., 220). Grundlegend ist hierbei festzustellen, dass der Lernprozess des Menschen darin besteht, dass die Reaktionen auf Gegebenheiten durch die Erfahrungen bzw. durch vorangegangene Erfahrungen mit diesen Gegebenheiten modifiziert werden.

> »Es gibt zwar Mechanismen, durch die sich die Nervenreaktionen ändern: Anpassung (oder im Fall von sich wiederholenden Reizen Gewöhnung) und Verstärkung (im Fall von sich wiederholenden Reizen Sensibilisierung). Bei der Anpassung werden im Laufe der Zeit weniger Aktionspotentiale gesendet, obwohl die Nervenzelle weiterhin konstant Informationen erhält oder im Fall der Gewöhnung, wenn die Reize sich wiederholen. Diese

Anpassung findet im Nervensystem statt. Eine Anpassung in ihrem sensorischen System hat stattgefunden, wenn etwas, das Sie hören, sehen oder fühlen, für Sie zuerst gut, doch mit der Zeit kaum mehr wahrnehmbar ist. Verstärkung ist das Gegenteil der Anpassung. Sie tritt auf, wenn die Antwort der Nervenzellen mit der Zeit oder nach einigen Wiederholungen immer weiter zunimmt. Die Verstärkung ist häufig mit Stimuli verbunden, die schädlich sind (dann wird es auch Sensibilisierung genannt).« (ebd., 221)

Das Kind erfährt und erlebt somit in der Auseinandersetzung mit Spielmöglichkeiten schon von Beginn seiner Entwicklung an, dass es sich anpassen kann bzw. dass bestimmte Phänomene, wie zum Beispiel die Wahrnehmung einer Farbe, eines Geräusches, einer Spielperson verstärkt werden können. Diese Lernprozesse hinterlassen im Gehirn so genannte »Gedächtnisspuren« (ebd., 223). Dieses wird z. B. an einem Mobile deutlich, was sich evtl. über dem Kinderbett befindet und sich durch den Windzug bewegt. Das Kind sieht die sich verändernden Farb- und Lichtreize des Mobiles. Es erkennt dieses aber als Mobile, was für es eine Relevanz hat und interessant ist, wieder. Ähnliches gilt für die Melodie des Schlafliedes, welches die Eltern am Ende des Tages singen. Lernprozesse modifizieren infolgedessen das Gehirn, hierbei verändert sich vor allem die Stärke der Synapsen. Dieses »erlaubt ein schnelleres Lernen als über die Vermehrung der Nervenzellen oder der Nervenzellverbindungen« (ebd., 223). Der s. g. Hippocampus hat hierbei eine zentrale Rolle: vor allem das Kurzzeitgedächtnis (welches sich auch im seitlichen Präfrontalcortex befindet) wird hierbei vom Hippocampus unterstützt, da dieser Informationen vom Kurzzeitgedächtnis in das Langzeitgedächtnis zu überführen in der Lage ist. Kinder erfahren somit, dass in einer ganz bestimmten Situation ein ganz bestimmtes Ereignis dazu geführt hat, dass sie eine ganz bestimmte Erfahrung machen durften, und behalten diese auch (vgl. ebd., 228): Beim Mittagstisch haben sie z. B. mit dem Löffel auf den Tisch geschlagen, daraufhin hat die Mutter sie angeschaut, daraufhin hat das Kind den Löffel auf den Boden geworfen, daraufhin hat die Mutter dem Kind etwas gesagt und den Löffel aufgehoben und daraufhin hat das Kind erneut den Löffel auf den Boden geworfen etc. Der Hippocampus erstellt hierbei sozusagen eine »Gedächtnismatrix« (ebd.).

> »Verschiedene Bereiche der Großhirnrinde projizieren in einer Art Raster Informationen auf den Hippocampus, um dort Koinzidenzdetektoren bereit zu stellen […]. Dem liegt stark vereinfacht folgende Idee zugrunde: Die Farben von bestimmten Dingen werden an einem Ort im Gehirn repräsentiert und die Art des Tieres in einem anderen. Wenn Sie einen grünen Frosch sehen, kommt es im Hippocampus-Raster bei grün und Frosch am Neuron, das den Koinzidenzdetektor dafür bereitstellt, zu einer Überschneidung. Wenn Sie einen grünen Frosch sehen, werden die Hirnareale für grün und Frosch aktiviert. Diese wiederum aktivieren die Grüne-Frosch-Zelle im Hippocampus, deren Synapsen damit gestärkt werden.« (Amthor 2013, 228)

Die Verbindung der Synapsen untereinander im Hippocampus ereignet sich hierbei durch so genannte Langzeitpotenzierungen, durch welche die einzelnen Nervenverbindungen, also die Synapsen verstärkt werden. Aber auch das Gegenteil ist der Fall: Durch eine Langzeitdepression kann die Synapsenstärke auch geschwächt werden. Im Hinblick auf das Gedächtnis kann festgehalten werden, dass

> »nicht nur der Kortex auf den Hippocampus [Erinnerungen projiziert] und […] dort zu einer Stärkung der Synapsen [führt], sondern die aktivierten Nervenzellen des Hippo-

campus projizieren auch zurück zum Kortex. Sie können die Nervenzellen des Kortex eher aktivieren als sensorische Signale. Das bedeutet, dass sie im Kortex ein Aktivitätsmuster wieder herstellen können, das aufgetreten ist, als Sie etwas gerade erlebt haben. Wenn Sie weiterhin in der Erinnerung an eine Erfahrung denken, wird die Aktivität zwischen dem Hippocampus und dem Kortex reflektiert. Wiederholen Sie das oft genug […] ändern sich modifizierbare Synapsen im Kortex so, dass er das neuronale Aktivitätsmuster, das mit dem Erlebnis zusammenhängt, selbst reproduzieren kann.« (Amthor 2013, 230)

Die Wiederholungen, welche Kinder im Spiel erleben, das ständige Experimentieren und Ausprobieren z. B. im Rollenspiel, aber auch im Konstruktionsspiel und anderen Spielformen, führt dazu, dass es zu einer erweiterten Kompetenz der Kinder im Bereich dieser Spielformen kommt. Das Erfahren, das Neuerfahren, das Denken an diese Erfahrungen, das Ausprobieren dieser Erfahrungen, ja sogar das Denken an das Ausprobieren dieser Erfahrung führt dazu, weitere Gedächtnisinhalte zu thematisieren, diese zu aktualisieren und in Bezug auf motorische, auf episodische und auf weitere Gedächtnisinhalte versuchen und umsetzen zu können. Hierbei ist das Gehirn nicht eindimensional, sondern lernt aus Erfahrungen und entwickelt sich permanent weiter:

»Der Embryo entwickelt sich nicht in einem Vakuum. Der Fetus nimmt bereits Empfindungen über die Haut wahr. Auch Geräusche dringen durch die Gebärmutter und aktivieren den Gehörsinn. Und in den Bereichen des Nervensystems, die keine direkte Stimulation erfahren können (wie beispielsweise das Sehen) kommt es zu spontanen Nervenzellaktivitäten. Es bewirkt, dass sich Muskeln kontrahieren und die Ganglienzellen der Netzhaut Aktionspotentiale senden. Diese organisierte Nervenzellaktivität hilft dabei, die richtigen Synapsen zwischen Verbindungen aufzubauen. Die Plastizität funktioniert durch eine Art Datenflusskontrolle zwischen den prä- und postsynaptischen Neuronen. Aus den anfänglich vielen Nervenverbindungen stechen einige Neuronen heraus, die erfolgreicher dabei sind, die Informationen an das postsynaptische Neuron weiterzugeben. Diese Verbindungen werden stabilisiert und die anderen werden wieder gelöscht. Neuronen, die deshalb nicht genügend Synapsen bilden konnten, sterben vielleicht sogar ab. Plastizität ermöglicht es dem Organismus, unvorhersehbare Abweichungen vom allgemeinen Bauplan, die durch Mutationen oder Verletzungen entstehen können, zu kompensieren.« (ebd., 242 f.)

In diesem etwas ausführlicheren Zitat wird deutlich, dass das menschliche Gehirn immer wieder neu dazu in der Lage ist, sich auf unterschiedliche Ereignisse und Wahrnehmungen, ja sogar auf Traumatisierungen, einzustellen und kompensatorisch darauf zu reagieren. Die genetisch beschriebenen und vorprogrammierten Vernetzungen können infolgedessen vom Gehirn umgebaut und neu gestaltet werden. Hierzu benötigt das Gehirn natürlich Impulse über die Berührungen, den Hörsinn, den Sehsinn, die Motorik etc. – ganz generell also über Angebote, die es dazu herausfordern, hierauf kreativ zu reagieren. Eine möglichst vielfältige Auseinandersetzung mit Spielmöglichkeiten, mit Spielangeboten, mit Materialien, Formen, Farben etc. ist somit notwendig, um möglichst frühzeitig die Lernentwicklung und die Plastizität des kindlichen Gehirns herauszufordern und gestaltbar werden zu lassen. Gerade im frühen Kindesalter vermehren sich also die Neuronen, die Verschaltungen und Verdrahtungen im Gehirn und sind dafür zuständig eine eigenständige und somit autonome Landkarte im Hinblick auf Lern- und Gedächtnisprozesse zu schaffen. Diese ist natürlich weiterhin form- und, im Hinblick auf seine Plastizität, nahezu unendlich innovativ gestaltbar. Dieser Prozess dauert beinahe bis zum Ende der Pubertät an: »Der Teil des Gehirns, der erst ganz zum Schluss vollständig myelinisiert ist, ist der Frontallappen, also der Bereich, der für das abstrakte Denken und das Urteilsvermögen wichtig ist« (Amthor 2013, 248). Die Spielentwicklung des Kindes bildet somit annähernd die Lernentwicklung und die Gedächtnisentwicklung bis hinein in die Gestaltung abstrakter Denkprozesse ab. Die Entwicklung moralischer Spielkompetenzen, die Entwicklung normativer Werturteile im Hinblick auf Regelspiele entsteht also erst im Verlauf der kindlichen Entwicklung und ist erst im Alter von 17 respektive 18 Jahren nahezu vollständig abgeschlossen.

Diese eher neurologisch begründete und biologisch verankerte Darstellung des menschlichen Gehirns erhielt in letzter Zeit unterschiedliche und widersprüchliche Deutungen. Ein zentraler Ansatz ist derjenige von Thomas Fuchs, der das Gehirn als »Beziehungsorgan« (Fuchs 2013) dargestellt hat. Aus einer phänomenologisch-ökologischen Betrachtungsweise heraus kritisiert er den Ansatz, das Gehirn (ausschließlich) als Konstrukteur zu betrachten, so wie dies eher im Bereich der kognitiven Neurowissenschaften (s. o.) der Fall ist. Er geht vielmehr davon aus, dass sich menschliches Dasein und Bewusstsein im Rahmen wechselseitiger Prozesse zwischen dem Gehirn und der Umwelt entwickeln:

> »Die primäre Dimension des Bewusstseins ist damit die wechselseitige, sensorisch-motorische und aktiv-rezeptive Beziehung von Lebewesen und Umwelt. Erst in der Selbstreflektion tritt das menschliche Bewusstsein sich als erlebendem und tätigem Bewusstsein noch einmal gegenüber und scheint so zu einer Innenwelt zu werden. Diese dem Menschen mögliche Selbstdistanzierung hebt aber sein primäres, verkörpertes In-der-Welt-Sein nicht auf. Wir sind keine Bewusstseinsmonaden, denen ein Bild der Welt vorgespiegelt wird, sondern *Lebewesen*: Wir bewohnen unseren lebendigen Körper und durch ihn die Welt.« (Fuchs 2013, 95 f.)

Aus dieser Perspektive entsteht der Vorgang des Lernens sowie die Gedächtnisentwicklung und darauf aufbauend die Spielentwicklung eben nicht alleine dadurch, dass das Gehirn auf eine Umwelt reagiert bzw. sich plastisch im Hinblick auf Umweltanforderungen formt. Das Gehirn ist

> »[...] vielmehr zu allererst ein Regulations- und Wahrnehmungsorgan im Gesamtorganismus. Der Körper der eigentliche ›Spieler im Feld‹, auf dessen Homöostase und Verhältnis zur Umwelt es ankommt, und dessen innere Zustände daher auch am besten über geeignete Reaktions- und Verhaltensweisen Auskunft geben können. Zentrum und Peripherie stehen da in engster Verbindung und beeinflussen einander in fortwährender zirkulärer Rückkopplung. Dabei wird zugleich deutlich, dass Bewusstsein kein Produkt des isolierten Gehirns ist, sondern den Organismus als Ganzen zur Grundlage hat. Funktionell endet das Gehirn nicht am Gehirnstamm, sondern setzt sich über das Rückenmark, das Nerven-Sinnes-System und die neuroendokrinen Funktionsweisen im ganzen Körper fort.« (ebd., 141)

Das Gehirn kommuniziert somit zwischen Organismus und Umwelt, mehr noch: Es besteht, auf dem Hintergrund dieser Sichtweise, eine Einheit aus Gehirn, Organismus und Umwelt in der und mit welcher eine Entstehung des menschlichen Ichs, also des menschlichen Bewusstseins, realisiert wird. Die Spielentwicklung des Kindes ist somit ein ganzkörperhafter, ja sogar ein leiborientierter Prozess, in welchem nicht nur neuronale Prozesse, sondern vor allem der Körper des Kindes, seine gesamte Stimmung, sein In-der-Welt-Sein diesen Spielprozess bedingen. – Was das im Einzelnen für die unterschiedlichen Spielformen bedeutet, ist allerdings noch viel zu wenig erforscht. Hierzu ergäben sich mannigfache Forschungsthemen für die Heilpädagogik.

In diesem Kontext ist das Gehirn nicht ein zentraler Verwalter und Konstrukteur menschlicher Entwicklung (auch wenn das aus der Sicht des Konstruktivismus gern angenommen wird – meines Erachtens enthält diese Aussage dennoch eine Menge Wahres), sondern das Gehirn stellt sich »Als Organ der Person« (Fuchs 2013, 185) dar: Gerade die Entwicklung des menschlichen Gehirns von früheren Daseinsformen bis hin zum Homo sapiens macht deutlich, dass sich der Mensch in und mit seiner Sozietät entwickelt hat.

> »Je komplexer und differenzierter eine soziale Organisation, desto höher muss das Hirnleistungsvermögen der Individuen sein, um sich in ihr zurecht zu finden. Die Regulation der sozialen Beziehung beruht v. a. auf einem differenzierten Kommunikationsrepertoire, auf den Fähigkeiten zu differenziertem Affektaustausch und entsprechend genauer Mimikerkennung, zur Nachahmung und Kooperation, und schließlich beim Menschen zur sprachlichen Verständigung und wechselseitigen Perspektivübernahme. Die dazu erforderliche Zunahme der Hirnleistungskapazität betrifft nun aber in erster Linie erworbenes Vermögen. So weisen die menschlichen Großhirnhemisphären bei der Geburt erst ein Drittel der Erwachsenengröße auf […]. Daran wird bereits erkennbar, dass die enorme Steigerung des genetisch angelegten Hirnvolumens in erster Linie für die nachgeburtliche Ausreifung zur Verfügung steht.« (Fuchs 2013, 185 f.)

Das bedeutet, dass es dem Menschen grundlegend aufgegeben ist, sich in der Umwelt zu entwickeln. Hierbei ist es die Aufgabe des Spiels (nahezu als Arbeit des Kindes), als ein zentrales Moment, dass das Kind/die Person sich in dieser Umwelt und mit ihr zurechtfinden kann sowie Umwelt(en) auf die Person wirken zu lassen, die Person im Rahmen dieser Umwelt(en) gestaltend tätig werden lassen zu können und vieles mehr. Das Gehirn stellt somit ein »soziales Organ« (Fuchs 2013, 187) dar, welches durch unterschiedliche entwicklungspsychologische und kulturwissenschaftliche Determinationen geprägt ist. Erst durch die Art und Weise der Entwicklung, durch die Konfrontation mit kulturellen Gegebenheiten, mit Spiel, mit Sprache, mit Musik, mit Sport usw. entsteht eine Strukturbildung im menschlichen Gehirn. Diese kann dann dazu dienen, eben genau diese kulturellen Gegebenheiten spielerisch zu gestalten. Die weiter oben dargestellten Erläuterungen zum Gedächtnis sind auf diesem Hintergrund im Hinblick auf ein »interaktives Gedächtnis« (ebd., 193) zu ergänzen: In und mit diesem Gedächtnis entstehen s. g. implizite Gedächtnis- und Beziehungsmuster, mit denen der Mensch lernt, wie mit anderen Menschen, ja sogar präverbal, also nichtsymbolisch, gelebt werden kann (ebd., 194). Mehr noch:

> »In neurologischer Beschreibung bedeutet dies: Jeder Umgang mit Anderen hinterlässt durch synaptisches Lernen oft Spuren auf neuronaler Ebene, freilich nicht in Form von lokalisierbaren, fixiert gespeicherten ›Erinnerungen‹, ›Abbildungen‹ oder ›Repräsentanzen‹ der Interaktion bzw. der Bezugsperson, sondern in Form von Dispositionen des Wahrnehmens, Fühlens und Verhaltens. Diesen Bereitschaften liegen weit verteilte Muster von Netzwerkverbindungen zugrunde, die sensorisch, motorisch und limbisch-emotionale Zentren gleichermaßen neu einbeziehen. Sie treten in Resonanz zu aktuellen Umweltsituationen oder Personen und aktivieren dazu passende Verhaltensformen, auch ohne dass sich das Kind explizit an frühere Lernprozesse erinnern muss.« (ebd., 195)

Das gemeinsame Spiel, die Auseinandersetzung unterschiedlicher Spielpartner mit unterschiedlichen Spielgegenständen, erscheint somit aus dieser Perspektive mindestens genauso relevant wie die Auseinandersetzung mit den Spielmaterialen als solche. In den Interaktionen der Spielpartner bildet sich somit ein gemeinsames Netzwerk, das wiederum auf das Netzwerk des Gehirns Auswirkungen hat. Dieses ist nicht (nur) Konstrukteur dieser Entwicklungen, sondern bildet sie ab und sorgt dafür, dass weiteres Beziehungswissen, weitere Interaktionen und weitere Gedächtnisstrukturen über diese Beziehung vorgehalten und zum Grund weiterer Spiel-, Lern- und Gedächtnisprozesse werden können. Lern- und Gedächtnisprozesse des Menschen, sein Sozialisationsprozess, also all das, was er durch Spiel, durch Bewegung, durch Kreativität zu erzeugen in der Lage ist, entsteht somit im Rahmen eines interaktiven und plastischen Gehirns. Dieses

> »muss (dann) auch[...] als ein sozial, kulturell und geschichtlich gebildetes Organ betrachtet werden. Dies wiederum impliziert eine ›externalistische‹ Auffassung des Geistes, die Bedeutung nicht im Kopf oder Gehirn lokalisiert, sondern primär in einem intersubjektiven Geist, in dem Verhaltens-, Symbol- und Traditionssystem einer Kultur, die das Milieu für die Gehirnentwicklung bilden. Erst die in einem solchen Milieu ›sozialisierten Gehirne‹ werden zu Trägern der kumulativen sozialen Lernprozesse, die den entscheidenden Fortschritt gegenüber den genetischen Mechanismen der natürlichen Evolution darstellen. [...] Geist und Bewusstsein entstehen nur in einer umfassenden und dynamischen Interaktion von Organismus, Gehirn und Umwelt. Kognitive Prozesse werden nicht von einem isolierten neuronalen Apparat produziert, der die Welt durch interne Repräsentation in sich spiegelt. Sie überschreiten vielmehr fortwährend die Grenzen des Gehirns ebenso wie die des Körpers [...]. Geistiges beruht auf Bedeutung und Bedeutungen auf Beziehungen. Sie leiten sich ab von der frühkindlichen Erfahrung der geteilten Aufmerksamkeit, des Zeigens und dem gemeinsamen Gebrauch der Sprache, von der intersubjektiven Symbolik der Worte. Korrelate dieser Bedeutungen werden im Gehirn im Verlauf der Sozialisation als neuronale Muster funktionell und morphologisch eingeschrieben. Dadurch wird das Gehirn zum Organ des Geistes.« (Fuchs 2013, 222)

Durch dieses ausführliche Zitat wird deutlich, dass eine wechselseitig abgestimmte, immer wieder neu herausfordernde, kreative Spielentwicklung des Kindes eben genau die Spielentwicklung bedingt. Prozesse, die im Kind angelegt sind und die es verarbeitet, die die Umwelt für ihn bereithält, führen somit dazu, das Gehirn zu prägen, zu strukturieren und (neu) zu formen. Dieses wirkt auf die Spielentwicklung zurück, so dass diese im weiteren Verlauf für Sozialisations-, für Lern- und Bildungsprozesse grundlegend ist. Hierdurch sind sowohl motorische, körperorientierte, leibbedingte, kulturelle, sprachliche, künstlerische und viele weitere Faktoren notwendig, um ein umfassendes Empfinden und Bewusstsein von Spiel, von Spielkompetenzen und von Spieloptionen wahrzunehmen. Gerade die Auseinandersetzung mit Spielmaterialien in den ersten zehn Lebensjahren des Menschen beeinflusst hierbei die Lern- und Gedächtnisprozesse sowie die Plastizität des menschlichen Gehirns, so dass dieses später auf eben genau diese Prozesse rückwirkend reagieren kann. Das Gehirn stellt somit die Beziehungen zwischen Innen und Außen, zwischen Person und Umwelt, zwischen den Phänomenen des Geistes und den kulturellen Bedeutungskontexten her (vgl. Fuchs 2013, 223).

Abschließend muss aber dennoch kurz darauf hingewiesen werden, dass ein weiterer Ansatz auch diese Perspektive auf das Gehirn infrage stellt: David Eagleman geht davon aus, dass das menschliche Gehirn ein »geheimes Eigenleben«

(Eagleman 2012) führt: Er nimmt an, dass der Mensch kaum einmal dazu in der Lage ist, frei über Handlungen, Motive, Überzeugungen, Kontexte, Gestaltbarkeiten und kulturelle Entwicklungen zu bestimmen. Freiheit erscheint somit als Illusion eines menschlichen Geistes, welcher nicht darüber verfügt, selbst frei zu sein. »Am Steuer [des menschlichen Verhaltens; H. G.] sitzt vielmehr das unbewusste Gehirn, das durch evolutionäre Auslesen lebenslanger Erfahrungen geprägt wurde« (ebd., 222). Das Gehirn ist somit nicht dazu in der Lage, bewusste und/oder konstruierte, freie Entscheidungen zu treffen; dieses entsteht erst durch unbewusste Prozesse – welche noch längst nicht in allen Punkten wissenschaftlich erforscht sind. Auch diese Aussage deutet auf zumindest psychoanalytische Geschehnisse hin, die in den Formen des Rollenspiels sowie des Symbolspiels eine Bedeutung finden müssten, wenn diese (durch diese Spielformen) denn weiter differenziert werden sollen.

In der Zusammenschau dieser drei Positionen (wobei zugegebenermaßen die dritte hier nur kurz skizziert werden konnte) wird deutlich, dass neuronale Begründungen für die Spielentwicklung des Menschen zentral sind. Ganz gleich, ob diese nun aus einer eher medizinisch-biologisch-kognitiven Perspektive oder aus einer eher phänomenologischen-ökologischen Warte oder aus einer kritischen Betrachtungsweise heraus formuliert werden: Allen Ansätzen gemein ist die Bedeutung und Bedeutsamkeit der wechselseitigen Handlungen zwischen Organismus (also neuronalem Netzwerk/Gehirn) und Umwelt (in diesem Falle also den Spieloptionen des Kindes), welche dazu führen, dass sich beide weiterentwickeln werden.

3 Spiel: Ein In-der-Welt-Sein

Das menschliche Überleben in einer insgesamt unwirtlichen Welt ist elementar abhängig vom Handeln-Können. Der Säugling setzt sich von Anfang an über sein Bindungsverhalten in ein Verhältnis zu seiner nächsten Umgebung. Er ruft nach umfassender Bedürfnisbefriedigung. Sein Dialog im Beziehungsgeschehen wird sich zunehmend ausweiten und differenzieren. Schon hier zeigen sich Abläufe, die das bestimmen, was Handlung meint: Handeln ist auf die Gestaltung der Wirklichkeit gerichtet; absichtsvoll und in der Regel zielgerichtet vollzieht das Individuum sinnvolle Bewegungen, die in das Leben eingreifen wollen. Dazu müssen einige Voraussetzungen erfüllt sein; folgende Basiskompetenzen seien benannt:

- Das Festhalten und Loslassen von Objekten und Inhalten muss situativ angemessen gestaltet werden.
- Das Nähe-Distanz-Verhältnis muss balanciert werden.
- Vorstellungsbilder von sich selbst, dem je anderen und der gegenständlichen Welt müssen abrufbar sein.
- Bedeutsamkeiten müssen gesetzt, Wichtiges von Unwichtigem unterschieden werden können.
- Etwas entwerfen und gestalten können.
- Ziele formulieren, verfolgen und realisieren können.
- Der Handlungsraum muss von den Beteiligten bestimmt und geregelt werden können.

Handlungen haben ihren Motivations- und Interessen-Rahmen, in dem das Vorstellungsvermögen, das Fühlen und Denken sowie das Reflektieren zu einer Einheit finden, die Koordination, Kooperation und Kommunikation ermöglicht. Handlungen setzen sich aus vielen Verhaltenssequenzen zusammen, die wiederum durch eine Zielsetzung miteinander verbunden sind. Der bisher entwickelte Erfahrungshorizont einer Person wirkt auf die Bewertung und Durchführung von Handlungseinheiten, die in der Regel eine Veränderung des Ist-Zustandes anstreben.

Auch das Spiel ist eine Handlungsform, die in einer bestimmten Situation stattfindet und durch die Abfolge von Handlungsschritten charakterisiert wird. Das Kind versteht sich als Akteur, der Wünsche, Absichten und Ziele hat und diese durch Handlung zu erreichen versucht. Für das Kind ist es unwichtig, ob es den mit dem Spiel eventuell verbundenen Zweck erreicht: Die Tätigkeit selbst rückt in den Vordergrund, das lustvolle Ausprobieren von wechselnden Handlungskombinationen. Eng verbunden mit der Spielhandlung ist der Aufforderungscharakter des jeweiligen Spielgegenstandes, der im Verlauf des Geschehens seine Bedeutung wechseln kann. Der Akteur – das Kind selbst – ist das »Spielzentrum« (Oerter 2011, 270). Dieser Akteur handelt innerhalb eines Rahmens, den er für sinnvoll hält, der jedoch andauernd in einem Spannungsverhältnis steht und Bedrohungen ausgesetzt ist. Die Intensität und Komplexität einer Spielgestaltung ist unmittelbar abhängig von den bisher erworbenen Stärken, Lücken und Brüchen in der Entwicklung des Kindes. Aus dem aktuellen Verhältnis von Ich und Umwelt entwickelt sich das gegenwärtige Spiel.

Spielen ist Schwingung – ist Leben. Spielen ist gelebte Gegenwart. Spielen ist eine Tätigkeit, in der Vergangenes belebt und bearbeitet wird. So entsteht eine Form, in der die bisherige Geschichte und die aktuellen Wünsche des Kindes im Jetzt ihren Ausdruck finden. Das Kind versichert sich in der Spieltätigkeit seiner eigenen Person in ihrer Auseinandersetzung mit für es bedeutsamen sozialen Geschehnissen. Diese Auseinandersetzung mit sich selbst und seiner Umwelt ist eine lernende Tätigkeit. Das Kind wird im geschützten Raum des Spiels seine bisher erlangten Fertigkeiten überprüfen und sie im wiederholenden Tun stabilisieren. Es traut sich zu experimentieren, Risiken einzugehen und ein mögliches Versagen zu wagen. Es entwickelt Interesse, sich in seiner Umwelt zunehmend zu verstehen – und Mut, das Unbekannte bewältigen zu wollen. Jeder Lernvorgang im Spiel ist ein Entwicklungsschritt und bewirkt eine reale Veränderung der Person: eine Differenzierung und zunehmende Konturierung der eigenen Identität. Im Spiel lernen ist damit mehr als ein bloß kognitiver Prozess; er schließt die Welt der Gefühle ein; er vollzieht sich ganzheitlich.

Zusammenfassend kann akzentuiert gesagt werden: Spielen Können braucht Beziehungserfahrung (= Kommunikationskompetenz). Lernend wächst die kindliche Handlungsfähigkeit/-fertigkeit. In diesem Prozess differenziert und stabilisiert das Kind seine Identität: Das bin ich – unverwechselbar. Die folgenden kurz gefassten Überlegungen beschäftigen sich mit den Schlüsselbegriffen:

- Lernen
- Bindung/Beziehung
- Kommunikation
- Personale Identität.

Sie werden als elementare Bausteine des Phänomens »Spiel« verstanden.

3.1 Elementare Bausteine des Phänomens Spiel

Lernen

Gröschke formuliert: »Lernen ist zugleich ein innerer und äußerer Prozess der Vermittlung zwischen Organismus und Umwelt, Subjekt und Objekt« (1997, 241). Lernen meint gleichzeitig den Prozess der schrittweisen Aneignung von Fähigkeiten und Fertigkeiten und ebenso das Produkt dieses Vorgangs: die relativ stabile Veränderung von Verhaltensweisen, Denkmustern und Einstellungsdimensionen. Nur lernend kann der Mensch sich in seiner Welt entfalten: Er setzt sich auseinander mit den gegebenen Bedingungen; er passt sich an oder entwickelt neue Strategien – je nach eigenem Interesse, je nachdem, was ihm aktuell sinnvoll erscheint.

Wir wissen heute, dass schon vorgeburtlich Lernprozesse einsetzen. Die zunehmenden Verknüpfungen der Nervenzellen im Gehirn sind der körperliche Ausdruck für diesen Vorgang. Damasio (2011) ist einer der Neurowissenschaftler, die uns die faszinierenden Abläufe im Zentralnervensystem erschließen. Er beschreibt die neurologischen Prozesse, die von Körper-Empfindungen wie von Außenreizen in Bewegung gehalten werden. Auf der Ebene der Neuronen – als informationsverarbeitende Einheiten organisiert – werden über biochemische und elektrische Vorgänge eingehende Signale stimuliert, verändert, gespeichert und – gegebenenfalls – als Ausgangssignal in Reaktion umgesetzt. Mikroskopisch kleine Schaltkreise empfangen und senden ständig Signale; sie stehen miteinander in Wechselbeziehung und bilden wiederum größere Netzwerke.

Je häufiger die miteinander verbundenen Neuronen (als Schaltelemente) an ihren Verknüpfungsstellen – den Synapsen – durch eingehende Reize erregt werden, desto stärker werden diese Bahnen und desto rascher kann als Effekt eine Reaktion des Organismus folgen. Die neuronalen Netzwerke organisieren sich zu kurzzeitigen oder langfristigen Mustern, die sich – wie schon erwähnt – auf interne und externe Ereignisse beziehen. Damasio bezeichnet diese Abbildungsmuster als (»Land«-) Karten, die grob oder detailliert, konkret oder abstrakt sein können. Alle sinnlich wahrgenommenen Eindrücke und Empfindungen (von Lust bis Schmerz) werden als »Karten« gespeichert. Je nach Zunahme der Größe, Differenzierung und Komplexität der Neuronennetzwerke werden »Fühlen« und »Kognition« sich ausbilden; sie werden miteinander korrespondieren und sich weiter verfeinern.

Es soll noch einmal hervorgehoben werden: Lernen ist für das Kind ein aktiver Prozess. In der Gestaltung seiner materiellen und sozialen Umwelt arbeitet es an seiner neuronalen Architektur, deren Schaltkreise sich im Tätigwerden reorganisieren; das Verhalten kann sich so unmittelbar optimal den Umweltbedingungen anpassen. Es lässt sich inzwischen nachweisen, dass erheblicher emotionaler Druck, Überreizung und Angst die Herausformung komplexer Verschaltungen im kindlichen Gehirn ebenso behindern wie Unterforderung, Verwöhnung und Vernachlässigung. Bei dieser neurologischen Betrachtungsweise stoßen wir unmittelbar auf die etymologische Herkunft des Begriffs »Lernen«, der zur Wortgruppe »leisten« gehört; »lais« meint: Ich habe nachgespürt. »Lais« kommt aus dem Indogermanischen und steht für Spur, Furche, Bahn.

Lernen vollzieht sich in der Wiederholung bestimmter Abläufe von Empfindungen, Gefühlen, Absichten, Planungen: Handlungen, die ihre Spuren immer eindeutiger vollziehen. Sie werden im Gedächtnis gespeichert und sie lassen sich rasch und eindeutig abrufen.

Nach Damasio wird der Körper mit seinen gespeicherten Karten/Bildern zum Fundament des bewussten Geistes. Auch Fuchs (2013) stellt eindrücklich – und ausführlich – dar, wie tief der Mensch in seinen biologischen Strukturen und nur als agierendes leibliches Wesen seine sensomotorische, emotionale, soziale und kognitive Entwicklung – schon im Mutterleib beginnend – subjektiv und individuell als Einheit von Körper und Leib ausbildet. Fuchs beschreibt »Leiblichkeit« als »elementares Selbstgewahrsein« (2013, 54).

Lernen geschieht von Anfang an auf der Leib-Ebene. Der Begriff »Leib« wird hier von Gröschke verstanden als die Erlebnis-Seite der Körperlichkeit (1997, 199 ff.). Mit Revers (1972) beschreibt er den Leib als »Subjektivitätszentrum des Empfindens, Strebens und Handelns«. Der Leib ist das einzige große »Organ der Selbst- und Welterfahrung« (Gröschke 1997, 200).

Also: Unser organisch ausgestatteter Körper erlebt sich als Leib nur in einem Beziehungsraum, der für das Kind (den Menschen) Bedeutung und Sinn erhält/hat. Merleau-Ponty formuliert es so: »Mein Leib ist da, wo er etwas zu tun hat« (Merleau-Ponty 1966, 291). Die Betrachtung der Leiblichkeit als Grundphänomen personaler Existenz (Gröschke 1997, 194 ff.) erörtert – von einem philosophischen Standort – die tiefe Verwurzelung des Erlebens und Handelns der Person in körperlich-leiblichen Prozessen.

Neurobiologische Forschungsergebnisse und philosophisch begründete erkenntnistheoretische Überlegungen ergänzen sich. Sie betonen in einer Zusammenschau die elementare Bedeutung von Lernvorgängen für den gesamten Spannungsbogen eines menschlichen Lebens. Die wesentlichen Pfeiler der eigenen Lerngeschichte sind das Erleben und Beobachten – als gerichtete Aufmerksamkeit. Im Beziehungsfeld des Kindes bestimmen die ursprünglichen Erfahrungen – die bisher erworbenen Wahrnehmungskompetenzen, ihre Differenzierung und Stabilisierung – das wachsende Interesse des Kindes. In der Gegenwart schöpft das Kind aus diesem Fundus: Aus der Vielfalt der jeweils auf es einströmenden Eindrücke wählt es aus. Es entscheidet über den jeweiligen Bedeutungsgehalt. Die Weise und die Intensität des Erlebens sowie die Sinngebung sind unmittelbar gebunden an seine Lerngeschichte.

Das Kind findet eine kulturell geprägte Welt vor, in der es sich zurechtfinden muss. Über das Beobachtungslernen als Imitationsverhalten erkundet schon der Säugling seine Umwelt; er eignet sich Ausdrucksformen, Verhaltensweisen und Handlungen an. Er lernt unterscheiden, was in seiner Lebenswelt erwünscht und nicht erwünscht ist. Das Nachahmungsverhalten ist wesentlich für die Entwicklung von positiven Beziehungen; die wiederum ermöglichen die Aneignung weiterer Verhaltensweisen. Neurowissenschaftler gehen heute davon aus, dass spezialisierte Zellen in den Bewegungszentren der Hirnrinde – Spiegelneuronen – es ermöglichen, dass schon Säuglinge ein ähnliches Nachahmungsverhalten zeigen können wie ältere Kinder. Schon im Alter von sechs Monaten soll ein funktionierendes System von Spiegelneuronen vorhanden sein (Berk 2011, 178 f.).

Aktuelle Forschungsergebnisse (z. B. Goethe-Universität, Frankfurt a. M. 2012) belegen, dass Kinder ab zwölf Monaten funktional eindeutige Handlungen (z. B. Trinken aus einem Becher) bevorzugt imitieren. Sie können in diesem Alter ihre visuelle Aufmerksamkeit steuern und eine kurze Handlungssequenz verfolgen. Diese wird in ungezählten Wiederholungen unmittelbar nachgeahmt. Sobald sich »innere Bilder« ausgeformt haben, gelingen dem Kind auch Imitationen auf der Vorstellungsebene. Lernen vollzieht sich auf zwei qualitativ unterschiedliche Weisen:

- *Implizites Lernen* geschieht auf der Leibebene. Frühe sozial-emotional gebundene Erfahrungen bilden Schemata als Gewohnheitsschemata. Sie gehen dem Kind in »Fleisch und Blut« (Fuchs 2013, 220) über.
- *Explizites Lernen* orientiert sich absichtsvoll am gezielten Verhalten und Handeln der jeweiligen Bezugspersonen.

Lernen folgt häufig der operanten oder der instrumentellen Konditionierung; bei der letzteren will das Kind mit seinem Verhalten etwas Bestimmtes erreichen; ist es erfolgreich, wird es das zielführende Verhalten bei Bedarf wiederholen. Beim operanten Lernen erfährt das Kind auf ein eher zufällig und spontan gezeigtes Verhalten eine positive (oder negative) Antwort; entsprechend wird es dazu neigen, dieses Verhalten zu wiederholen, zu modifizieren oder zu meiden – vorausgesetzt, es erkennt den Zusammenhang (vgl. Watson 1968; Skinner 1971).

Es wäre aufwendig und mühsam, sich nur über »Versuch und Irrtum« Neues anzueignen; anschaulicher und eindeutiger ist das Beobachtungslernen: das Lernen am Modell. Über Identifikations- und Aufmerksamkeitsprozesse sowie Gedächtnisleistungen wird der Aufbau und die Veränderung von Verhalten beeinflusst und geformt (vgl. Bandura 1976).

Zusammenfassend wird festgehalten: Lernen meint Veränderung: In einem sich unmittelbar leiblich – also konkret –vollziehenden intersubjektiven Geschehen werden bisherige neurobiologische Verbindungen, in denen auch die bestehenden psychosozialen Beziehungen archiviert sind, während der aktuellen Aufnahme von Eindrücken »frisch« vernetzt und damit verändert hergestellt. Zu jedem Lernvorgang gehört unabdingbar die bisher gewachsene Gefühlsqualität. Die Gefühle sind es, die unsere Handlungen, Gedanken und Haltungen lenken, kontrollieren, dynamisieren, stabilisieren, speichern. Abschließend kann mit Gröschke, der sich auf Kant bezieht, formuliert werden: »Lernen ist eine zentrale Form personspezifischer intensiver Selbsttätigkeit, wahrscheinlich sogar die wichtigste Funktion menschlicher Selbstwerdung« (1997, 246).

Bindung/Beziehung

Bowlby (2010) begann in den 50er Jahren des vorigen Jahrhunderts die Bindungstheorie zu entwickeln. Diese Theorie geht davon aus, dass die Beziehungsbedürfnisse des Säuglings von einem biologisch vorgegebenen Bindungssystem gesteuert werden: Die zum Überleben wesentlichen Mechanismen, um Nähe zur Bezugsperson herzustellen, werden aktiviert – rufen, weinen, lächeln, anschauen. Sie werden von der Mutter als Signale erkannt und beantwortet; das entsprechende Bedürfnis wird von ihr zeitnah und angemessen befriedigt. Beim Kind löst das Wohlfühlen und Entspannen aus. Diese Interaktionen, diese frühe Intersubjektivität (vgl. Fuchs 2013) ist leibbestimmt.

Der sich zunehmend differenzierende Affektaustausch zwischen beiden reguliert die kindlichen Bedürfnisse nach Wärme, Nähe, Sättigung, Bewegung und Ansprache. Eine intensive emotionale Bindung wächst. Kindliches Vertrauen und Geborgenheitsgefühl wachsen. Diese Erfahrungen machen den Säugling wahrnehmungsoffen. Sie bestimmen die aktuell erlebte Wirklichkeit und die weitere Entwicklung seiner subjektiven Lebensgestaltung.

Noch einmal: Die Qualität seines Vertrauens zu sich selbst und zu seinen Bezugspersonen – und in der Folge das Maß seines Erkundungsinteresses – hängen von seinen frühen sozial bestimmten Erlebnissen ab. Das Kind erkennt sich selbst in der Interaktion mit anderen Personen; es wird dadurch zunehmend »zum Gestalter seiner eigenen Entwicklung« (Fuchs 2013, 187). Seine Risikofreude in den Interaktionen mit der Umwelt, seine Auseinandersetzung bei der Aneignung oder Ablehnung von kulturell erwarteten Fähigkeiten prägen die Entfaltung seiner Persönlichkeit.

Das »gefühlte Wissen« um die sichere Basis »Mutter« – der Grad der ausgebildeten Bindungsqualität – kann früh Risse und Brüche entwickeln. Schon die zeitweilige Distanzierung vom »Mutterhafen« (Mahler 2008) löst dann beim Kind Unsicherheiten, Ambivalenzen oder Ängste aus. Die Auswirkungen früher emotional-sozialer Mangelzustände zeigen sich auch neuronal in den Strukturen z. B. des limbischen Systems. Fuchs beschreibt die neurophysiologischen Vorgänge unter Einbezug unterschiedlicher Forschungsergebnisse (vgl. Fuchs 2013, 198). Untersuchungen zeigen den engsten Zusammenhang von Störungen der Gehirnreifung, Störungen der Affektregulation, des Sozialverhaltens und der kognitiven Entwicklung bei frühen Zuständen von Vernachlässigung.

Es war Ainsworth (2009), eine der frühen Mitarbeiterinnen Bowlbys, die hier während der 60er Jahre des letzten Jahrhunderts mit ihren Forschungen begann. Sie inszenierte die sogenannte »Fremde Situation«, in der sie das Verhalten von 11- bis 18-monatigen Kindern untersuchte, die plötzlich für kurze Zeit von ihren vertrauten Bezugspersonen getrennt wurden. Recht unterschiedliche Qualitäten von kindlicher Bindung, die von der bisher erlebten »Feinfühligkeit« (Ainsworth) der primären Bezugsperson geprägt wurden, kristallisierten sich heraus:

- *Sicher gebundene Kinder* reagierten bei der Trennung irritiert, ließen sich jedoch rasch beruhigen; bei der Wiederkehr reagierten sie freudig und liefen der Bezugsperson entgegen.
- *Unsicher-vermeidend gebundene Kinder* zeigten bei der Trennung nach außen keine sichtbaren Emotionen, sie spielten für sich allein weiter. Bei der Wiederkehr reagierten sie mit Ablehnung, sie suchten keinen Blick- oder Körperkontakt.
- *Unsicher-ambivalent gebundene Kinder* waren bei der Trennung erheblich irritiert und kaum zu beruhigen. Kam die Mutter zurück, wechselte ihr Verhalten zwischen anklammernd und aggressiv abwehrend.
- *Desorganisiert gebundene Kinder* entwickelten stereotype Verhaltensweisen (z. B. Schaukeln); beim Wiedererscheinen der Mutter wechselte ihr Verhalten zwischen den Extremen: Suche bzw. Ablehnung von Nähe; ein konstruktives Bewältigungsverhalten er-schien unmöglich.

Die erlebte mütterliche Feinfühligkeit vermittelt dem Kind ein Sich-gehalten-Fühlen – aber auch das Aushalten von Getrenntsein: Frühe Ordnungsschemata bilden sich. Diese ersten subjektiven Orientierungen bezogen auf Kontinuitäten von »Gut und

Böse«, von Zusammensein und Verlassensein sind Entwicklungsschritte, die – tiefenpsychologisch orientiert – auch Winnicott beschreibt. Er merkt an: »Zum frühen Erleben: ›Ich bin‹ gehört die Interaktion mit dem ›Nicht-Ich‹, mit dem ich einen gemeinsamen Raum habe« (1962, 79).

Das mangelnde Einfühlungsvermögen der Bezugsperson kann sich unterschiedlich äußern. Zu viel – zu wenig – eine sehr wechselhafte, oft ambivalente Zuwendung erlebt das Kind als Ablehnung; es kann sich nicht bedingungslos auf die versorgende Person verlassen, in der Folge fühlt es sich nicht im Gleichgewicht, nicht ausreichend geschätzt. So kann es auch sich selbst nicht gut finden. Es meidet Auseinandersetzungen, reagiert schnell aggressiv; Konflikte werden in ihrem Potential nicht angemessen erkannt und gelöst. Das Kind misstraut zunehmend sich selbst und seinen Möglichkeiten. Es lernt wenig Konstruktives aus seinen Missgeschicken. Ihm fehlt an allen »Ecken und Enden« die gesicherte Erfahrung: Ich habe ein unmittelbares Gegenüber, das mich versteht und mein Rufen beantwortet. Ich erlebe mich zunehmend selbstaktiv und gestaltend – und dabei wertgeschätzt. Wir beide teilen gemeinsam Schmerz und Traurigkeit, Erfolgsfreude und Entdecker-Lust. (Nur) in dieser sicheren Bindung beginnt der innere Halt (Moor 1960, 193 ff.) zu wachsen.

Die bisherigen Ausführungen sollen deutlich machen: Wir erfahren uns selbst als Subjekt nur im Gegenüber-Sein von Personen und Objekten. In der ureigenen Bewegung »auf etwas zu« entsteht der Raum unserer Lebenswelt. In-Beziehung-Sein heißt, sich lebendig zu fühlen – heißt, das eigene Wesen, die eigene Gestalt zu erfahren. Nur so kann sich Lebensfreude als Basis und Motor für jede Fortentwicklung stabilisieren. Schon im Mutterleib lebt der Mensch in Beziehung. Jedes Neugeborene beginnt sein Leben mit Bewegungsimpulsen, die vom Suchen geleitet werden: z. B. Tasten/Erfühlen der Mutterbrust. Es sucht Empfindungen und für es sinnvolle Antworten auf seine Signale. Die Entwicklung seines Sinnesapparates ist angewiesen auf Wahrnehmungen, die von einem Gegenüber angemessen gegeben werden müssen.

Im Bindungsverhalten äußern sich die frühesten Beziehungswünsche. Ihre Anregung und Befriedigung wie der erlebte Mangel in der Beantwortung vermitteln dem Kind sein erstes emotional-soziales Wissen. Über den frühen leibbezogenen, intersubjektiven Austausch – über die Imitation des nonverbalen Emotionsausdrucks und der verbalen Signale im sozialen Austausch – wächst, insbesondere in den ersten sechs Lebensjahren, das emotionale Band zwischen Eltern und Kind. In diesem Miteinander versucht auch das Kind sehr früh seinen Einfluss zu mobilisieren. Es lernt, emotional unangenehme Situationen vorauszusehen und sie zu vermeiden. Es lernt früh, sich selbst in seinem emotionalen Erleben darzustellen und den kommunikativen Austausch darüber zu »riskieren«. Das setzt voraus, dass das Kind sich in sein Gegenüber einfühlen kann: Es entwickelt Empathie, d. h. es lernt zu unterscheiden zwischen eigenen und fremden Gefühlen, um dann selbstbewusst über sein weiteres Handeln zu entscheiden. Es wird dabei mit sich selbst im Einklang sein, wenn es die eigenen Interessen (lat.: dazwischen sein) mit denen seines Gegenübers abzuwägen lernt. Das wird je nach Anlass und Zielsetzung ein Prozess sein, der emotional Spannungen auslöst – auch schmerzen mag. Das Wort Beziehung offenbart es.

Im gegenseitigen Geben und Nehmen – mit dem Ziel, sich zu verständigen (inklusive aller Missverständnisse) – entsteht ein gemeinsamer Raum, der für das Überleben konstitutiv ist.

Kommunikation

Sich miteinander in Beziehung zu begeben bestimmt die menschliche Entwicklung von Anfang an. Schon zwischen neun bis zwölf Monaten wendet sich der Säugling nicht mehr nur einer Person oder einem Gegenstand zu. Es gelingt ihm, seine Aufmerksamkeit in einer triadischen Interaktion zu teilen und aufeinander einzugehen und zu kooperieren. Zu den genetisch angelegten Ausreifungsprozessen kommen zunehmend soziale Ausformungsprozesse hinzu, die sich wiederum strukturbildend auf das Gehirn auswirken. Die physiologische Reaktion des Organismus setzt Psychologie in Biologie um.

Fuchs fasst das so zusammen: Biologie und Kultur – Individualität und Sozialität verschränken sich (vgl. 2013, 187). Das Kind baut ein differenziertes Kommunikationsrepertoire auf: Ihm gelingt ein angemessener Affektaustausch; es entschlüsselt Mimik und Gestik; es ahmt nach und wird fähig zur wechselseitigen Perspektivübernahme, zur Kooperation wie zur sprachlichen Verständigung (vgl. Fuchs 2013, 186). Im weiteren Entwicklungsverlauf eignet sich das Kind vermehrt Verhaltens- und Symbolsysteme seiner gesellschaftlich geprägten Umwelt an. Es entwickelt ein Verständnis für die von ihm erwartete(n) Rolle(n) und setzt sich mit ihnen auseinander. Es erkennt sich als Mitglied unterschiedlich ausgerichteter Gruppierungen und entwickelt in der je spezifischen Dynamik seine Beziehungsmuster in der Gegenwart und für die Zukunft. Die Organisation allen menschlichen Lebens ist von grundlegenden neuro- und psycho-physiologischen Konstanten abhängig. Sie ermöglichen und stabilisieren

- das »innere Milieu« (z. B. die Körpertemperaturregelung, den Elektrolythaushalt)
- die körpereigene Wahrnehmung (z. B. das Individuum als räumliche Einheit in einem Zeit-Raum-Bereich: Fein-/Grobmotorik)
- die emotionale Kompetenz (z. B. die Selbstregulation: Gefühle wahrnehmen, bewerten, differenzieren, kontrollieren)
- die sozial-kommunikative Kompetenz (z. B. Selbstwirksamkeit erfahren und gezielt einsetzen, Rollenübernahme, Konflikte aushalten – miteinander lösen)
- die kognitive Kompetenz (z. B. Ordnungsschemata bilden, Sinnzusammenhänge erfassen, Handlungen planen, umsetzen)

Diese Konstanten lassen sich in ihrem Wirkverhältnis nicht klar voneinander abgrenzen. Sie entwickeln im Werdegang der Entwicklung des Kindes ein System mit einer zugrundeliegenden Dynamik, die sich in ihrer Gestalt als Einheit begreift (»das bin ich«) und sich auf den von Bronfenbrenner beschriebenen Systemebenen immer wieder neu erschaffen muss. Bronfenbrenner (1981) benennt fünf Arten von entwicklungsprägenden Bezugssystemen, die sich gegenseitig beeinflussen:

1. Das *Mikrosystem* meint die unmittelbare Umgebung des Kindes (z. B. das Bindungsgeschehen in der Familie).
2. Das *Mesosystem* meint das aktuelle Umfeld (z. B. die Beziehungsgestaltung mit Gleichaltrigen, Freunden, Nachbarn) und die Wechselwirkung der Systeme untereinander.
3. Das *Exosystem* meint Einflüsse, denen das Kind mittelbar ausgesetzt ist (z. B. die Arbeitswelt der Eltern).
4. Das *Makrosystem* meint übergeordnete Systeme und ihre Auswirkungen (z. B. Normensysteme, soziale und politische Systeme).
5. Das *Chronosystem* beinhaltet biografisch bedingte Zeiträume, die ein besonderes Ereignis in der Entwicklung der Person bedeuten (z. B. Schuleintritt und -wechsel, Umzüge, schwere Erkrankungen).

Die benannten Systemebenen entfalten ihre Wirkung im Zusammenspiel. Sie zeigen im Lebensverlauf unterschiedliche Präsenz und setzen vielseitige, komplexer werdende Ansprüche. Die Person bewegt sich gleichzeitig in den verschiedenen Systemen, beeinflusst die Mitakteure und wird von ihnen geformt. Wichtig ist, dass die in einem System gelernten Verhaltensweisen und Kompetenzen jeweils zu den hinzukommenden passen und die Person Einfluss nehmen kann:

Sie setzt sich in ein Verhältnis zu den sie umgebenden materiellen und personellen Bedingungen. Sie nimmt wahr, analysiert und vergibt Bedeutungen. Entsprechend dieser Bewertungen reagiert sie. Der Übergang (Transition) von einem System in das andere ist anstrengend – aber überlebensnotwendig. Er provoziert Lernprozesse, die erleichtert werden, wenn die verantwortlich Handelnden über gemeinsame Aktivitäten ein wechselseitiges Vertrauen und übereinstimmende Zielsetzungen aufbauen. Bronfenbrenner (1981, 115) betont die Bedeutung der Teilhabe an möglichst vielen Teilsystemen, die unterschiedliche Handlungskompetenzen erfordern. Deutlich wird: biologische Lebensbedingungen, individuelle und gesellschaftlich-kulturelle Entwicklungen realisieren und vernetzen sich in einer räumlich-materiellen Umwelt: Die Erziehungswirklichkeit findet ihre Gestalt auf unterschiedlichen, sich miteinander verschränkenden Systemebenen.

Konkret: In seiner ersten unmittelbaren Umgebung entwickelt das Kind Signale, auf die es eine Antwort erwartet. Die Qualität dieser Reaktion – ihre Verlässlichkeit, Eindeutigkeit und Angemessenheit – beeinflusst die positive oder negative kindliche Erwartungshaltung, die Formung aller weiteren Aktionen, sein Selbstgefühl und letztlich sein Selbstbild und damit seine Auseinandersetzung mit der es umgebenden Welt.

Entsprechend der Systemebenen muss sich das Kind mit seinen Wünschen und Hoffnungen – auch mit seinen Zweifeln und Ängsten – in einem dauernden Prozess den sich ändernden Erwartungen und Anforderungen seiner sozialen Umwelt stellen. Konflikte entstehen und wollen geklärt werden. Zu dieser erheblichen und den ganzen Menschen betreffenden Arbeit gehören Krisen, die bewältigt werden müssen. Die dabei gewachsenen Erfahrungen sind hilfreich oder störend in der Auseinandersetzung mit der nächsten Entwicklungsaufgabe.

Das Selbstverständnis und das Weltbild einer Familie, ihre Bewertung tagesaktueller Ereignisse und Stimmungen erwachsen aus den Spezifika der mitgebrachten elterlichen Biographien, die sich wiederum zu einer neuen gemeinsamen Geschichte erfinden müssen. Daraus erwachsen intern und extern ausgerichtete Kommunikationsformen, die das Kind nachahmt, internalisiert und ausbaut.

Einerseits grenzt sich das System Familie als Einheit mit ihren Erlebnissen, Bewertungen und Haltungen von den sie umgebenden Milieus ab, andererseits ist sie in typische Merkmale der nächsten Ebene eingebettet, die sowohl bestätigend mitgestalten wie verändern: Inzwischen gelernte innerfamiliäre Regeln werden im erweiterten sozialen Umfeld abgeglichen, gefestigt, verworfen oder variiert. Für das Kind mit erheblichen Entwicklungsverzögerungen/-störungen bis hin zu ausgeprägten emotional-sozialen Brüchen werden sich an diesen Schnittpunkten, im Transitionsgeschehen, unüberwindbar erscheinende Hemmnisse auftürmen, die Panik und Angst, Rückzug oder Angriff auslösen. Das (noch) fremde soziale Gefüge kann nicht entschlüsselt werden. Das Kind kann ihm keinen Sinn geben, es sich nicht verfügbar machen und dennoch eine große Sehnsucht haben, dazuzugehören. In einer negativen Wechselwirkung reagieren auch die Vertreter des unerreichbar erscheinenden Systems. Sie distanzieren und verbünden sich gegen den als fremd erlebten Anderen; das System reagiert beleidigend und abstoßend. Aggression und Kampf, Resignation und Verzweiflung können für das betroffene Kind als letzte Möglichkeit zur Befreiung übrig bleiben. Auf jeder Systemebene mit der ihr eigenen Struktur müssen Tätigkeiten, Rollen und Beziehungen immer wieder neu definiert, geprobt und etabliert werden.

Im Prozess der Auseinandersetzung und Anpassung an erweiterte und komplexer werdende, z. T. fremde/befremdliche und dennoch typische Merkmale von Lebenssystemen entstehen Einheiten, die z. T. dauerhaft miteinander agieren, am Erhalt des Gleichgewichts der Person arbeiten und Interaktions-/Kommunikationsformen ausbilden, differenzieren und immer wieder auf Zeit oder auf Dauer hirnorganisch etablieren. Diejenigen neuronalen Verbindungen, die nicht mehr genutzt werden, bilden sich zurück und sind schließlich nicht mehr verfügbar.

Zusammenfassend wird festgehalten: Bestimmte Systemzustände interagieren miteinander, bilden sich aus, differenzieren und stabilisieren sich: Individuell prägend – gesellschaftlich wirksam im Spannungsbogen gegenseitiger Formungen: hier Egoismen – dort solidarische Handlungsbereitschaften; hier kindliche Ressourcen im Zugehen auf Welt – dort erhebliche Irritationen, Brüche und Abgründe in der Daseinsgestaltung. Sie bestimmen auf Dauer wesentlich die subjektiv bedeutsamen Wahrheiten, Einstellungen und Haltungen.

Die beiden folgenden Beispiele zeigen, wie sich das jeweilige Kind – sich zwischen unterschiedlichen Systemzuständen bewegen müssend – seiner selbst im Spiel zu vergewissern sucht. Beide Kinder versuchen sich in ein Verhältnis zu den sie umgebenden materiellen und sozialen Bedingungen zu setzen. Allzu komplexe und immer noch fremd gebliebene Lebenswelten, die sie verwirren und denen sie sich ausgeliefert fühlen, werden beherrschbar gemacht; jedes der Kinder vergibt Bedeutungen, die es selbst stärken und initiativ werden lassen, um zu überleben.

Beispiel 1

Melek, ein sechsjähriges Mädchen mit Migrationshintergrund, wächst bilingual (türkisch-deutsch) auf und hat bei einer Sprachentwicklungsstörung sowie einem sozial-ängstlichen Verhalten eine Selbstwertproblematik entwickelt. Sie bekommt ergänzend zu der sonderpädagogischen Förderung im Schwerpunkt Sprache eine Heilpädagogische Spieltherapie:

Die Heilpädagogin – Frau Christina Geurts – berichtet, dass Melek sich im Spiel auf Regelspiele konzentriert. Dabei wählt sie in den Spieleinheiten fast immer die gleichen Spiele aus. Sie beginnt stets mit dem Spiel »Figurix«. In diesem Spiel geht es darum, möglichst schnell gewürfelte Bildkombinationen auf dem Spielfeld zu finden und mit einem Holzplättchen zu markieren. Wer zuerst alle Plättchen abgelegt hat, gewinnt. Nach einigen Terminen stellt die Heilpädagogin fest, dass Melek dieses Spiel so lange wiederholt, bis sie gewinnt. Dann wählt Melek ein weiteres Regelspiel.

Im letzten Spielkontakt bewegte sich Melek zögerlich auf den Kaufmannsladen zu; sie nahm einige Bedarfsartikel des täglichen Lebens in die Hand, wog sie abschätzend hin und her, bis sie sie wieder auf die Theke legte. Sie fragte die Heilpädagogin nach Mercimek Çorbasi. Die antwortete, dass Melek wohl etwas Wichtiges vermisst, das sie gut gebrauchen könne. Sie wolle es ihr bestellen. Melek reagierte vorsichtig-leise: »Dann gehe ich lieber mit Mama zu ihrem (türkischen) Großmarkt, die haben alles – und sofort. Mama weiß, was ich mag.«

Melek lebt in einer von der türkischen Tradition und dem islamischen Glauben geprägten Familie. Sowohl in ihrer Muttersprache Türkisch als auch in der im Kindergarten gelernten Zweitsprache Deutsch hat sie Schwierigkeiten, sich verständlich mitzuteilen. Sie besucht eine katholische Grundschule vor Ort und ist das einzige türkische Mädchen in der Klasse, in der andere, ihr fremde Bräuche gelebt werden. Täglich bewegt sie sich zwischen diesen beiden Systemen, in denen jeweils unterschiedliche soziale Rollenerwartungen und Normensysteme gelten. Ihre soziale Unsicherheit wird dadurch wohl verstärkt.

Interpretation der Spielszenen
In der Heilpädagogischen Spieltherapie sucht und schafft Melek sich über die Regelspiele eine Orientierung, die ihr Sicherheit gibt. Das hier geltende Regelwerk und die damit verbundenen Rollenerwartungen sind in den Bezugssystemen des Mädchens gleich. Auch das Verhalten ihres Gegenübers ist regelgeleitet einschätzbar und gleichbleibend. Sowohl ihre Mutter zu Hause als auch die Heilpädagogin in der Praxis spielen bei dem von ihr gewählten Regelspiel in gleicher Weise. Von ihrer Familie kennt sie es nicht, dass erwachsene Frauen im Rollenspiel über den Boden krabbeln. Dieses ihr fremde Verhalten macht ihr eher Angst und wird abgelehnt. So bleibt im Regelspiel die Situation für sie vorhersehbar, also berechenbar, und sie kann sich ganz auf das Spiel konzentrieren und sich darin vertiefen. Das von ihr gewählte Spiel weist eine sprachlich reduzierte Anforderung auf und entspricht ihren Stärken in der visuellen Wahrnehmungsverarbeitung. Sie sucht sich das aus, was sie kann, um Erfolge zu haben und ihr Können weiter auszubauen. »Ich bin, was ich nicht lernen kann« ist ihr Spielthema, das auch ihre

aktuelle Entwicklungsaufgabe (Werksinn versus Minderwertigkeitsgefühl) formuliert. Die sich wiederholenden Erfahrungen gewinnen zu können, stärken ihren Selbstwert und sie kann sich beweisen, etwas zu schaffen.

Vorsichtige Ansätze zum Rollenspiel zeigen sich im rudimentären Kaufmannsladen-Spiel: eher funktional – dennoch kommunikativ ausgerichtet. Melek möchte nach eigener Wahl etwas für sich haben; sie kann dabei die Heilpädagogin bloßstellen, die keine Ahnung hat, und gleichzeitig ihr vornehmlich türkisch geprägtes Selbstbewusstsein herausstellen. Der Einkaufsmarkt wird zum Ausdruck ihrer Sehnsucht nach dem Verbindenden beider Kulturen; dort findet sie feste Regeln, die für beide Herkunftsländer gelten: Ordnungsstrukturen in der Darbietung der Ware, Auswahlmodalitäten, Verhaltensähnlichkeiten. Der türkische Anteil ihrer Identitätsformung scheint zurzeit für Melek das positiv wirkende Gewicht zu haben.

Beispiel 2

Tim ist ein ängstlich-schüchtern wirkender fünfjähriger Junge, der die sprachliche Kommunikation seit einigen Monaten verweigert. Die wortkarg wirkende Mutter stellt ihn auf Anraten einer Nachbarin vor. Tim wohnt erst seit einem halben Jahr in der Stadt – und dort in einem Hochhaus. Seine Mutter hat einen Arbeitsplatz im Restaurant-Betrieb gefunden und hat sehr unregelmäßige Arbeitszeiten bis tief in die Nacht hinein. Tim wird dann von dieser Nachbarin betreut. Weiteres möchte die Mutter nicht über ihr Leben berichten.

Tim kommt seit vier Wochen einmal die Woche in die Beratungsstelle. Die Heilpädagogin möchte vorerst auf anstehende Arbeitsschritte zur diagnostischen Einschätzung verzichten und eine Beziehung zwischen sich und Tim wachsen lassen. So bietet die Heilpädagogin der Mutter und Tim Spielkontakte an, die sie gleichzeitig zur Beobachtung des Spielverhaltens und der Spiel-Themen nutzen möchte.

Tims Spiel verläuft nach einem inneren Regelwerk – so scheint es. Er holt sich Stunde für Stunde Papier und einen Bleistift. Dann kritzelt er wie in eine Tabelle Notizen. Dabei sitzt er unter einem Ecktisch. Er schaut die Heilpädagogin nicht an und reagiert auch auf Ansprache nicht. Die Heilpädagogin verfolgt aufmerksam das Geschehen – geduldig abwartend. Hin und wieder kommentiert sie akzeptierend die Situation. Nach einer Weile holt er sich zwei Holz-Schafe unter den Tisch. Er betrachtet sie, streichelt sie auch, gibt ihnen feste Plätze, die nach einer Zeit gewechselt werden; dann murmelt er sehr liebevoll mit den Tieren. Er sucht etwas und findet Holzwolle, die er den Tieren zum Fressen vorlegt, dann werden sie zum Schlafen hingelegt. Tim starrt derweil blicklos in den Raum. Nur an einem Bild an der Wand bleibt sein Blick flackernd hängen: eine Heidelandschaft. Er vervollständigt hin und wieder seine Notizen, lässt sich auch weiterhin auf nichts ein. Am Ende der Stunde packt er die Schafe zurück in die Figurenkiste und steckt seine Notizen in die Hosentasche.

Die Heilpädagogin bittet die Mutter zu einem Gespräch. Dabei stellt sich heraus: Die alleinerziehende Mutter und Tim lebten vor dem Umzug auf dem Land beim Großvater, der eine Schafherde versorgt. Tim hängt sehr an ihm; er war häufig mit dem Großvater unterwegs. Seit dem Umzug hat er nur einige wenige Male mit ihm telefoniert. Von seinen beiden Spielkameraden hat er noch nichts gehört.

Interpretation der Spielszene
Tims Spiel zeigt viel von dem Zusammensein von Enkel und Großvater und ihrem Leben mit den Tieren. Es erzählt von Sich-versorgt-Fühlen und Geborgensein: Die Schafe sind nicht allein, sondern zu zweit, Fressen und Schlaf werden gewährleistet. Das Spiel erzählt auch von der liebevollen Verantwortung, die der Versorgung der Tiere gilt, Opas To-do-Liste, die abgehakt wird, zeugt von Verlässlichkeit. All das hat Tim verloren, will es aber für sich lebendig halten. Das, was er bräuchte, gibt er den Schafen. Die stehen vielleicht zusätzlich für die vermissten Freunde. Tim fühlt sich in der Identifikation mit dem Opa stark. Davon nimmt er eine Portion mit in seine neue Wirklichkeit (die Notizen in seiner Hosentasche).

Seine Mutter hat wohl mit sich selbst genug zu tun, sich in einem für sie fremden System einzuleben. Es bleiben offensichtlich zu wenige Energien für ihren Sohn frei, der in einer ihm fremden Lebenswelt zurzeit nur den kommunikativen Rückzug als Selbstschutz einsetzen kann. Gleichzeitig verlässt er mit dem Schweigen aktiv sein Umfeld, das ihn zuvor abrupt und – für ihn nur passiv auszuhalten – sozial isoliert hat.

Nach diesem Exkurs, der die Bedeutung der gesellschaftlich relevanten Systeme im Prozess der Selbstwerdung erörtert, konzentrieren sich die weiteren Überlegungen wieder auf das übergeordnete Thema: Kommunikation. Kommuniziert wird über Körpersignale, bildhafte Zeichen und verbale Mitteilungen

- im gemeinsamen Erleben und Fühlen,
- zur Selbstdarstellung,
- zur Schaffung von Nähe und Distanz – und zu ihrem Ausgleich –,
- um jemanden zu beeinflussen,
- zum Informationsaustausch/-gewinn,
- zum gemeinsamen Planen und Handeln, zur Problemlösung,
- zur Verständigung (und Übereinkunft).

Immer geht es um eine *Mitteilung*. In der gelebten Beziehung entsteht ein Raum, in dem etwas kommuniziert wird über mich selbst, mit einem Gegenüber und über Dritte. Gefühle, Vorstellungen und Gedanken finden ihre Form als mitgeteilte Inhalte, Fragen und Antworten. Angestrebt wird eine gegenseitige emotional-soziale und intellektuelle Bereicherung; eine vermehrte Transparenz des eigenen und des je anderen Standortes; gleichzeitig ist damit eine erhöhte gegenseitige Kontrolle verbunden, die (neue) Probleme schaffen kann. Eine gegenseitige Verletzung ist ein immanentes Risiko.

In dem jeweils entstehenden sozialen Raum entwickelt sich aktuell ein Klima, das recht unterschiedlich von den agierenden Personen wahrgenommen werden kann: Es changiert zwischen einem affektiv wohlwollend erlebten Miteinander, einem eher sachlich-distanzierten, einem gleichgültigen, einem beherrschenden und einem herabsetzend-entwertenden Umgang miteinander/gegeneinander.

Die soziale Wahrnehmung und Interpretation einer Kommunikation ist abhängig von der bisherigen Lerngeschichte einer Person – also ihrem bisherigen Erleben als intentional handelnd und als passiv hinnehmend oder erleidend – in sozialer Bezogenheit. Ihre Selbstdefinition (z. B. Neigung zur Unterordnung, zur Oberhand im Interaktionsprozess; optimistisch/pessimistisch ausgerichtete Grundtendenz), ihre Erwartungen und Ziele bezogen auf die stattfindende Interaktion, ihre Einschätzung des/der Partner bestimmen die Bewertung des Prozesses. Das Zuhören und Hinhorchen, das Signale-Geben und Erwidern im Interaktionsgeschehen ist ein komplexer und störanfälliger Prozess. Einige Elemente sind vorstrukturiert – auch ritualisiert: vorhersehbar und kalkulierbar, andere Anteile bergen Überraschungseffekte: wenig einschätzbar. Sie sind den beteiligten Partnern kaum bewusst bis unbewusst. Sie führen leicht zu Verständigungsproblemen. Äußerungen können mehrdeutig und diffus gehalten werden zum Schutz der eigenen Person, aus Angst vor Ablehnung, als Waffe, die das Gegenüber trifft/treffen soll.

Watzlawick (2011) spricht von zwei Kommunikationsebenen, von der Sachebene und der Beziehungsebene. Schulz von Thun (1981) hat dieses Modell um zwei weitere Perspektiven erweitert: Appell und Selbstoffenbarung.

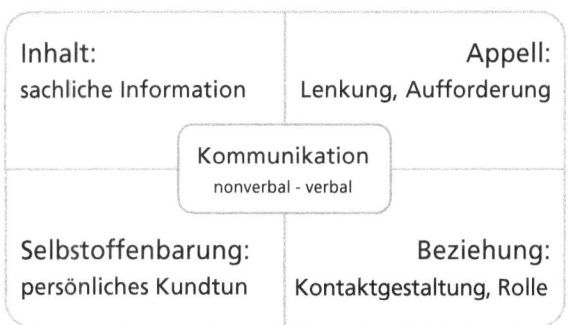

Abb. 2: Die vier Dimensionen von Kommunikation (modelliert nach Schulz von Thun)

Die Darstellung veranschaulicht: Jede Äußerung enthält vier Aspekte:

- Auf der *Sachebene* werden Inhalte mitgeteilt: Das können Informationen, Fakten und Themen sein, die vernünftig vermittelt werden wollen.
- Auf der *Beziehungsebene* wird ein Kontakt gestaltet; Gefühle entstehen (z. B. Sympathie, Antipathie): Das Verhältnis zwischen dem Sender und dem Empfänger eines Inhalts wird deutlich; Körperhaltung, Blickkontakt, Wortwahl und Tonfall sagen über das Wie des Miteinanders etwas aus und lassen ein Klima entstehen.
- Der Aspekt der *Selbstoffenbarung* zeigt etwas vom Sender selbst, von seiner Persönlichkeit: Bewusstes wie Unbewusstes.
- Der *Appell* zielt auf das, was der Sender beim Empfänger erreichen möchte. Dieser Aspekt kommt auch über nonverbale Signale zur Wirkung.

Beispiel: Gesprächssequenz

Sie – bestimmend fragend: »Erledigst du den Einkauf?«

- *Inhalt:* Einkaufserledigung.
- *Beziehung:* Wir haben einen gemeinsamen Alltag.
- *Appell:* Reiß dich zusammen und erledige deine Alltagsverpflichtung.
- *Selbstoffenbarung:* Ich brauche Dich. Ich bin gereizt.

Er – freundlich erwidernd: »Sag' mir, wann ich diesen Sack abholen soll, oder möchtest du lieber einen Karton voll?«

- *Inhalt:* Klärung der Alternativen.
- *Beziehung:* Du hast das Sagen; ich möchte es dir recht machen.
- *Appell:* Ich muss noch was klären. Rede noch ein wenig mit mir.
- *Selbstoffenbarung:* Ich möchte Ärger vermeiden. Ich muss das genau wissen.

Sie: »Im Moment habe ich einen Kunden. Du störst mich mit deinen Fragen.«

- *Inhalt:* Zeitmangel.
- *Beziehung:* Sich distanzieren wollen. Sich abgrenzen wollen.
- *Appell:* Entscheide deine Frage selbst.
- *Selbstoffenbarung:* Ich fühle mich überstrapaziert und genervt.

Kommunikationsprobleme ereignen sich besonders häufig auf der Beziehungsebene: z. B. wenn die Beziehung ungeklärt ist und eine Auseinandersetzung darüber gemieden wird. Motivation, Gefühle und Einschätzung der je anderen Person werden dann rasch falsch interpretiert, die Antwort mag für den Partner unklar sein und die Konzentration wird nachlassen; die folgenden Entschlüsselungsversuche verfremden leicht den ursprünglichen Inhalt, Gefühlsüberlagerungen lenken vom Thema ab, Einzelheiten rutschen weg, verfälschte Darstellungen entstehen und reihen sich aneinander, die Beziehung mag sich weiter verzerren. Kommunikation ist ein vielfältiges, komplexes Geschehen. Ihr Gelingen ist keineswegs selbstverständlich. Die Verständigung kann misslingen. Immer wird die im gemeinsam geschaffenen Lebensraum entstehende Resonanz von Gegenseitigkeiten geprägt: meine Wirklichkeit – deine Wirklichkeit – unsere Gegenwart.

Die bisherigen Ausführungen machen deutlich: Treten zwei Menschen in Kontakt, ist ihre Wahrnehmung von der jeweiligen Situation und der anderen Person niemals gleich. Das Aufnehmen der Fakten, ihre Bewertung und die sich daraus ergebenden Konsequenzen haben ihre je eigenen Verzerrungen: Verkleinerungen, Vergrößerungen, unterschiedliche Schattierungen und Beleuchtungen. Sie erwachsen aus den bisher gelernten Beziehungsmustern, die für das Individuum Sinn machen. Dieser persönliche Filter gehört immanent zu jeder Kommunikation. Somit können ein Beziehungsangebot und die Reaktion darauf für die Beteiligten tückisch werden, insbesondere, wenn sie mehr verhüllen als offenbaren. Es braucht den Abstand (emotional, kognitiv, oft auch räumlich und zeitlich), um das

Gegenüber wahrzunehmen in seiner leiblichen Gegenwart, in seinem sprachlichen Ausdrucksverhalten. Es braucht das Wissen, dass Wahrnehmung immer selektiv arbeitet. Es braucht Selbstkontrolle und Konzentration auf den anderen hin.

Gelungene Kommunikation ermöglicht das Erleben von Zugehörigkeit: die Teilhabe an den Fähigkeiten und Fertigkeiten – wie an den Erfahrungen eines Gegenübers. Sie braucht ebenso die sozial-emotionale Teilnahme an der Befindlichkeit des je anderen, die Bereitschaft, sich berühren zu lassen. Der Gedanke: Mit den Gefühlen beim Du zu sein, spricht auch die Verantwortung des Ich für ein Du an. Buber akzentuiert diesen Gedanken mit dem Satz: »Der Mensch wird am Du zum Ich« (2008, 4). Nur in der Beziehung des Menschen zu einem Du (Buber: das Grundwort Ich-Du) und in der Begegnung mit der dinglichen Welt (Buber: das Grundwort Ich-Es) kann das Individuum sich selbst erleben und sich als Ich von seiner Umwelt abgrenzen: seine Identität herausbilden.

Insbesondere das Kind ist in seiner Entwicklung darauf angewiesen, tragfähige Beziehungserfahrungen sammeln zu können und diese im Kommunikationsgeschehen selbstaktiv und selbstwirksam gestalten zu dürfen. Die beste Grundlage für ein glückliches Beziehungsleben entsteht aus der gegenseitigen Achtung der Gefühle. Sich annähern und sich abgrenzen – beides in einer gelungenen Balance zu halten, braucht die gegenseitige Anpassung an die je unterschiedlichen Verhaltenssysteme. Das ist eine Leistung, die ein lebenslanger Lernprozess bleibt.

Personale Identität

Je nach dem dahinterstehenden Theoriekonstrukt finden wir als synonyme Begriffe: Ich-Identität, Ich-Bewusstsein, Selbst/Selbstkonzept, Selbstbild. Die lebendige Person mit ihrem Erleben, das sich immer subjektiv und intersubjektiv ereignet, kann sich zu sich selbst und zu ihrer Umwelt in ein Verhältnis setzen. Erworbene Handlungsbereitschaften führen zu »Lebenstätigkeiten«, die ihre Wirksamkeit entfalten: Sie führen zu Einstellungen und Haltungen, die das je spezifische Personsein ausbilden.

Der Begriff Identität umfasst die Summe aller Merkmale einer Person, die sie im Laufe ihrer bisherigen Erfahrungen und Entwicklungen als besonders prägnant, überdauernd und dennoch offen für aktuelle und zukünftige Veränderungen herausgebildet hat. Die Person erlebt und erkennt diese Befindlichkeit als Grundorientierung für ihre Lebensgestaltung. Zur Entwicklung der eigenen Identität gehört sowohl die Erfahrung der persönlichen Einzigartigkeit als auch die des Aufgehobenseins in Gemeinschaften, mit denen sich die Person identifizieren kann. Erst in der unmittelbaren Kommunikation – in der konkreten Beziehungsgestaltung – kann das Individuum sich als Selbst erleben und erkennen, sich anpassen, sich abgrenzen und sich distanzieren.

In der Interaktion mit seiner Umwelt lernt das Kind, eigene Positionen einzunehmen und sie situativ bedingt zu wechseln; ein Rollenbewusstsein entsteht, das in Kommunikationsprozessen bestärkt und sich gleichzeitig lebenslang verändern wird.

Alle Erfahrungen, die für das Individuum im Laufe seines Lebens bedeutsam waren und sind, werden auf der »Schnur der Identität« (Mead 1998, 177) aufgereiht und geordnet. Sie formen die spezifische Individualität. Die Person ist in diesem Prozess maßgeblich abhängig von dem sie umgebenden Milieu, von ihrer Lebenswelt, die wiederum geprägt ist von den Strömungen der jeweiligen gesellschaftlichen Prozesse, die zeit- und raumgebunden sind. Gewachsene Traditionen und Zwänge, Aufbrüche und Befreiungen, Spannungen und Suchprozesse, Zerfalls- und Entfremdungserscheinungen der Gesellschaft auf ihren unterschiedlichen Ebenen (s. o. Bronfenbrenner) bilden sich in der Entwicklung der persönlichen Identität ab; sie hinterlassen ihre Spuren – mal eindeutig, mal eher verdeckt – in der einzelnen Person. »Durch – Andere – zu – sich – selbst – Kommen« schlägt sich in den neuronalen Strukturen nieder (Fuchs 2013, 188): Es sind Dispositionen des Wahrnehmens, Fühlens und Verhaltens. In diesen hirnorganischen Netzwerkverbindungen hinterlässt die gemeinsame soziale Praxis ihre Gravuren. Fuchs fasst so zusammen: »Im Zuge [der] biographisch fortschreitenden Interaktionen wird das Gehirn zu einem sozialen, kulturellen und geschichtlichen Organ« (ebd., 187): Die genetischen Anlagefaktoren und erworbene Fertigkeiten sind biologisch verankert, sie entwickeln aber ihre kulturelle Prägung.

Im Austausch und in der Auseinandersetzung mit anderen Menschen entstehen – hoffentlich – eindeutige Bedeutungs- und Sinnstrukturen für die Lebenswirklichkeit. Sie entwickeln sich aus dem Erleben und aus seiner Interpretation – also aus vielen Erfahrungen, aus dem bisher gesammelten Wissen und den damit verbundenen Gefühlsqualitäten als Teil – als Motor – jeden Tuns. Das Individuum kann sich in seinem Austausch mit den inneren wie äußeren Lebensbedingungen rasch auf sie beziehen. Die erworbenen Bedeutungs- und Sinnstrukturen

- erleichtern die Denk- und Handlungsflexibilität,
- sie machen das Individuum offener für Neues und reaktionsbereiter,
- auch risikobereiter,
- sie fördern kreative Prozesse,
- sie schützen das Individuum – in Maßen – vor Bedrohlichem,
- sie können jedoch auch – in einer gewachsenen Erstarrung – Vielfältigkeit einschränken oder verhindern

In ihrem dynamisch agierenden Zusammenwirken bildet sich die personale Identität aus: Sie konturiert sich vor dem Hintergrund ihrer sozialen Gruppen. Sie wird dann ausgeglichen erlebt, wenn die Selbstwahrnehmung und die Fremdwahrnehmung in etwa übereinstimmen.

Eine Zusammenschau von Lernen – Bindung/Beziehung – Kommunikation – Personale Identität

Arnold formuliert: »Lernen ist Verbindungen herzustellen und Erkenntnisse zu haben« (2011, 44). In dieser Aussage blitzt immanent das enge Verwobensein der hier skizzierten Bereiche auf. Erinnert sei an vorangegangene Überlegungen: Alle einzeln aufgenommenen Wahrnehmungen werden im Gehirn in den entsprechenden Hirn-Arealen bearbeitet. Sie werden mit dem vorhandenen Potential verglichen, dann zugeordnet und gespeichert; wiederholbare Verhaltensmuster entstehen. In diese Entwicklungsschemata integriert das Kind weitere Erfahrungen; komplexe Systeme der Aneignung der Welt bilden sich aus. Das Individuum erweitert und verdichtet seinen Erkenntnisstand.

Sich selbst und die Welt entdecken zu wollen, bewegt das Kind von Anfang an. Bewegungslust steuert seine Suchprozesse, in denen es erkunden will. Das Kind entdeckt dabei seine sensomotorischen Fähigkeiten und setzt sie unermüdlich ein. In seinen Auseinandersetzungen mit Widerständen entwickelt es Risikobereitschaft und Ordnungsprinzipien – zur eigenen Orientierung. Neugierverhalten und Entdeckerlust bleiben der Motor zum Erwerb von Kompetenzen. Sozial-emotionale und kognitive Strukturen werden aufgebaut und differenziert.

Das Wissen um die biologischen Grundlagen von Lernprozessen im kommunikativen Raum und die philosophisch-anthropologische Reflexion der Grundphänomene personaler Existenz – Leiblichkeit, Bewegung, Entwicklung, Spielen, Lernen, Sprachlichkeit und Tätigkeit (Gröschke 1997) – machen nachdrücklich deutlich, wie untrennbar Einzelerscheinungen in der interpersonell sich formenden Lebenswirklichkeit – täglich – zu einem neuen Ganzen finden. Diese Erkenntnisse weisen auch darauf hin, wie tief und andauernd – vom Lebensbeginn an – Erfahrungen sich »einnisten« und in das Heute der Person wirken.

In den bisherigen Ausführungen sollte deutlich werden, dass der Mensch – insbesondere das Kind – ein sozial Lernender ist. Die frühen Beziehungserfahrungen prägen sein Selbstverständnis – seine Identität – und damit sein kommunikatives Zugehen auf die Welt nachhaltig. Diesen lebenslangen, spannungsreichen Entwicklungsprozess zeigt Erikson (2005) anhand von Polaritäten auf, deren Ausbalancieren in acht kritischen Phasen bewältigt werden muss. Für die Kindheit wesentlich sind:

- Urvertrauen versus Urmisstrauen (Schwerpunkt: 1. Lebensjahr)
- Autonomie versus Scham/Zweifel (Schwerpunkt: 2./3. Lebensjahr)
- Initiative versus Schuldgefühl (Schwerpunkt: 4./5. Lebensjahr)
- Leistung versus Minderwertigkeit (Schwerpunkt: 5./10. Lebensjahr)

Erikson benennt hier grundsätzliche Kernkonflikte menschlichen Daseins, die im jeweiligen Lebenskontext unterschiedlich ausgeprägt gelebt werden. Im Spannungsfeld dieser spezifischen Krisen muss das Kind zwischen den Polaritäten eine Balance finden. Seine ihm möglichen Bewältigungsstrategien wird es immer wieder einsetzen und damit verinnerlichen. Die Lösung dieser dem Kind gestellten Entwicklungsaufgaben – aber auch die je innenwohnende Konflikthaftigkeit der unbewältigten Teilaspekte – bestimmen seine aktuellen Lebensthemen. Sie werden wiederum in seiner Lebenswelt agiert: Fragen wie Antworten des Kindes und seiner Bezugspersonen färben den Fortgang der spezifischen Ich-Werdung ein.

Das Erleben von persönlicher und sozialer Identität lässt sich auch als Kohärenzgefühl beschreiben. Antonovsky entwickelte das Konzept der Salutogenese. Er unterscheidet den Sinn für Kohärenz (angeboren) und das Kohärenzgefühl, das durch gelungene Beziehungsgestaltung entsteht. Seine Hauptthese lautet: Das Kohärenzgefühl ist der Kern bei der Frage nach der Entstehung von Gesundheit.

Dieses Gefühl meint das Empfinden der stimmigen Verbundenheit der Person mit der Welt. Fühlt der Mensch sich ihr zugehörig, wird der Ordnungssinn befriedigt und das Wohlbefinden wächst (vgl. Antonovsky1997). Drei wesentliche Faktoren bestimmen das Kohärenzgefühl:

- *Verstehbarkeit:* Der eigene Lebenslauf ist der Person nachvollziehbar; sie erkennt Strukturen und Ordnung.
- *Handhabbarkeit:* Die Person vertraut darauf, die sich ihr stellenden Lebensanforderungen bewältigen zu können.
- *Bedeutsamkeit:* Die Herausforderungen des Lebens werden von der Person – auch emotional – als wichtig und sinnvoll erkannt (vgl. Antonovsky 1997).

Diese entstehende persönliche Grundorientierung braucht als Prinzip: keine chronische Überforderung – keine andauernde Unterforderung; das Bedürfnis nach Zugehörigkeit muss befriedigt werden, um ein kohärentes Selbsterleben zu ermöglichen. Hier schließt sich der Kreis von Lernen – Kommunikation – Identität.

3.2 Die Kinder der Heilpädagogik

Die Heilpädagogin erlebt Kinder, deren Fähigkeiten/Fertigkeiten sich noch nicht – oder nicht mehr – angemessen entwickeln konnten/können, weil ihre organische Ausstattung nicht ausreicht/e, selbstaktiv und intersubjektiv in der Auseinandersetzung mit der personalen und materiellen Umwelt sozial-emotionale und kognitive Kompetenzen stabil aufzubauen. Die sich ihnen stellenden Anforderungen/ Entwicklungsaufgaben können sie nicht ausreichend bewältigen. Schädigungen des Gehirns, Chromosomenanomalien, schwere Erkrankungen oder Unfallfolgen zeitigen im Entwicklungsprozess einen verlangsamten Verlauf, der auch stagnieren kann. Wahrnehmungsschwierigkeiten und beeinträchtigt arbeitende Sinnesorgane schaffen zusätzlich Verständigungsprobleme. In der Wechselwirkung dieser Faktoren werden sich auch die kognitiven Fertigkeiten zur Erschließung der eigenen Lebenswelt nur verzögert, brüchig und fragmentarisch entwickeln können.

Die Heilpädagogin begegnet Kindern, deren Lebensweg wie verseucht mit Entwertungs-Erlebnissen – wie langfristig kontaminiert mit »radioaktiven Giften« – erscheint. Ihre Entwicklungsprozesse stagnier(t)en. Ihr Lebensmodus hat sich eingependelt auf Resignation, Aggression, Destruktion, Verzweiflung.

Diese Kinder haben in ihren bisherigen Lebenskontexten Beziehungserfahrungen verinnerlicht, die es ihnen nicht ermöglicht haben, ausreichend Vertrauen in sich selbst und zu den für sie bedeutungsvollen Menschen zu entwickeln. Die ersehnte Bedürfnisbefriedigung bleibt diffus oder entzieht sich ganz. Das orientierende Abtasten von Möglichkeiten und Grenzen gelingt nur unzureichend. Die frühe zwischenleibliche Resonanz (Fuchs 2013, 190) hat zu viele Misstöne entstehen lassen. Ich und Du als soziale Gestalt bleibt undurchsichtig, brüchig oder gefährlich. Die geteilte Aufmerksamkeit im intersubjektiven Geschehen kann nicht befriedigend gestaltet werden. Sich nicht verlassen können auf gleichwertige und dauerhafte Versorgung zeitigt – wie schon thematisiert – das Erleben: Ich fühle mich nicht wertgeschätzt, ich kann den eigenen Fähigkeiten nicht vertrauen. Sich intentional handelnd zu verhalten, wird zu risikoreich erlebt; sich experimentierend auseinanderzusetzen unterbleibt weitgehend. Beim Kind entstehen Gefühle, die ein Bedingungsgefüge mit fatalen Auswirkungen schaffen: Erstarrung, Rückzug, Selbstbezogenheit und Verweigerung führten zu Interaktionsmustern, die sich zu bewähren schienen. In der Regel schleichend veränderte/e sich der Aufmerksamkeitsfocus hin zu gravierenden Abwehrvorgängen, deren Steuerung auch Veränderungen in der Entwicklung des Gehirns zur Folge hatten (Resch 2012, 93).

Bezogen auf die Entwicklungsaufgaben (Erikson) bleibt das Finden der notwendigen Balance erschwert und unzureichend. Das »innere Gleichgewicht« wird kaum erreicht. Die Gewichte verschieben sich eher zu den »Minuspolen«; Lösungen von Teilaufgaben verfremden sich – z. B.: Die Bereitschaft, Initiative zu ergreifen, entwickelt sich zur Explosion aufgestauter Schuldgefühle. Dieses Platzen mag kurzfristig als befreiend erlebt werden, hinterlässt jedoch in der Folge langfristig Scham und Zweifel. Im sozialen Kontext wird die gegenseitige Anpassung noch einmal mehr massiv erschwert.

Auf der Seite der versorgenden Person lassen sich – in der Regel – erhebliche Beziehungserschwernisse erkennen. Sie konnte/kann auf das Ausdrucksverhalten des Säuglings/Kindes nicht feinfühlig genug reagieren, weil

- sich früh zeigende Erkrankungen oder organische Beeinträchtigungen die Signale des kindlichen Ausdrucksverhaltens uneindeutig werden lassen und damit für das Kind nicht befriedigend beantwortet werden/wurden,
- die Bezugsperson zu oft wechselt, das Kind keine eindeutigen interaktiven Schemata für sein implizites Gedächtnis speichern konnte/kann,
- die Bezugsperson wegen eigener Problematiken nicht in der Lage war/ist, ihr Kind angemessen sozial-emotional zu versorgen,
- die Bezugsperson eher oberflächlich/funktional – im Wechsel mit übertriebener Fürsorge (Schuldgefühle, Wiedergutmachungswunsch) – sich dem Kind zuwendet.

Noch einmal: Das Kind wird erst irritiert sein und sich in der Folge zurückgewiesen fühlen. Es wird in einem Dauerzustand von Anspannung und Alarmbereitschaft leben: Ärger, Trauer, Scham, Schuld und schließlich Angst beherrschen die Befindlichkeit des Kindes. Diese Dauerbelastung ist höchst anstrengend; um mit diesen belastenden, »schweren« Gefühlen überleben zu können, werden sie unterdrückt, verdrängt und vielleicht ins Gegenteil verkehrt. Diese psychische »Schwerstarbeit« verbraucht viel Energie, die wiederum an anderen »Baustellen« fehlen wird (vgl. Gebauer/Hüther 2012).

Das Kind mag inzwischen auch gelernt haben, sich selbst und seine Bezugspersonen zu schützen: Die ursprüngliche Not – das andauernde Leid – wird nicht versprachlicht, wird nicht nach außen geholt (siehe auch die Wortbedeutung: E(x)-motion). Die Hilflosigkeit, das Sich-ausgeliefert-Fühlen wird nicht (mehr) mitgeteilt, findet keine Außengestalt, die nun bearbeitet werden könnte.

Die bisherigen Ausführungen zeigen: Das Kind hat für diese kommunikativ ausgerichtete Notwendigkeit kein Vertrauen, keine ausreichende Autonomie und Initiative entwickeln können. Eine zusätzlich entstehende Rollendiffusion vermehrt die tiefsitzende Desorientierung des Kindes. Keine Fragen (mehr) haben zu dürfen – als unausgesprochenes Verbot in der Erziehung und/oder als Angstreaktion – führt leicht zu Formen des dauerhaften kommunikativen Schweigens. Die vertraute Gegenwart mag unerträglich erlebt werden und dennoch bleibt die Heimatsuche – auf einem Weg mit viel Sprengmaterial. Was festhalten – was loslassen? Und wie könnte Veränderung gelingen? Wie lässt sich »fliegen« lernen?

Zusammenfassung

Diese Kinder sind in ihrer Entwicklung blockiert, die manchmal sogar wie gelähmt erscheint. Sie haben sich selbst verloren, entwickeln ein Gefühl von Fremdheit und Isolation; ihre positive Selbstwerteinschätzung liegt bei null oder im Minusbereich. Das Kohärenzgefühl konnte nicht ausreichend aufgebaut werden oder es zerbröselte; ihr Erleben von Identität ist krisenanfällig. Sie werden als störende und behinderte Kinder wahrgenommen; beeinträchtigt und gestört sind jedoch oft genug die Beziehungsmuster zwischen dem Kind und seiner Umwelt. Ihm fehlt das befriedigende Erleben, Außenwirkungen auslösen zu können, die bei allen Beteiligten zu angenehmen Gefühlen führen.

Diese Kinder werden für den Umbau ihrer erworbenen Bedeutungs- und Sinnstrukturen auf die Inspiration von Personen angewiesen sein, die ihnen Entwicklungsangebote machen; um sie wahrnehmen zu können, braucht das Kind die unmittelbare Befriedigung seiner Bedürfnisse. Hier seien die nach konstruktiv wirkenden Beziehungen hervorgehoben, so dass Vertrauen als Basis für alle Entwicklungsprozesse wachsen und sich festigen kann. Je nach seinen bisherigen Erfahrungen wird das Kind Zeit brauchen, das Angebot von emotional wärmender Nähe anzunehmen. Sein bisher ausgebildetes Raster zur »Bedeutungsvergabe« muss es verändern lernen, um Erleben neu zu beurteilen. Sich selbst mit seinen Gefühlen und Bewertungen transparent zu machen heißt, sich ungeschützt zu zeigen, sich kontrollierbar zu machen: Viel Skepsis und Angst wird ausgelöst; dennoch das Risiko einzugehen, sich zu offenbaren, muss für das Kind unmittelbar Sinn machen, muss für es einen Gewinn bedeuten. Die bisherige Lerngeschichte wird anteilig umgebaut werden müssen; diese Unternehmung wird anstrengend sein.

Jede Bewegung von etwas weg – zu etwas hin, jeder Lernakt löst neuronale Prozesse aus: Synaptische Verknüpfungen verändern sich. Sie können eine wirksame Spur nur bilden, wenn die Eindrücke für das Kind konkret, eindeutig und »zündend« sind. Nur dann kann es antwortend reagieren. Diesen Vorgang muss das Kind motiviert in die Wiederholung nehmen können: Eine veränderte gegenseitige Anpassung kann dann gelingen. Das Umlernen braucht – auch hirnorganisch betrachtet – neben Anstrengung und Geduld: Zeit.

Das Kind wird auf der »Schnur der Identität« (G. H. Mead) neue Bilder/Karten (vgl. Fuchs 2013; Damasio 2011) sammeln und sortieren können, wenn es in einem angstfreien, wohlwollenden Klima Anreize erhält, die es nutzen kann, weil es sie an seine bisher erreichten Kompetenzen knüpfen kann. Entlang der bisher vorgelegten Überlegungen lässt sich skizzieren, was ein Kind braucht:

- Einen Schutzraum, in dem Sich-geborgen-Fühlen Wirklichkeit werden kann, weil es entsprechend seines eigenen Tempos und seiner aktuellen Kompetenzen sich öffnen kann – sich zeigen darf.
- Ein Milieu, das ein soziales Miteinander entstehen lässt.
- Möglichkeiten zum lustbetonten Sich-Bewegen und Hantieren, um seine Selbstempfindung und seine Objektbeziehung zu korrigieren, zu verfeinern und zu stabilisieren.
- Angebote, die seine Aufmerksamkeit locken, seine Gefühle und Motivation ansprechen und seine Wahrnehmung klären, so dass es eigene Vorstellungen entwickeln und zu Handlungseinheiten gruppieren kann.
- Ein Modell, das es imitieren kann, um sein Lernen zu aktivieren; um seinen »Beobachtungsfokus« verändern zu können: Ein Teil seiner Gewohnheitsschemata muss verlernt/umgebaut werden.
- Zuspruch und Ermutigung, um in der Auseinandersetzung mit den eigenen Schwächen das »Dennoch« zu wagen.
- Das Erleben, als Akteur seiner Entwicklung akzeptiert zu sein: Ich kann etwas, das anerkannt wird und positive Wirkungen auslöst.
- Interaktionspartner, die seine ihm eigene Welterschließung zulassen; die ihm eine Form der Kommunikation anbieten, sich darstellend zu reflektieren und verändert zu begreifen.

Das Kind braucht die (Wieder-)Herstellung seines inneren Gleichgewichtes. Der Weg von der »Erlösungssehnsucht« hin zur »Erlösung« ist – in der Regel – lang. Dieser langsam wachsende Prozess ist immer ein wechselseitiges Geschehen und braucht oft genug professionelle Begleitung. Für die Heilpädagogin gilt: Handeln vollzieht sich in der Gegenwart – der Schnittstelle zwischen Vergangenheit und Zukunft. Sie versucht, über die teilnehmende Aufmerksamkeit die bisherige Geschichte eines Kindes und seiner Bezugspersonen zu verstehen. Sie entdeckt Ressourcen und Schwächen, Potential und Grenzen, geheime und offene Wünsche sowie Bestrebungen der beteiligten Personen. Sie versucht, in einer gemeinsam ausgerichteten Aufmerksamkeit mit den Betroffenen Vorstellungen zu formulieren, die einen Veränderungsprozess hin zu mehr Lebensqualität ermöglichen. Hier klingt der inhaltliche Bezug zur ICF (International Classification of Functioning, Disability and Health) an: In diesem Klassifikationssystem der WHO (World Health Organisation) wird das Erleben des Betroffenen in den Mittelpunkt gerückt.

Gegen-wart beginnt oft genug mit Wider-wart. Die Verwirklichung der Wünsche nach gegenseitiger Annahme und Sich-beteiligt-Fühlen an der gemeinsamen Lebensgestaltung kann erst einmal auf Widerspenstigkeiten stoßen; allzu ungewohnt ist die Arbeit an nötigen Verhaltens- und Einstellungsänderungen. Reaktionsmechanismen greifen im gelebten Alltag unmittelbarer als das mühsame Arbeiten an eingeschliffenen Mustern.

3.3 Die heilpädagogische Bedeutung des Spiels

Das Spiel als heilpädagogisches Angebot in einem geschützten Kommunikationsraum macht für das Kind – wie für seine Bezugspersonen – anstrengende Auseinandersetzungen leichter möglich. Das gilt für das Spiel des Kindes mit der Heilpädagogin, für das gemeinsame Spiel in einer Kindergruppe und für das geleitete Spiel von Eltern und Kind (und Heilpädagogin).

Das Kind orientiert sich in seiner Spielgestaltung an seiner subjektiv erlebten Welt. Es setzt sich mit sich selbst und seiner bisherigen Lerngeschichte auseinander. Die spezifischen Entwicklungsaufgaben haben ihren neurobiologischen Hintergrund und werden in den unterschiedlichen Spielformen dargestellt und geprobt. Sie haben im Verlauf der kindlichen Entwicklung ihre herausragende Bedeutung. Im Spiel nutzt das Kind alle ihm zur Verfügung stehenden Wahrnehmungskanäle. Spielszenen sind kindzentriert; sie aktivieren darum eine ganzheitliche Wahrnehmung, die einerseits bisherige neuronale Verknüpfungen überprüft und stärkt – andererseits neue Verbindungen schafft, weil das Kind im Spiel auch bisher fremden Inhalten einen Sinn geben kann. Im wiederholenden Tun – ein Merkmal jeden Spiels – bahnen sich die entstehenden Muster immer eindeutiger. Diese Muster verknüpfen sich – wie schon dargestellt – zu inneren Bildern oder Landkarten, die fortlaufend geklärt, umgebaut und differenziert werden. Emotionale und kognitive Veränderungen sind Voraussetzung für eine Selbstheilung mit Hilfe des Spiels.

Das Kind wählt das Spielmaterial und die Spielgestaltung aus, die es am besten beherrscht; d. h. die seinen aktuellen Spielkompetenzen entsprechen. Das Spielthema wird von seinen emotional-sozialen Sehnsüchten und Ängsten bestimmt. Das heilpädagogisch bedürftige Kind wird Lösungen für seine Konflikte suchen. Die Heilpädagogin wird vermehrt folgende Spielthemen, die die Bindungsmuster überprüfen und leidvolle Beziehungserfahrungen inszenieren, erkennen:

- *Suchen und Finden:* sich selbst und Gegenstände verstecken
- *Geben und Nehmen:* kaufen und verkaufen
- *Macht und Ohnmacht:* überfallen, beeinflussen und bestimmen
- *Bestrafen und Belohnen:* verzaubern, sanktionieren und beschenken
- *Schutz geben und Schutz verlieren:* einer für/gegen alle
- *Vernichten und Beherrschen:* auffressen, töten und einsperren, fesseln
- *Kontrolle und Desinteresse:* sich vergewissern, beobachten, prüfen, wahlloses Laissez-faire, gleichgültig unversorgt allein lassen
- *Distanzlosigkeit und Beziehungsbruch:* grenzenlos, übergriffig, unkontrolliert agieren und sich distanzieren, abwenden, ausbrechen, sich abschotten.

Das Spiel kann – je nach entwicklungspsychologischem Theoriekonstrukt – unterschiedliche Funktionen erfüllen. Sie werden als Chancen für das Kind und seine Mitspieler gesehen.

Der *sozial-kognitive Ansatz* betont den Schonraum, den das Spiel dem Kind bietet. Entlastet von einer fordernden Umwelt experimentiert das Kind; es sucht sein

Gleichgewicht in erlebten Spannungszuständen. Fähigkeiten und Fertigkeiten werden über die Bewegungs- und Funktionslust – sich selbst verstärkend – von einfachen Schemata zu komplexen Handlungsmustern (sensomotorische, visuelle, akustische, sozial-emotionale und ordnende Denkschemata) aufgebaut. Die erreichten Schemata werden spielerisch überprüft, strukturiert und koordiniert und so zu einem »Programm« zusammengefügt. Ein Handlungsfluss entsteht. Benannt sei das frühe Guck-Guck-Spiel, bei dem das Kind die Grenze zwischen sich und dem anderen sucht und sich damit auseinandersetzt.

Stern (1992, 121) beschreibt entwicklungspsychologisch relevante Erlebnisformen der frühen Kindheit, die sich unmittelbar auf das Spielgeschehen auch in höheren Altern übertragen lassen: In szenischen Erlebnissequenzen erfährt sich das Kind als Einheit eines Ortes, als Einheit eines dynamischen Bewegungszusammenhangs, als zeitliche Einheit und eventuell auch als Zusammenhang einer Form. Diese Einheiten haben ihre Gefühlsmuster und bewirken ein intensives Empfinden von Kohärenz. Das Selbstempfinden wächst und ein Empfinden von Ich und Du in Beziehung erweitert das Gefühl von Lebendigkeit.

Jede gewählte Spielabfolge bewegt sich entlang der vorhandenen »inneren Bilder« des Kindes. Es schafft sich seine fiktive Welt. *Assimilations*vorgänge prägen das Geschehen: Neue Erfahrungen werden in das vorhandene Repertoire eingefügt; das wirkt entlastend. Im Spiel entscheidet es auch über seine – mühsame – Auseinandersetzung mit dem ordnenden und normierten Verhaltensansprüchen seiner sozialen Umwelt, an die es sich anzupassen lernt. Das kann bedeuten: Ein vorhandenes Schema muss umgebaut werden, damit eine Erfahrung eingeordnet werden kann. Dieser Vorgang wird als *Akkommodation* bezeichnet. Das Kind vergewissert sich im Spiel der emotional-sozialen und der sachlichen Bezüge seiner Wirklichkeitserfahrungen und macht sie sich zu eigen. Anpassung und Organisation der eigenen Kompetenzen finden im Spiel ihren Experimentierraum. Selbst- und Fremdbild formieren sich im ko-konstruktiven Prozess. *Assimilation* und *Akkommodation* stehen in einer dauerhaften Wechselwirkung und bewirken einen Aneignungsvorgang.

Assimilation: Die vorhandenen Routinen (z. B. greifen – loslassen) werden lustvoll in die Wiederholung genommen und stabilisieren sich; zum Beispiel: Das Loslassen bewirkt immer etwas! Ein fallendes rohes Ei wird zum Spielzeug, der Effekt ist interessant.

Akkommodation: Die bisher erworbenen Schemata reichen nicht zur Bewältigung einer Aufgabe. Anteilig müssen vorhandene Kenntnisse und Fertigkeiten kombiniert werden mit qualitativ noch wenig gefestigten »Bildern«, um vorhandene Schemata zu differenzieren oder ganz neue entstehen zu lassen. Diese Tätigkeit kann nur gelingen, wenn das Kind sich den objektiv gegebenen Materialbedingungen anpasst. Im Beispiel braucht der sachgemäße Umgang mit dem Ei Objektkonstanz, Auge-Hand-Koordination, taktile Kontrolle, Kraftdosierung und Handlungsplanung, so wird daraus in der Kombination eine praktisch gelungene Umsetzung.

Im *psychoanalytischen Ansatz* wird ein Persönlichkeitsmodell entworfen, in dem drei Instanzen in einem Spannungsverhältnis zueinander stehen: Es – Ich – Über-Ich. Das Ich – als Realitätsprinzip – hat die Aufgabe, die Bedürfnisse und Wünsche aus dem Bereich des Es – dem Lustprinzip – zu steuern und mit dem inneren Zensor – dem Über-Ich – in eine psychische Balance zu bringen. Bei dieser Arbeit wird das Ich der Person Abwehr- und Verdrängungsmechanismen entwickeln, um in seiner sozialen Realität akzeptiert zu werden und so mit sich im Einklang zu sein. Ein Teil der verdrängten Inhalte wird jedoch sein psychisches Innenleben – für die Person unbewusst – weiterführen. In geschwächten Entwicklungsphasen wird sich der Konfliktstoff Raum verschaffen: Oft unerkannt als Krankheitssymptom, Verhaltensauffälligkeit oder als eine Entwicklungsstörung führt er sein Eigenleben.

Im Spiel bietet sich die Chance, die gesetzten Grenzen der Lebenswelt zu ignorieren und straffrei zu durchbrechen. Tabuisierte Inhalte und verbotene Impulse können zugelassen, belebt und bearbeitet werden. Spielthemen entstehen, die das Kind immer wieder inszeniert, um für sich Lösungen experimentierend zu prüfen. Die ursprünglichen angstauslösenden oder massiv kränkenden Inhalte werden verfremdet; sie werden zum eigenen Schutz verhüllt, um den inneren Zensor und seine Anforderungen zu umgehen – oder ihm zu genügen. So können die eigenen Anteile auf Spielfiguren, Gegenstände, Materialien und mitspielende Personen projiziert und dort bekämpft und bestraft oder verwöhnt, geachtet und geliebt werden. Im Spiel verlieren die befürchteten Reaktionen der Umwelt ihren Schrecken: Das Kind ist ihnen nicht passiv ausgesetzt; es kann aktiv werden und diesen Anteil an Spielfiguren delegieren und ihn dort bearbeiten. Es kann ihn auch selbst übernehmen und ihn gestaltend beherrschen. Weil in der jeweiligen Spielszene verdrängte »zuschnürende« Inhalte drapiert werden, können die Einfälle frei fliegen. Vom gesicherten Ufer (Spielrahmen, Rollenbesetzung, Verkleidung) kann so manche risikoreiche angstbesetzte Fahrt auf »wilder See« starten, aufwühlend erlebt und schließlich bewältigt werden. Daraus mögen psychische Kräfte erwachsen, die das Kind absichern, ihm Orientierung geben, es trösten – und ermutigen, sich immer wieder eigenaktiv an die bisherigen Wunden zu wagen – und sie heilen zu lassen.

Dieser Prozess einer veränderten Selbstvergewisserung vollzieht sich in mancherlei Gestalten von Wiederholung. Im Spiel findet das Kind ein Medium für das Unaussprechliche, für seine emotionalen Abgründe, seine Hoffnungen und Sehnsüchte. Hier entsteht der unbewusste Motor, der die innere Bewegung lenkt, die Variationen eines bestimmten Themas und seine Fortentwicklung antreibt. Psychoanalytisch orientiertes Gedankengut weist auf die hohe Bedeutung der »heilenden Kräfte im kindlichen Spiel« (Zulliger 2007) hin:

- Emotionale Blockierungen können sich allein über die Lust an der Bewegung lockern.
- Im Spiel kann sich das Kind erlauben, einzutauchen in frühere Erlebnisformen, in denen es sich (noch) geborgen fühlte; es verlässt die schmerzliche Gegenwart und regrediert – sich selbst erlaubend – in Verhaltensweisen eines Kleinkindes auf einer basalen Entwicklungsstufe.

- Gleichzeitig kann es im Spiel Rollen übernehmen, in denen es Stärke, Dominanz und Selbständigkeit zeigen darf, die ihm im Alltag verwehrt werden oder die es sich dort gar nicht zutrauen würde.
- Im Spiel erfüllt sich das Kind (Trieb-)Wünsche, findet Lösungen für bisher unbewältigte Konflikte.
- Im Spiel erlebt das Kind so viel Schutz, dass es tief verletzende Inhalte, die zum Überleben verdrängt oder sogar abgespalten werden mussten, nun in Szene setzen kann, um sie auf einer symbolischen Ebene bearbeitbar zu machen: Veränderte Identifikations- und Internalisierungsvorgänge entfalten sich.

Im *handlungstheoretischen Ansatz* versucht Oerter (2011), die bisherigen Theorieansätze zum Verständnis des Spiels miteinander zu verbinden. Er beschreibt das Spiel des Kindes als eine Handlungsform, die er nach bestimmten Merkmalen analysiert. Er nennt

- *den Selbstzweck*: intrinsische Motivation; Flow-Erlebnis; Freude über erbrachte Leistung,
- *die Wiederholung*: eine positive Verstärkung wiederholen; Verbesserung der Leistung; Bearbeitung traumatischer Erlebnisse, Abbau von belastenden Gefühlen,
- *das Ritual*: vermittelt Sicherheit; Selbstvergewisserung,
- *die Realitätsformation*: agieren können ohne negative Folgen: Bedürfnisse, Sehnsüchte, Aggressionen, Ängste können ohne Tabu gelebt werden; sozial-emotionale Fertigkeiten werden eingeübt.

Oerter unterscheidet drei Ebenen der Spielhandlung:

- *Operation*: einfache automatisierte Handlungsschemata
- *Handlung*: Spielthemen wie Kochen, Autofahren; Spielformen wie Funktionsspiel, Konstruktionsspiel
- *Tätigkeit*: gemäß der jeweiligen Entwicklungsaufgabe werden Themen vom Kind dargestellt.

Immer geht es in den Spielhandlungen um die Auseinandersetzung mit sich selbst und mit seiner Umwelt. Die Fähigkeit der Auseinandersetzung betrachtet Oerter unter vier Aspekten:

- *Aneignung*: wahrnehmen, imitieren, üben, kognitiv strukturieren,
- *Vergegenständlichung*: konstruieren, erzählen, erfinden, handeln nach Regeln,
- *Subjektivierung*: das Spielgeschehen den eigenen Bedürfnissen und kognitiven Strukturen anpassen,
- *Objektivierung*: ausrichten nach Gesetzmäßigkeiten.

In diesem Rahmen von Tätigkeit benennt Oerter weitere Konkretisierungen; sie beziehen sich auf die Gegenstände menschlichen Handelns: materielle Objekte, Gegenstände des Wissens und psychischer Prozesse. Das Kernstück einer jeden Spielhandlung ist der gemeinsame Gegenstandsbezug; gemeint ist die gemeinsame

Ausrichtung mehrerer Spielender auf ein materielles Objekt oder/und auf ein Spielthema; dieser kommunikative Gegenstandsbezug hat seine subjektiven Valenzen, die positiv oder negativ sein können: Etwas hat seine besonders starke Anziehungskraft oder etwas stößt ab.

Beispiel

Paul – 2 Jahre – entdeckt an den verschiedensten Orten »Besen«, dafür lässt er alles andere stehen und hantiert mit Anstrengung auch mit überdimensional großen Exemplaren. Er streicht ohne Besen durch Nachbars Garten und murmelt: »Besen – Besen«. Seine Zwillingsschwester bleibt unbeeindruckt. Pauls Vater hat – wie die Mutter sagt – ein »Putz-Gen«. Paul weint immer besonders heftig, wenn der Vater zur Arbeit fährt.

Oerter unterscheidet von den subjektiven die objektiven Valenzen:

Paul und seine Schwester fahren jeweils mit ihrem Dreirad wiederholt gegen die Bordsteinkante; die gemeinsame Valenz: Der Gegenstand lässt sich bewegen und beherrschen; Effekte können ausgelöst werden.

Oerter benennt eine dritte Valenz – die abstrakte:

Später werden Paul und seine Schwester Wettfahrten die Straße abwärts veranstalten; Leistung erbringen wäre dann eine Wertigkeit.

Akzentuiert handlungstheoretisch betrachtet erfüllt das Spiel manche Funktionen:

- Routinen werden aufgebaut; eingeübte Routinen werden neu und flexibel kombiniert;
- noch unverbundene Erfahrungsanteile werden zu neuen, für das Kind sinnvollen Gestalten verknüpft und so zum Eigenen des Kindes;
- das Kind begreift sich und seine Umwelt über das Tun: Etwas in die Hand nehmen und damit hantieren schafft ein Aneignen. Das bewirkt Orientierung und Sicherheit;
- das handelnde Kind kann sich seiner Umwelt gegenüberstellen und so seine Wirkungen erkennen – überprüfen;
- im Spiel konstruiert das Kind eine Wirklichkeit, die es aushält, in der sein Erleben Raum bekommt, indem es seine Bedürfnisse und Konflikte darstellen und bewältigen kann;
- handelnd formiert und gestaltet das Kind sein Selbst.

Zusammenfassend wird festgehalten: Spielen vollzieht sich als subjektive Bewegung von Kraft und Dynamik mit wechselnden Formen in Zeit und Raum. Das Spiel ist der Motor von Wachstum, Differenzierung und Integration kindlicher Fähigkeiten/Fertigkeiten. Im Prozess der Selbstwerdung können massive Stolpersteine das Geschehen beeinflussen. Das Kind mit erheblichen kommunikativen

Einbrüchen wird das Spiel nicht mehr ausreichend nutzen können. Sein Spiel mag in zwanghaften Fixierungen und eher chaotisch anmutenden Aktionen stecken geblieben sein.

Für die Heilpädagogin gilt, sensibel und fachkompetent im gemeinsamen Spiel Verfremdungen zu erkennen und auf sie einzuwirken. Das Spiel mit seinen Heilungskräften muss dann seine besondere Bedeutung entwickeln können.

4 Spielentwicklung in ihren typischen Grundformen und Ausprägungen

Das Spielen ist eine Fähigkeit, die von Anfang an gegeben ist. Das Gegebene kann als Anlage verstanden werden, die das Kind mitbringt und von sich aus motiviert gestaltet. Spielen ist zugleich an Entwicklung gebunden: Das Kind muss sein Spiel erst noch lernend entfalten. Um seine ursprünglich vorhandenen Fähigkeiten ausbauen zu können, bedarf es einer anregenden dinglichen und sozialen Umwelt, mit der sich das Kind spielerisch auseinandersetzen kann. Dieser individuell gestaltete Lernprozess zeichnet sich im Spielverhalten ab: Das Kind offenbart im Spiel, was es kann, und entfaltet seine Potentiale. Spiel wird daher als der antreibende Motor für die frühe Entwicklungsfähigkeit gesehen (vgl. Gröschke 1997, 229 f.).

Mittels neurowissenschaftlicher Erkenntnisse kann eine Verknüpfung zwischen der Spielentwicklung und der Hirnentwicklung hergestellt werden. Das komplex angelegte Nervensystem ist eine grundlegende Voraussetzung für die Spielfähigkeit. Über das Spiel werden vielfältige Reize aufgenommen, die auf neuronaler Ebene verarbeitet und gespeichert werden. Das Gehirn braucht diese Reize für die weitere Entwicklung/Reifung der funktionellen und feinstrukturellen Systeme. Die Verbindung zwischen den Neuronen verstärkt sich durch den Input und so werden neuronale Netzwerke aufgebaut. In diesem Prozess wird ein Input-Output-Abgleich immer wieder durchgespielt, um sich dem gewünschten Ziel anzupassen und das Verhalten schrittweise zu optimieren. In diese Richtung verändern sich die Synapsen-Verknüpfungen. Ein Lernvorgang auf neuronaler Ebene, der über Aktionen erfolgt und Erfahrungen braucht. Diese Erfahrungen sammelt das Kind im Spiel, in einem Raum ohne pädagogische Konsequenzen, ohne Folgen in der Lebenswelt – so kann es sich in Wiederholung ausprobieren und lernen. Demnach wird aus neurowissenschaftlicher Sicht dem Spiel eine zentrale Bedeutung zugewiesen (vgl. Spitzer 2000, 41–67).

Das Spiel des Kindes erscheint in allen Kulturen. Gleichzeitig wird das Spiel durch die jeweilige kulturelle und soziale Umwelt geprägt. Die spezifischen Ausprägungen fassen eine eigene Tradition und das Kind bringt entsprechende Themen und Schwerpunkte in sein Spiel ein. In der kindlichen Entwicklung (0–6/7 Jahre) treten unterschiedliche Spielqualitäten auf. Die Art und Weise, wie das Kind befähigt ist zu spielen, wie es die Spielmaterialien gebraucht, damit agiert und seine Ideen in Szene setzt, verändert sich. Bestimmte Spielhandlungen können kontextübergreifend beobachtet werden (vgl. Mogel 1994, 43 f.; Flitner 1977, 13).

Bei einer individuellen Eigenart und Vielfalt der kindlichen Spielentwicklung lassen sich typische Formen zusammenfassen. Für eine solche Klassifikation liefert die Literatur unterschiedliche Begriffe: So spricht Ch. Bühler, die eine sensomotorisch akzentuiert Spieltheorie vertritt, von den Funktions-, Fiktions-, Rezeptions-

und Konstruktionsspielen. Der Impuls für die Spielentwicklung gehe von dem basalen Bewegungsbedürfnis des Kindes aus (vgl. Gröschke 1997, 236; Kooij 1983, 311 f.). Die erste Spielform beschreibt Heimlich unter ökologischer Betrachtungsweise nach Bronfenbrenner als Explorationsspiel und betont mit diesem Begriff das dominierende Entwicklungsprinzip in dieser Phase: Entdeckung und Erforschung (vgl. Heimlich 2001, 31 f.). Da in dieser Phase schon absichtsvolle Handlungen erkennbar sind und nicht nur isolierte und zweckgebundene Schemata ausgeführt werden, bezeichnet Einsiedler diese als psychomotorische Spiele und die weiteren Formen als Phantasie- und Rollenspiele, Bauspiele und Regelspiele (vgl. Einsiedler 1991, 60 f.). Die Einteilung von Senckel in das Funktions-, das Konstruktions-, das Symbol- und Rollenspiel sowie das Regelspiel hebt mit dem Begriff des Symbolspiels die wesentliche Funktion der Symbolisierung hervor (vgl. Senckel 2002, 298). Der Aufbau einer inneren Vorstellungskraft kommt auch in der Unterteilung von Piaget zum Tragen, der an den Phasen der kognitiven Entwicklung orientiert das Spiel in drei große Arten einteilt: das Übungs-, Symbol- und Regelspiel (vgl. Gröschke 1997, 237 f.). Nach Schenk-Danzinger – die für das Kleinkindalter überwiegend von einem durch ein Reifungsgeschehen gesteuerten Lernprozess ausgeht – gibt es drei Formen des Spiels, die das Kleinkindalter beherrschen: die Funktions- und Explorationsspiele, die konstruktiven Spiele sowie die Rollen- oder Illusionsspiele und ab dem Schulalter noch die Regelspiele (vgl. Schenk-Danzinger 1983, 370, 380).

Der weitere Text übernimmt die Begriffswahl der Heilpädagogen von Oy und Sagi, die sich auf Schenk-Danzinger beziehen und die Typologien der Spielformen entwicklungspsychologisch in das Funktionsspiel, das Rollenspiel, das Konstruktionsspiel und das Regelspiel unterteilen (vgl. von Oy/Sagi/Biene-Deißler/Schroer 2011, 125).

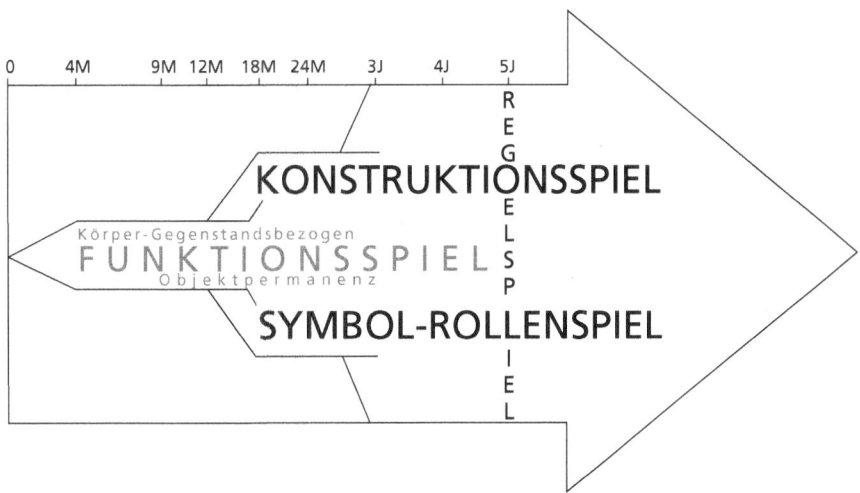

Abb. 3: Veränderungsprozesse im Laufe der Spielentwicklung (aus Schroer 2005, 24) – die altersspezifische Zuordnung der Spielformen gilt als Orientierungsmaßstab

Der im Schaubild dargestellte Veränderungsprozess im Laufe der Spielentwicklung kann aus der Metaebene heraus reflektierend erklärt werden: Das Funktionsspiel ist die erste Spielform. Mittels einfacher Betätigung kann das Kind Gegenstände erkunden, etwas bewirken und über den Erfolg seiner funktionalen Handlungen ist es motiviert, Neues entdecken zu wollen. Diese Spieltätigkeit ist durch die Funktionslust (K. Bühler) charakterisiert: mit Freude sich selbst und die Welt begreifen, sich wiederholt ausprobieren. Die gesammelten Erfahrungen in den körper- und gegenstandsbezogenen Aktivitäten bilden die Basis für die weiteren Spielformen. Aus der erworbenen Objektpermanenz entwickelt sich ein Symbolverständnis, das zum Rollen- und Konstruktionsspiel befähigt. Im Verlauf kommen parallel diese beiden weiteren Spielformen hinzu. Die fortschreitende Differenzierung, Integration und Organisation in der Entwicklung spiegelt sich in den veränderten Spielthemen wider. Im Rollenspiel steht die Darstellung von Handlungen und Rollen im Zentrum: in der Spielrealität so tun, als ob. Im Konstruktionsspiel tritt die Schaffenslust in den Vordergrund: die Dinge sortieren und gestalten, ein Werk produzieren. All diese Spieltätigkeiten folgen einer bestimmten Ordnung im Spielablauf. Das Kind erlebt auf der Handlungsebene im Spiel wiederkehrende Prinzipien und Gesetzmäßigkeiten, die es nach bestimmten Kriterien einordnen kann. Aus diesen Erfahrungen heraus erwirbt das Kind ein Regelverständnis, das im Regelspiel zum Tragen kommt: Nach vorher festgelegten Vorgaben mit anderen agieren und gewinnen wollen (vgl. von Oy/Sagi/Biene-Deißler/Schroer 2011, 125).

Beispiel

Am folgenden Beispiel wird der Veränderungsprozess durch die vier Spielformen hindurch veranschaulicht: Das Kind liegt auf der Krabbeldecke am Boden und erforscht die angebotenen Holzklötze mit Mund und Händen. Es setzt sich auf, lässt die Holzklötze fallen, wirft sie weg, sucht sie wieder und klopft sie aneinander. Eigenaktiv räumt es die Holzklötze aus der Spielzeugkiste und steckt sie in die Loch-Dose (Funktionsspiel). In einem weiteren Schritt beginnt das Kind, die Holzklötze übereinander zu einem Turm zu stapeln, nebeneinander als Zug aufzureihen und geplant ein Haus daraus zu bauen (Konstruktionsspiel). Den gebauten Zug lässt es – verbal begleitet mit tschu-tschu-tschu – fahren. Die Waggons werden beladen, der Lockführer sitzt vorne und fährt die Lok. In der Puppenküche verwendet es die Holzklötze als Salz- und Pfeffer-Streuer, sie dienen als Obst und Gemüse und werden als Plätzchen an alle Stofftiere in der Kaffeerunde am Tisch verteilt (Rollenspiel). Das Kind sortiert die Holzklötze nach Farben, Formen und Größe. Schließlich wird abwechselnd gewürfelt und jeder Spieler darf sich die entsprechende Anzahl an Holzklötzen nehmen. Wer am Ende die meisten hat, hat gewonnen (Regelspiel).

Dieser sich dynamisch vollziehende Veränderungsprozess im Spiel bedeutet nicht,

> »dass die jeweils früheren Spielformen aufgegeben werden, sondern sie werden vielmehr in höher entwickelte Spiele integriert. Somit lösen sich die Spielformen nicht im Verlauf der Entwicklung ab, sondern sie gehen auseinander hervor, bauen aufeinander

auf, differenzieren sich aus und überschneiden sich vielfach in ihrem gegenseitigen Bezug.« (von Oy/Sagi/Biene-Deißler/Schroer 2011, 125)

Aufschluss über die Spielentwicklung können die beiden von Kobi benannten subjektbezogenen und objektbezogenen Fragestellungen geben. Sie ermöglichen es dem Heilpädagogen, das Spiel des Kindes von zwei Seiten aus zu beleuchten und zu reflektieren. Auf der Subjektebene stellt sich die Frage nach dem Erleben und der Befindlichkeit des Kindes in seinen Handlungsweisen. Auf der Objektebene konzentrieren sich die sachlichen Fragen auf die Erscheinungsform und das darstellende Produkt. Im Spiel erlebt und präsentiert sich das Kind als Einheit von Person (Subjekt) und Gegenstand (Objekt) (vgl. Kobi 1993, 34 ff.). Das Konstruktionsspiel des Kindes lässt sich objektiv betrachten: das Bauwerk als eine festgestellte Wirklichkeit. Es zeigt, dass das Kind die vertikale und die horizontale Dimension erfasst hat und diese miteinander kombiniert, indem es einen Stall für die Tiermütter mit ihren Babys konstruiert. Die subjektive Betrachtungsweise richtet sich danach, welche Bedeutung dieses Bauwerk für das Kind hat: Entsprechend seiner Absicht schafft es im Spiel für die Tiere einen geschützten Raum, kümmert sich um sie und versorgt sie. Mit Freude erfüllt ist es stolz auf sich und sein Können.

Das objektiv beobachtbare Verhalten und das subjektive Erleben fließen laut Winnicott im Spiel als intermediärem Bereich zusammen. Dieser Bereich ist ein Zwischenraum der äußeren Wirklichkeit und der inneren Realität. Das Spiel vermittelt zwischen der äußeren und der inneren Welt des Kindes. Im Spielgeschehen setzt sich das Kind mit seiner dinglichen und sozialen Umwelt auseinander und bringt seine eigene Befindlichkeit ein (vgl. Winnicott 1987, 24, 52, 119).

Die Spielentwicklung darf nie isoliert betrachtet werden. Sie steht immer in Bezug zu der jeweiligen Entwicklungsphase, in der das Kind sich befindet und die es gerade durchlebt. Die verschiedenen Entwicklungsbereiche (Wahrnehmung = Sensorik und Perception, Grob- und Feinmotorik, Kommunikation, Emotionalität, Sozialverhalten, Kognition, Sprache) fließen in das Spiel ein, bestimmen die Spielhandlungen und kommen darin zum Ausdruck. So wirken sich die Erfahrungen im Spiel auf alle Bereiche der kindlichen Persönlichkeitsentwicklung aus und beeinflussen deren weiteren Gang. Folglich kann das Spiel als Integral aller Entwicklungsdimensionen betrachtet und verstanden werden.

Je jünger das Kind ist und je basaler das Entwicklungsniveau, desto enger sind die einzelnen Entwicklungsbereiche miteinander verzahnt. Diese miteinander verwobenen Entwicklungslinien können nur künstlich voneinander getrennt werden, um einzelne Gesichtspunkte in den Fokus zu nehmen und zu analysieren. Auch wenn im Augenblick ein Entwicklungsbereich vom Kind vorwiegend erprobt, in Szene gesetzt und bearbeitet sowie von den Eltern oder der Heilpädagogin aufgegriffen wird, sind doch alle Dimensionen im Geschehen integriert. Das Spielgeschehen wird immer ganzheitlich gestaltet und erlebt. Die Spielhandlung, die Lebenswelt des Kindes auf einen zielführenden Bereich oder einen zu fördernden Aspekt zu reduzieren – z. B. im Spiel entweder nur die Wahrnehmungsverarbeitung oder die Sprache zu sehen, zu verstehen und anzuregen –, wäre aus heilpädagogischer Sicht fatal. Bedeutend sind das Zusammenspiel der unterschiedlichen Wirkfaktoren und die wechselseitige Abhängigkeit der verschiedenen Dimensionen. Es geht um eine Annäherung an die Komplexität des Spiels – also die Lebenswirklichkeit des Kindes.

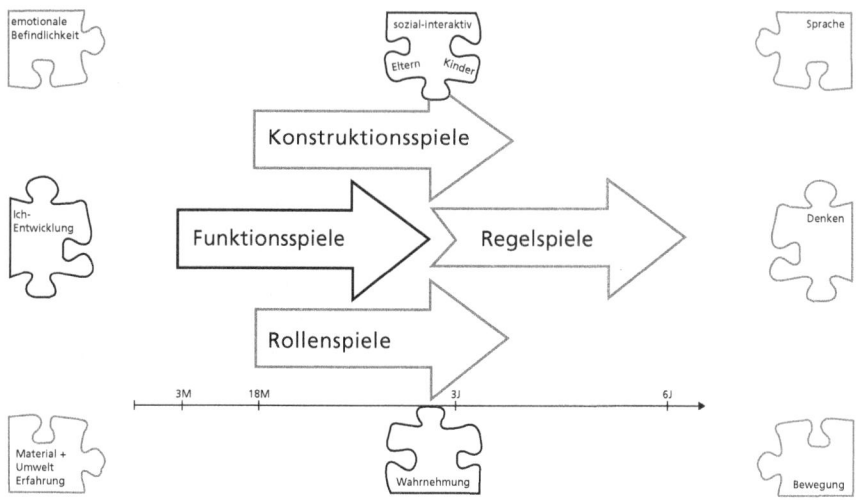

Abb. 4: Spielformen im Kontext der Entwicklungsdimensionen (aus von Oy/Sagi/Biene-Deißler/Schroer 2011, 442)

Alle Puzzleteile, alle Entwicklungsbereiche und Facetten ergeben zusammengesetzt ein umfassendes vielschichtiges Bild vom Spiel als Ganzen, das mehr ist als die Summe seiner Teile. Betrachten wir die folgende Spielszene, wird das eben Gesagte konkretisiert.

Beispiel

Ein Kleinkind krabbelt durch den offenen Wohnraum im Haus. Auf seiner Erkundungstour entdeckt es ein Spielzeug: einen Trichter mit einer Schnur durch die Röhre, an deren Enden Perlen befestigt sind. Neugierig hält es in seiner Bewegung inne. Der Gegenstand hat einen Aufforderungscharakter und weckt sein Interesse. Das Kind nimmt den Trichter in die Hand, kurz in den Mund, dann schwenkt es den Gegenstand hin und her und klopft damit auf den Boden. Es dreht den Trichter hin und her, betrachtet ihn intensiv von allen Seiten *(Puzzleteile: Material und Umwelterfahrung, Wahrnehmung, Bewegung)*. Dabei entdeckt das Kind die Perle unten im Trichter. Es greift hinein und versucht die Perle mit dem Zeigefinger herauszuholen – unermüdlich, immer wieder versucht es an die Perle zu gelangen. Endlich löst sie sich mit Schräglage des Trichters und das Kind nimmt die Perle in die Hand, holt sie heraus und stößt sie auf einen Widerstand: Die Perle sitzt an der Schnur fest und wird durch die andere Perle am unteren Ende der Röhre blockiert. Es zieht erneut an der Schnur und wendet in Folge immer mehr Kraft auf – ergebnislos. Dann dreht das Kind den Trichter um, entdeckt die Perle am anderen Ende der Schnur und zieht daran. Wiederholt setzt es die Perlen an der Schnur in Bewegung *(Puzzleteil: Denken, sensomotorische Intelligenz, frühe Problemlösestrategien).*

Schließlich nimmt das Kind sein Spielzeug, krabbelt damit zu seiner Mutter und zeigt ihr stolz, wie es funktioniert. Mit einem Lächeln führt es die Perlen an der Schnur vor. So entwickelt sich ein gemeinsames Spiel, in dem Mutter und Kind abwechselnd an der Schnur ziehen – hin und her. Über den Gegenstand und die Spielhandlungen kommunizieren sie im Dialog, suchen den sozialen Abgleich und genießen das freudige Miteinander *(Puzzleteile: Sprache, sozialinteraktiv, emotionale Befindlichkeit, Ich-Entwicklung).*

Während das Kind im Kleinkindalter bei seinem Spiel die räumliche Nähe zur Bezugsperson sucht, verändern sich im Laufe der Zeit die Spielräume. Das Kind beansprucht zunehmend einen Raum für sich und zieht sich zum ungestörten Spielen zurück. Es definiert von sich aus eine begrenzte Spielzeit, in dem es sich beispielsweise im Schulalter nach den Hausaufgaben zum Spielen verabredet. Es trennt selbst freies Spiel und schulisches Lernen. Entsprechend der eigenen Stärken und Vorlieben spezialisiert das Kind seine Spielhandlungen. So kann eine Spielform oder ein Entwicklungsbereich überwiegen, wie z. B. das Konstruktionsspiel, das Rollenspiel oder das Regelspiel. In der Kindertagesstätte halten sich die einen Kinder vorwiegend in der Bauecke auf und die anderen Kinder in der Puppenecke oder es gibt einige, die am liebsten am Tisch sitzen und Brettspiele wählen. Auch die Spielzeuge werden für ältere Kinder immer spezifischer bzw. wünschen sich ältere Kinder immer repräsentativere Spielzeuge. Es ist nicht mehr ein Material, das vielseitig und beliebig eingesetzt wird, sondern ein bestimmtes Spielmaterial, das das Kind für sein Spiel braucht. Im Regelspiel spiegelt sich dies bei den Brettspielen wider, die meist einen Inhalt bedienen, so geht es beim Gefühlsquartett um Emotionen und beim Rechen-König um Zahlen. Es ist davon auszugehen, dass sich in der weiter fortgeschrittenen Entwicklung einzelne Fertigkeiten immer klarer herauskristallisieren und im Spiel bestimmte Leistungen bzw. Handhabungen gefragt sind und angesprochen werden. Der heilpädagogische Grundsatz der Ganzheitlichkeit darf dabei nicht zu kurz kommen und nicht verloren gehen.

Aus dem Spielverhalten des Kindes lässt sich der Entwicklungsstand ablesen: *Wo bewegt sich das Kind aktuell?* So wie das Kind in der Lage ist, verwendet es die Spielmaterialien und gestaltet seine Spielhandlungen, d. h. es spielt auf dem Niveau, das seinem Potential entspricht. Dieses Spielentwicklungsniveau orientiert sich an der »Zone nächster Entwicklung« (ZNE nach Wygotski 1978). Die ZNE beschreibt den Bereich an Spielhandlungen, die das Kind in Ansätzen und mit Hilfe ausführen kann. Hier zeigen sich die nächst anzunehmenden und anzubahnenden Entwicklungsschritte.

Im Spiel werden bestimmte Themen vom Kind dargestellt, mit denen es sich ausdrückt und die es bearbeitet. Es bewältigt bestimmte im Spiel liegende Aufgaben, die für seine Entwicklung bedeutend sind. Jede Spielform kann in phasenbezogene Spielthemen und Entwicklungsaufgaben unterteilt werden. So ist eine differenzierte Einschätzung über die Spielbeobachtung möglich. *Wie das Kind spielt,* gibt Aufschluss über die emotionale Situation und ist Ausdruck der Ich-Befindlichkeit. Die Interaktionen und Verhaltensweisen im Kontakt mit anderen weisen auf die aktuell vorhandenen Kompetenzen im Sozialspiel hin (vgl. von Oy/Sagi/Biene-Deißler/Schroer 2011, 442 f.).

Die hier in einer kurzen Übersicht angerissene und komprimierte Darstellung wird im weiteren Kapitel schrittweise ausgeführt und vertieft.

4.1 Funktionsspiel

Das Funktionsspiel ist die dominierende Spielform in der frühen Kindheit. In dieser Zeit, den ersten Lebensjahren, nimmt das Spielen einen herausragenden Rang im gesamten Verhaltensrepertoire ein: Alles, was das Kind tut, ist spielen. Es gibt keine abgegrenzten Spielräume oder festgelegten Spielzeiten. Spontan und situativ entwickelt sich im Augenblick, im Hier und Jetzt, ein facettenreiches Spielgeschehen.

Beispiel

Das Kind liegt in Rückenlage auf dem Boden, betrachtet seine Hände, nimmt die ganze Faust in den Mund und führt dann die Hände vor der Körpermitte ertastend zusammen. Es strampelt, erst langsam, dann schnell, und untermalt dies mit gurrenden Geräuschen, erst leise dann lauter. Schließlich hält es inne, ertastet die Oberschenkel und greift nach den Füßen. Mutter/Vater schaut das Kind freudig an, es lächelt zurück, imitiert die Mimik und die Laute. Erwartungsvoll streckt es die Arme entgegen, um aufgenommen zu werden. Dann erblickt das Kind das hingehaltene Spielzeug, ergreift dieses und nimmt es in den Mund, umfährt die Ränder mit der Zungenspitze, tastet die Oberfläche ab und beißt hinein. Es tastet den Gegenstand mit der Hand ab, nimmt ihn in die Hand, wedelt damit, schwenkt den Gegenstand und schlägt damit auf die Unterlage. Das Kind hält den Gegenstand im Blickfeld fest und betrachtet ihn von allen Seiten. Es lässt das Spielzeug fallen, dreht sich auf die Seite, weiter in die Bauchlage und hebt Arme und Beine ab (Entwicklungsalter 3–6 Monate).

Mit allen Sinnen kann das Kind sich selbst und die Dinge der Welt in übender Wiederholung erkunden und erfahren. Lustvoll übt es immer wieder die gleiche Spielhandlung aus, spürt dieser nach, lauscht nach und schaut nach. Die spielerischen Handlungen führt das Kind begeistert und mit Freude aus: Das Agieren an sich bereitet ihm Vergnügen. Im körperbezogenen Funktionsspiel entdeckt das Kind sich und seinen Körper und damit seine wahrnehmungsgebundenen motorischen Fähigkeiten. Es spürt und erlebt sich in der Bewegung. Im gegenstandsbezogenen Funktionsspiel entdeckt und erfasst das Kind seine materielle Umwelt. Ausgerichtet auf die Gegenstände werden alle Materialien des täglichen Lebens in den spielerischen Aktivitäten zu Spielzeugen. Über das Spiel werden die unterschiedlichen Sinneseindrücke aufgenommen, neuronal verarbeitet und motorisch beantwortet. Diese sensomotorische Koordinationsleistung wird immer neu abgestimmt und optimiert, bis sinnvolle Handlungen eingeprägt sind. Alle Handlungen, die für das Kind sinnvoll sind, wiederholt es (vgl. von Oy/Sagi/Biene-Deißler/Schroer 2011, 127 ff.).

Beispiel

> Das Kind entdeckt die Kleinteile an einem Spielzeug, weist mit dem Finger auf das Detail und »scannt« es mit den Blicken ab. Dann lässt es los und schaut dem runterfallenden Spielzeug nach. Es schaut abwechselnd zu einem Elternteil und auf das Spielzeug und macht darauf aufmerksam, bis es aufgehoben wird. So nimmt es das Spielzeug entgegen, um es erneut runterzuwerfen. Dabei bildet das Kind variationsreiche Laute und aneinandergereihte Silben, die vom Elternteil kommentiert werden. Durch den ganzen Raum krabbelt es hinter einem Spielzeugauto her und sucht es unter dem Schrank hervor. Es krabbelt zur Tür, blickt zurück zum Elternteil und bewegt sich dann weiter fort in den nächsten Raum, schaut sich dort um und kehrt zurück. An der Schnur zieht es die Spielzeugente zu sich heran. Nimmt anschließend die Glocke und läutet damit. Auch das Quietsche-Tier schüttelt es absichtsvoll, jedoch erklingt kein Ton. Ein Elternteil macht es vor, drückt das Tier zusammen, so dass es quietscht. Das Kind ahmt diese Vorgabe nach (Entwicklungsalter 8–12 Monate).

Diese Spielweisen offenbaren eine hohe Eigenmotivation und Emotionalität. Die dingliche Umwelt hat einen Aufforderungscharakter und weckt das Interesse des Kindes, sich spielerisch mit den Gegenständen zu betätigen – was Vergnügen bereitet. Die Freude an der Aktivität, die Begeisterung an den selbsterzeugten Effekten und die Lust an der Funktion der Dinge motivieren das Kind. Das Funktionsspiel wird durch diese Funktionslust (K. Bühler) geweckt. Die Spieltätigkeit steht im Mittelpunkt und erzeugt ein positives Erleben. Aus dem anfänglichen Erkunden entwickelt sich ein aktives Experimentieren. Aus der Wiederholung des lustvollen Tuns entwickeln sich immer neue Variationen, die erneut ausprobiert werden. Als Urheber einer Aktion beobachtet das Kind die ausgelöste Reaktion. Es bewirkt selbst Überraschungen, die eine positive Spannung erzeugen und das eigene Wohlbefinden heben. Spiel führt demnach zu einer Selbstwertsteigerung. Die Spieltätigkeiten ordnet das Kind als gesammelte Erfahrungen in seinen Erfahrungsschatz ein, erweitert sein Repertoire an Spielhandlungen und kann diese in neuen Situationen abrufen, einbringen und kombinieren. Das Kind baut seine Kompetenzen im Spiel aus, es handelt immer intentionaler, d.h. absichtsvoller und zielgerichteter sowie komplexer, d.h. vielschichtiger und weitgreifender. Vom Manipulieren der Gegenstände in der konkreten Auseinandersetzung abgelöst, werden die Spielhandlungen im Prozess gedanklich vorbereitet und überlegt. So kommt das Kind im Funktionsspiel über das Greifen zum Begreifen (vgl. Mogel 1994, 16; von Oy/Sagi/Biene-Deißler/Schroer 2011, 127 ff.).

Beispiel

> Das Kind läuft durch den Raum, schiebt einen Puppenwagen vor sich her und erprobt seine motorischen Fähigkeiten beim Klettern auf das Sofa. In der Küche

räumt es mit Vorliebe die Schränke und Schubladen aus. Einen Anreiz hat die Kiste mit Altpapier, die das Kind absichtsvoll ansteuert. Es entleert den Inhalt, versucht in die Kiste zu steigen und schiebt sie dann weiter durch den Raum. Auf eine namentliche Ansprache reagiert es, wendet sich um und versteht das ausgesprochene »Nein«, wenn es an den Backofen gehen will. Es nimmt ein Spielzeug, kommt damit zum Elternteil und fordert so zum gemeinsamen Spielen auf: z. B. mit dem Löffel auf den Kochtopf trommeln. Dann werden Kleinteile in die Dose gefüllt und gezielt in das Loch im Deckel gesteckt. Das Kind holt die Gegenstände wieder heraus, gibt sie ab und fordert sie wieder ein. Anschließend wendet es sich neugierig anderen Dingen im Raum zu und macht auf seinem Erkundungsgang den Lichtschalter an und aus (Entwicklungsalter 12–18 Monate).

Umwelteinflüsse gehen in das kindliche Spiel ein. Nicht nur die dingliche Umwelt wirkt sich motivierend oder hemmend auf die spielerischen Tätigkeiten aus, sondern auch die soziale Umwelt. Der andere Mensch, der mitspielt und auf das Kind eingeht, ist bedeutend. Spielhandlungen entstehen im Dialog. Im Funktionsspiel kommt den Eltern eine tragende Rolle zu. Sie beantworten bereits nach der Geburt die kommunikativen Signale des Kindes, geben Resonanz und erste Spielimpulse. Es entwickelt sich ein spielerischer Kontakt zwischen Eltern und Kind, der nach B. und S. Sutton-Smith als Quelle der verschiedenen Spielformen verstanden werden kann (vgl. Sutton-Smith 1986, 15 ff.; von Oy/Sagi/Biene-Deißler/Schroer 2011, 127 ff.).

Aus der bisherigen Darstellung können charakteristische Spielhandlungen im Funktionsspiel abgeleitet werden. Jede Spielhandlung stellt ein Thema dar, drückt thematisch etwas aus. Diese themenspezifischen Spielhandlungen werden in Bezug auf eine übergeordnete Kategorie inhaltlich zusammengefasst und eingeordnet (z. B. beim oralen, manuell-haptischen und visuellen Erkunden geht es darum, die Materialeigenschaften kennenzulernen, um die Welt zu begreifen). Auf diese Weise lassen sich mehrere Bausteine im Funktionsspiel bestimmen (Tast-Spiele, Versteck-Spiele, effektauslösende Spiele usw.). Diese tauchen im Verlauf parallel nebeneinander auf, wechseln im momentanen Spielgeschehen und werden kombiniert (so wird der Gegenstand betrachtet, kurz in den Mund genommen, dann versteckt und wieder gesucht, um anschließend damit Geräusche zu erzeugen). In jedem umschriebenen Baustein stehen phasenbezogen bestimmte Spielqualitäten im Mittelpunkt, die sich weiter ausdifferenzieren (bei den Versteck-Spielen zur Übung der Merkfähigkeit zeichnet sich die Objektpermanenz ab). In der weiteren Entwicklung kommen funktionale Spielhandlungen situativ abermals zum Einsatz. Die Bausteine dieser Spielform bleiben relevant und werden auf höherer, abstrakterer Ebene in neuen Bezügen wieder aktuell: So wird im Regelspiel die Merkfähigkeit beim Memory-Spiel geübt. Auf diese Überlegung und Einteilung beziehen sich die weiteren Ausführungen.

Phasenbezogene Spielthemen und Entwicklungsaufgaben

Die Bausteine im Funktionsspiel beinhalten phasenbezogene Spielthemen und Entwicklungsaufgaben. Orientiert am Spielverhalten des Kindes können über die Beobachtung das Spielentwicklungsniveau bestimmt und die sozial-emotionalen

Kompetenzen im Funktionsspielalter erhoben werden. Die folgende Kurzübersicht liefert einen spieldiagnostischen Beitrag für die Praxis. Im Sinne eines Inventars erfolgt eine Auflistung der sich ausdifferenzierenden Entwicklungsschritte. Bei jedem Punkt kann angemerkt werden, ob das Kind diese Spieltätigkeit initiiert und eigenständig ausführen kann (ja), ob das Kind diesen Schritt mit Hilfe gehen kann (ZNE) oder ob das Kind diese Spielhandlung noch nicht bewältigt (nein). So gibt die Übersicht Aufschluss über die »Zone nächster Entwicklung« (Wygotski 1978), aus der sich die Fein-/Lernziele für die heilpädagogische Förderung und Begleitung ableiten lassen. Hier handelt sich um eine überarbeitete Zusammenfassung vom »Spiel-Beobachtungsbogen der Heilpädagogischen Übungsbehandlung« (von Oy/Sagi/Biene-Deißler/Schroer 2011, kostenloser Download unter www.winter-verlag.de mit folgenden Ergänzungen: vgl. Largo 2001, 273, 281, 289 f.; vgl. Oerter 2002, 175 u. 228 f.; vgl. Oerter 1999, 96 ff.; vgl. Specht-Tomann 2011, 22; vgl. Sutton-Smith 1986, 21 ff., 41 ff.; vgl. von Oy/Sagi/Biene-Deißler/Schroer 2011, 128 ff. 155; vgl. Senckel 1998, 176 f.; vgl. Winnicott, 87, 10 ff.; vgl. Kasten 2008, 109; vgl. Entwicklungsprofil nach Zollinger 1995).

Für die praktische Anwendung kann eine Kopie der folgenden Kästen als spieldiagnostischer Arbeitsbogen dienen.

Baustein körperbezogenes Funktionsspiel

Wie das Kind seinen Körper, seine motorischen Fertigkeiten spielerisch einsetzen kann.
Spielthema: »sich lustvoll in Bewegung spüren und erleben«.

- ☐ Hand-Mund-, Hand-Hand- und Hand-Fuß-Spiel
- ☐ Körperpositionen verändern
- ☐ Spiel mit der Stimme – Geräusche produzieren, Lautierungen variieren, Silbenketten bilden
- ☐ sich fortbewegen – kriechen, robben, krabbeln, laufen
- ☐ Bewegungsspiele – klettern, hüpfen, balancieren
- ☐ Bewegungsspiele mit Spielgeräten – Dreirad, Laufrad, Roller, Stelzen

Im körperbezogenen Bereich bleiben funktionale Spielhandlungen im Bewegungsspiel vorrangig, wenn das lustvolle Erproben und die Übung im Vordergrund stehen und nicht der leistungsbezogene Wettkampf.

Bausteine im gegenstandbezogenen Funktionsspiel

»**Tast-Spiele**« (Materialien erkunden): Wie das Kind über die Aufmerksamkeit auf verschiedene Sinnesempfindungen fokussieren, die Eindrücke bewusst wahrnehmen und die Materialeigenschaften explorieren kann.
Spielthema: »Gegenstände fühlen, schmecken, hören und sehen – Welt begreifen«.

Eine Basiskompetenz ist der 3er-Schritt vom Aufmerken und Fixieren bis hin zum Verweilen. Diese Figur-Grund-Wahrnehmung stellt eine grundlegende Fertigkeit des Kindes dar, den bedeutenden Reiz in den Vordergrund zu heben und die Aufmerksamkeit darauf zu lenken. So ist es in der Lage, ein Spielzeug bewusst wahrzunehmen – taktil, oral, akustisch, visuell –, darauf zu reagieren, es also zu verfolgen. Das Kind erkundet immer detaillierter und variationsreicher in intermodaler Verknüpfung die Gegenstände. Es lernt die physikalischen Eigenschaften unterschiedlicher Größe, Form, Konsistenz, Oberflächenbeschaffenheit usw. kennen.

- taktile Reiz-Reaktion auf Berührungen (ab 1. Monat): manuell-haptisches Erkunden, Abtasten, Schwenken usw. (ab 4/6 Monate)
- orale Reiz-Reaktion auf Berührung (ab. 1. Monat): aktives orales Erkunden mit Lippen und Zunge (ab 3/4 Monate)
- akustische Reiz-Reaktion: horcht auf, sucht mit den Augen, sucht mit Kopfbewegung (1.–3. Monat), dreht Kopf überlegt zur Geräuschquelle (ab 4. Monat)
- visuelle Reiz-Reaktion: fixiert, verfolgt horizontal, vertikal, in einer Kreisbewegung (1.–3. Monat), visuelles Abscannen, betrachtet Gegenstand von allen Seiten (ab 6/8 Monate)

»Versteck-Spiele« (Merkfähigkeit üben): Wie das Kind seine Merkfähigkeit üben und überprüfen kann.
Spielthema: »Gegenstände verschwinden und wieder auftauchen lassen«.

Die Entwicklung der Objektpermanenz (Piaget), also dass Objekte weiterexistieren, auch wenn diese mit den Sinnen nicht wahrgenommen werden können, ermöglicht es dem Kind, innere Vorstellungen von den Gegenständen aufzubauen.

- erste aktive Suchbewegungen, findet einen Gegenstand, der aus dem Blickfeld verschwindet bzw. vor seinen Augen teilweise verdeckt wurde (ab 3/4 Monate)
- einfache Objektpermanenz, sucht ein verdecktes Objekt (um 8–12 Monate)
- Objektpermanenz mit Ortswechsel, beobachtet Versteckveränderung und sucht zielgerichtet (um 12–18 Monate)
- substantieller Dingcharakter, Positionsveränderungen werden im Geiste koordiniert (ab 18–24 Monate)

»Effekt-auslösende-Spiele« (Mittel zum Zweck und Kausalität): Wie das Kind Gegenstände für einen bestimmten Zweck einsetzen und Ursache-Wirkung verstehen lernt.
Spielthema: »sich als selbstwirksam erleben«.

Das Kind erkennt den Zusammenhang zwischen seiner Handlung und dem daraus resultierenden Effekt. Das aktive Experimentieren führt zur Entdeckung neuer Mittel, um ein Ziel zu erreichen.

- einfaches Klopfspiel (ab 7–8 Monate – mit einem Gegenstand auf die Unterlage klopfen, Klötze aneinanderschlagen)
- etwas zur Verlängerung des Armes einsetzen, um den gewünschten Gegenstand zu erlangen (ab 8 Monate – Spielzeuge an einer Schnur oder mit einem Stab zu sich ziehen)
- Hindernisse überwinden und Lösungen finden (durchsichtige Box entfernen oder Öffnung suchen und entdecken, um an den Gegenstand zu gelangen)
- Geräusche, Klänge und Töne absichtsvoll erzeugen (ab 9 Monate – Rassel oder Glocke schütteln, Quietsche-Tier drücken, Drehorgel drehen usw.)
- Spielzeuge in Bewegung setzen (Hampelmann, »Fisher-Price«-Spiele z. B. mit Knöpfen, die Figuren oder Türen aufspringen lassen, u. a.)
- Objekte kombinieren (mit dem Löffel auf die Tasse klopfen, Glockenspiel, Klopfbank/Klopfkasten)

»**Inhalt und Behälter-/Steckspiele**« (Raumdimensionen erschließen): Wie das Kind sich mit den räumlichen Beziehungen zwischen den Gegenständen auseinandersetzen kann.
Spielthema: »Absichten verfolgen«.

Das Kind hat eine Vorstellung davon entwickelt, dass sich ein Gegenstand in einem anderen befinden kann. Es erfasst die Dimensionen des Raumes und sammelt Erfahrungen mit der Schwerkraft. Über das Ausprobieren der räumlichen Verhältnisse, das Aus- und Einräumen erschließt es sich das Prinzip des Hineinsteckens und erkennt, dass ein Teil in bzw. auf ein anderes passt.

- räumt Kleinteile aus der Schublade, der Spielzeugkiste, der Dose/Flasche aus (um 10–15 Monate)
- legt Gegenstände in die Spielzeugkiste, füllt Kleinteile in die Dose (ab 10–15 Monate)
- steckt Stäbe in das Lochbrett bzw. steckt Ringe auf den Stab (ab 12 Monate)

»**Know-how-Spiele**« (Funktionen erforschen): Wie das Kind die spezifischen Funktionen erkennen, erfahren und beherrschen lernen kann.
Spielthema: »entdecken, wie die Dinge funktionieren«

Die Funktionen, die spezifische Handhabungen der Spielzeuge und der Gegenstände werden dem Kind nur in handelnder Auseinandersetzung vertraut. Aufgrund eigener Erfahrungen begreift es, wie die Spielzeuge funktionsgerecht benutzt bzw. einsetzt werden können.

- Schalter ausprobieren (Lichtschalter, Taschenlampe, Fernbedienung, Wasser-Krahn usw.)
- Verschlüsse öffnen und schließen (Türen, Schränke, Kleidung usw.)
- Gegenstände funktionsgerecht verwenden (Löffel zum Essen, Hammer zum Hämmern usw.)

Im gegenstandsbezogenen Bereich werden in der weiteren Entwicklung im Kontakt mit neuen Gegenständen zunächst dessen Funktionen ausprobiert und über die funktionalen Spielhandlungen wird die Anwendung erschlossen.

Bausteine im Sozialspiel – Erwerb sozial-emotionaler Kompetenzen im Funktionsspielalter

»Imitationsspiele« (Eltern-Kind-Interaktion): Wie das Kind seine Befindlichkeit ausdrücken kann, sich im Dialog mitteilen und die mimischen Gesichtsausdrücke des anderen erkennen und nachahmen kann.
Spielthema: »Affektspiegelung«.

In wechselseitig gelungenen Spiegelkontakten geht die Mutter intuitiv feinfühlig in den Dialog und das Kind imitiert die Gefühlsausdrücke. Darüber nimmt es auch die Stimmung seines Gegenübers auf und schwingt emotional mit. So entsteht und festigt sich ein Band zwischen Eltern und Kind. Die emotionale Regulationsfähigkeit und der Bindungsaufbau sind die Entwicklungsaufgaben.

- ☐ soziales Lächeln, beantwortet den Blick mit Lächeln oder freudigen Lauten, Baby-Talk (um drei Monate)
- ☐ reagiert freudig auf Ansprache, dreht den Kopf nach einer Person und macht erwartungsvolle Bewegungen, um aufgenommen zu werden (um 4–8 Monate)
- ☐ unterscheidet vertraute und fremde Personen, fremdelt (8-Monats-Angst)

»Guck-Guck-Spiele« (Fortgehen und wieder da sein): Wie das Kind über das Verschwinden und Wieder-auftauchen-Lassen von Personen diese als innere Bilder speichern kann sowie Trennungen erfährt und bewältigen kann.
Spielthema: »Trennung – Loslösung«.

Das Kind entwickelt Gegenstands- und sozialbezogen eine innere Vorstellung. Eine Person existiert weiter, auch wenn diese nicht unmittelbar da ist. Es speichert nicht nur die äußere Gestalt, sondern auch die damit verbundenen Gefühle/Emotionen und die gesammelten Bindungserfahrungen im Sinne innerer Arbeitsmodelle. Mit zunehmender Mobilität erschließt es sich einen größeren Bereich seiner Umgebung, krabbelt weg und kommt wieder: So experimentiert es mit emotionalen Trennungs- und Verlusterfahrungen. Der Aufbau einer Personpermanenz, der Erwerb innerer Repräsentanzen und die Angstbewältigung in der Loslösungsphase sind die Entwicklungsaufgaben.

- ☐ Freude am Verschwinden und Wieder-auftauchen-Lassen von Personen, genießt Affekt-Abgleich bei Loslösungsspielen (um 5–10 Monate)
- ☐ Rückversicherung durch Blickkontakt und emotionales Auftanken bei der Bezugsperson als Heimatstützpunkt (um 5–10 Monate)
- ☐ »kürt« ein Lieblingsspielzeug (Übergangsobjekt n. Winnicott 1987; ab 5–10 Monate)

»**Finger-, Sing- und Kniereiterspiele**« (Spielablauf gespannt verfolgen): Wie das Kind in freudiger Erwartung bei den ritualisierten Spielhandlungen mitgeht und mitmacht.
Spielthema: »Erwartungshaltung aufbauen«.

Charakteristisch für diese Sozialspielform ist der ritualisierte Ablauf mit Signalwörtern, der einen ansteigenden Spannungsbogen aufweist. Sprache und Bewegung werden intermodal verknüpft und die Handlung vom Kind verfolgt. In der Wiederholung prägt es sich die Abfolge mit dem dramatischen Schlusseffekt ein. In der Vorwegnahme dieses Effektes baut das Kind eine Vorfreude auf und erwartet gespannt, was passiert. Das Spiel geht sowohl mit der Ungewissheit einher, was kommen mag, als auch mit der Vertrautheit zu wissen, dass etwas kommt. Die Bezugspersonen werden als verlässlich erlebt und der ritualisierte Handlungsablauf schafft Sicherheit.

- ☐ lauscht der Stimme, beobachtet die Mimik und verfolgt die Fingerbewegungen
- ☐ imitiert die Mimik, die Bewegung, die Sprache
- ☐ verändert den mimischen Ausdruck
- ☐ ansteigendes Aktivierungsniveau, zunehmende Körperspannung

»**Geben-Nehmen-Spiele**« (danke – bitte/meins – deins): Wie das Kind über einen Gegenstand in den Dialog tritt, diesen nimmt und wieder abgibt.
Spielthema: »Festhalten und Loslassen«.

Über die gemeinsame Aufmerksamkeitslenkung lernt das Kind das Du mit der Sache zu verbinden und sich über einen Gegenstand auszutauschen. Über das Geben und Zeigen tritt es in Interaktion. Wenn die Eltern etwas bekommen oder ihnen etwas genommen wird, reagieren sie mit viel Gefühlsausdruck darauf, inszenieren freudige Überraschung oder Entrüstung. In diesem emotional belebten Spiel, in diesem abwechselnden hin und her, erfährt das Kind ein Geben und Nehmen – bevor es diese Handlung von sich aus in sozialen Bezügen einsetzt. Mit der Gewissheit, etwas wiederzubekommen, wenn es etwas gibt, erlebt das Kind den Spannungsbogen von Festhalten und Loslassen: Die Autonomie, über die Dinge bestimmen zu können, diese für sich zu beanspruchen und den Zweifel, unsicher zu sein und das Resultat in Frage zu stellen.

- ☐ trianglärer Blickkontakt: gemeinsame Aufmerksamkeitslenkung auf einen Gegenstand – das Kind blickt abwechselnd auf ein Spielzeug und eine Person und verbindet so das »Du« mit der Sache (ab 8–12 Monate)
- ☐ kontaktfreudig gibt oder zeigt das Kind der Bezugsperson ein Objekt oder führt den Erwachsenen dort hin, um eine soziale Aktion zu beginnen (um 10–18 Monate)
- ☐ erste Ballspiele, Ball aufnehmen und wieder loslassen, gezieltes zurollen (um 12–18 Monate)
- ☐ Gegenstand austauschen (turn-taking): gibt einen Gegenstand ab und erwartet, diesen wiederzubekommen, Mein-dein-Konflikt im Parallelspiel (um 12–24 Monate)

»**Parallel-Spiele**« (neben anderen Kindern spielen): Wie das Kind in seinem Spiel vertieft zwischenzeitlich aufmerkt, die anderen Kinder um sich herum beobachtend wahrnehmen und nachahmen kann und wie es lernt, über Material sowie Sprache in den Austausch zu gehen.
Spielthema: »Lernen am Modell«

Die Spielhandlungen der Kinder laufen nebeneinander her. Eine gewisse Abstimmung entsteht, wenn jedes Kind mit seinem eigenen Gegenstand hantiert und dabei die anderen Kinder beobachtet. Es schaut sich den Umgang ab, imitiert die Handlungen mit den Gegenständen und probiert neue Möglichkeiten aus. Ziel ist der Aufbau eines gemeinsamen Gegenstandbezuges: Die Spielpartner wirken über Gegenstände aufeinander ein, sie gehen also in Interaktion. Dabei spielt die Situation eine wesentliche Rolle. Spielen nur wenige Kinder zusammen, gelingt das Miteinander im Sozialspiel häufiger als in großen Kindergruppen, in denen das Parallelspiel länger vorrangig bleibt. Diese Spielform (Kernzeit 2–2½ Jahre) bereitet auf die komplizierten sozialen Interaktionen im Spiel vor und nimmt nach Oerter eine wichtige Funktion im Übergang zum komplexen Rollenspiel ein. Entwicklungsaufgabe ist der Erwerb sozialemotionaler Kompetenzen.

- ☐ Parallelspiel ohne wechselseitige Beachtung (ab 12 Monate)
- ☐ sucht Blickkontakt mit anderen Kindern
- ☐ beobachtet andere Kinder
- ☐ imitiert Umgang mit den Gegenständen, ahmt Handlung nach
- ☐ tauscht Gegenstände und spricht mit den anderen Kindern, erste Kooperationen (ab 24 Monate)

In einem weiteren Schritt wird dem Spielverhalten des Kindes eine Bedeutung gegeben. Die hier aufgezeigten Bausteine im Funktionsspiel können vor dem Hintergrund eines bio-psycho-sozialen Erklärungsmodelles analysiert und interpretiert werden.

Bio-psycho-soziale Reflexion

Die körperbezogenen Funktionsspiele

> »entstehen aus der Freude an der Bewegung und entsprechen dem elementaren Bedürfnis des Kindes, seinen Bewegungsapparat zu beherrschen. Hier können Bewegungen beim Kind beobachtet werden, die sich von den vorher ungesteuerten, ungerichteten und ruckartigen Massenbewegungen, wie Strampeln, unterscheiden lassen. Die um ihrer selbst Willen durchgeführten, lustbetonten Bewegungen erfolgen langsam, werden vom Kind beachtet und immer wieder reproduziert. [...] Die Bewegung allein ist jedoch noch kein Spiel, sondern erst durch gestalterische Elemente wird aus dem Übermaß an Bewegung ein Spiel. Durch die spielerischen Bewegungen erkundet das Kind seine motorische Funktionsfähigkeit.« (von Oy/Sagi/Biene-Deißler/Schroer 2011, 127)

In diesen Spielhandlungen zeichnet sich die Bewegungsentwicklung, die neuromotorische Entwicklung im Kindesalter ab, die eine große Variabilität und Dynamik aufweist. Für das motorische Verhalten, wie Bewegung und Haltung, sind neurophysiologische Prozesse verantwortlich. Die motorischen Aktivitäten werden in vielen verschiedenen, miteinander vernetzten Hirnarealen geplant, initiiert und kontrolliert. Dazu gehören der sensorische und motorische Kortex, die Basalganglien, das Kleinhirn und die Assoziationsareale (vgl. Kaufmann 2007, 225 ff.).

In die Bewegungssteuerung fließen taktil-kinästhetische und vestibuläre Verarbeitungsprozesse mit ein. Die Körpereigenwahrnehmung und die motorische Handlung sind eng miteinander verknüpft. Im körperbezogenen Funktionsspiel sind die motorischen Aktivitäten eine sinnvolle, zielgerichtete Antwort auf eine sinnliche Erfahrung. Die kindliche Freude daran, sich in der Bewegung selbst spüren zu können, lässt ein positives Körpergefühl zu und die Körperimago reifen. Im Laufe der Entwicklung formt das Kind seine Leiblichkeit aus. Sein individuelles Haltungs- und Bewegungsmuster ist auch Ausdruck der emotionalen Befindlichkeit. Die Spielhandlungen gehen mit einer emotionalen Begleitreaktion einher und im Funktionsspielalter ist das Kind nach W. Einsiedler mit all seinen seelischen Kräften und seinem ganzen Erleben involviert (vgl. von Oy/Sagi/Biene-Deißler/Schroer 2011, 127; vgl. Einsiedler 1991, 60 ff.): »Freude und Lust, aber auch Anspannung und Missvergnügen können im Spiel beobachtet werden. Das zentrale Merkmal der Bewegungsspiele ist die emotionale Fundierung. Das Erleben von Spannung und Entspannung und das Bewusstsein, Handlungsträger zu sein, werden im Spiel aktiviert« (von Oy/Sagi/Biene-Deißler/Schroer 2011, 130). Für die emotionale Verarbeitung ist das ZNS verantwortlich. In verschiedenen Modellen neuropsychologischer Forschung werden die beteiligten Areale lokalisiert, Funktionen zugeschrieben und Verarbeitungsschleifen konstruiert. Neben den anatomisch begründeten Strukturen des limbischen Systems wird ein frontal lokalisiertes Spiegelsystem diskutiert. Eine vereinheitlichte Entwicklungstheorie der Emotionsverarbeitung liegt noch nicht vor (vgl. Kaufmann 2007, 321 ff.).

Wie das Kind seinen Körper im Spiel erleben und sich motorisch ausprobieren kann, ist sowohl von seiner Person als auch von den Umweltbedingungen abhängig. Jedes Kind begegnet der sozialen und materialen Umwelt anders, zeigt ein individuelles Bewegungsverhalten und drückt deutlich aus, wo es sich traut oder sich abwartend verhält. In Bezug dazu stehen die Bewegungsmöglichkeiten, die dem Kind im Haus und draußen angeboten werden. Entscheidend ist die Haltung der Eltern, inwieweit das Kind Unterstützung erfährt und Vertrauen in seine Fähigkeiten entgegengebracht bekommt. In einer anregenden und zugleich geschützten Umgebung kann das Kind eigenaktiv in seinem Tempo auf die Welt zugehen.

Ausgangspunkt für die körperbezogenen Funktionsspiele bilden nach B. und S. Sutton-Smith die Eltern-Kind-Interaktionen. In alltäglichen Situationen ergeben sich in den spielerisch gestalteten Begegnungen mit dem Kind Spielsituationen: Beispielsweise beim Wickeln, wenn die Eltern auf die Strampelbewegungen des Kindes eingehen und diese weiter anregen. Die Freude, die das Kind dabei empfindet, teilt es über gestisch-mimische Signale und lautierende Äußerungen mit. Die Eltern bzw. die Bezugspersonen reagieren meist intuitiv darauf, greifen die Mimik, die Laute und den Tonfall auf und ahmen diese, wie in einem Spiegel, nach. In diesen *Imitationsspielen* ahmt der Elternteil nicht nur das Kind nach, sondern das Kind auch den Gesichtsausdruck des Elternteils. Im Spieldialog sind beide reziprok aufeinander bezogen. Über die Nachahmung der elterlichen Mimik werden für das Kind die damit einhergehenden Gefühle erlebbar und es fällt selbst in die damit verbundenen physiologischen Muster. Eine liebevoll zugewandte und feinfühlige Haltung der Eltern markiert anders als die Spiegelerfahrung einer psychisch kranken Mutter. Durch diese Affektspiegelung kann das Kind eine Vorstellung und ein Bewusstsein von sich selbst aufbauen. Subjektivität ist nur über Intersubjektivität erlangbar. Von der Qualität der frühen Affektspiegelung ist das Fühlen und Denken, die weitere emotionale und kognitive Entwicklung abhängig. In der sozialen Interaktion und dem Aufbau von Bindungsqualitäten spielt die Verarbeitung des Gesichtsausdrucks eine wesentliche Rolle.

Neuropsychologische Erkenntnisse zur Entwicklung der Gesichtswahrnehmung sind für die frühen Nachahmungsspiele somit bedeutend. In den ersten Lebensmonaten besteht eine mangelnde Sehschärfe. Bedingt durch Veränderungsprozesse im Auge (Zunahme der retinalen Rezeptoren) und auf neuronaler Ebene nimmt die Sehfähigkeit zu. Die sozio-biologische Hypothese, dass die Sehfähigkeit des Säuglings dem Abstand zum Gesicht der Mutter beim Stillen entspricht, kann somit in Frage gestellt werden. Von Geburt an zeigt das Kind eine Präferenz für Gesichter. In Folge zahlreicher Entwicklungsschritte differenziert sich die Wahrnehmungsfähigkeit von Gesichtern und des mimischen Ausdrucks, die über hochspezialisierte neuronale Module abläuft. Zwischen dem sechsten und dem neunten Lebensmonat ist eine sensible Phase für die Gesichtswahrnehmung anzunehmen. Die Verarbeitung des emotionalen Ausdrucks beginnt und das Kind entwickelt seine Fähigkeit, Gesichtsausdrücke zu unterscheiden und Emotion zu erkennen. Ab zehn Monaten hat es erste übergeordnete Kategorien der Emotionserkennung von positiven und negativen Ausdrücken ausgebildet. In weiteren Etappen differenziert sich die Gesichts- und Emotionsverarbeitung bis in das Schulalter. Zur neurowissenschaftlichen Erklärung der Gesichtsverarbeitung werden unterschiedliche Modelle der beteiligten Hirnregion diskutiert (vgl. von Oy/Sagi/Biene-Deißler/Schroer 2011, 128 f.; vgl. Oerter 1999, 93; vgl. Kaufmann 2007, 207 f., 214 ff., 324 ff. – Y. Brandl Mitschrift Praxis & Forschungstag 2013).

Der Spieldialog eröffnet einen potentiellen Raum zwischen Eltern und Kind, einen »Spielplatz«, der beide miteinander verbindet. Ritualisierte Abläufe formen die Interaktion und das Kind beobachtet interessiert sein Gegenüber und verfolgt gespannt, was passiert. Die Erwachsenen bringen meist unvermittelt aus dem eigenen Fundus erinnerte oder in den Eltern-Kind-Gruppen vermittelte *Finger-, Sing- und Kniereiterspiele* ein. Diese Spiele leben von der freudigen Reaktion des Kindes und der verlangten Wiederholung: noch einmal. Auch knüpfen sie an den spielerischen Bewegungen, der Entdeckung der eigenen Hände und der Stimme an. In diesem Spiel werden Sprache und Bewegung verknüpft. Das Kind baut nach und nach eine Erwartungshaltung auf, die mit positiver Spannung verbunden und so emotional eingefärbt ist. Es orientiert sich zunehmend an den Signalworten und antizipiert die kommende Aktion.

Bereits ab dem Säuglingsalter ist das Kind klassisch und operant konditionierbar. Im Sinne dieses assoziativen Lernens behält es Bewegungs- und Handlungsabläufe sowie Gewohnheiten erst einmal nur für eine kurze Zeit. Informationen im Gedächtnis zu speichern und wieder abzurufen ist eine bedeutende Fähigkeit, um alltägliche Situationen bewältigen zu können. Die Behaltens-Leistung beim Spiel mit dem Mobile z. B. beträgt im Alter von zwei Monaten zwei bis drei Tage. Frühzeitig verfügt das Kind über ein ausgereiftes nichtdeklaratives Gedächtnis, ein nichtverbalisierbares Wissen mit unbewusstem Zugriff. Mit Ende des ersten Lebensjahres entsteht als weiteres System das deklarative Gedächtnis. Der Begriff deklarativ umfasst die Definition von Dateien: die Angaben zu einem bestimmten Inhalt. Hierbei handelt es sich um Leistungen zunehmender Komplexität und Verarbeitungsstrategien sowie -mengen, die sich im Entwicklungsprozess verbessern. In diesem deklarativen Gedächtnis des verbalisierbaren Wissens und des bewussten Erinnerns laufen die Speichervorgänge schnell und flexibel ab. Einfache Handlungssequenzen können Kinder im Alter von rund 13 Monaten auch nach vier Wochen noch frei abrufen (vgl. Kaufmann 2007, 177 ff.; Bellebaum 2012, 83 ff.).

Die Finger-, Sing- und Kniereiterspiele werden vom Kind in dieser Phase bevorzugt, da es über die Wiederholung das Gelernte abrufen und erneut speichern kann. Auf das Vertraute im Spiel zurückgreifen zu können ist sowohl für die kognitive Gedächtnisentwicklung als auch die emotionale Absicherung wichtig. Der ritualisierte Handlungsablauf vermittelt dem Kind Sicherheit. Gleichzeitig weist das Spiel ein Spannungsverhältnis zwischen Vertrautheit und Neuheit auf. Diese Polarität/Dialektik ist nach Heimlich ein zentraler Inhalt im Funktionsspiel (vgl. Heimlich 2001, 34; Sutton-Smith 1986, 41 ff.). Im Funktionsspielalter sind das Fortgehen und Wiederkommen, das Geben und Nehmen, das Festhalten und Loslassen weitere dialektische Themen.

Ritualisiert ist auch das Verschwinden und Wiederauftauchen von Personen, das beim *Guck-Guck-Spiel* im Mittelpunkt steht. Mit viel Freude im spielerischen Miteinander genießt das Kind den Affekt-Abgleich. Es entschlüsselt den Gesichtsausdruck der Bezugsperson und verarbeitet den emotionalen Gehalt. So stabilisiert es in der Wiederholung die innere Repräsentation. Für die eigene Handlungsfähigkeit und Selbstregulation ist der emotionale Gesichtsausdruck der Mutter bedeutend. Bevor das Kind in Aktion tritt, sucht es ab dem sechsten Lebensmonat einen rückversichernden Blickkontakt, um an dem Gesichtsausdruck der Mutter abzulesen, ob sie damit einverstanden ist oder nicht. In diesem Zeitfenster findet eine sensible Entwicklungsphase für die Spezialisierung der Gesichtswahrnehmung statt. Durch die emotionale Äußerung wird das Kind dazu ermutigt oder daran gehindert, sich vertrauensvoll wegzubewegen und sich neue Räume zu erschließen. Mit zunehmender Fortbewegung wird es immer selbstständiger und gewinnt an Autonomie. Die Loslösung spiegelt sich in den dafür typischen Fort-da-Spielen im Krabbel- und Laufalter wider. Das Kind experimentiert mit den emotionalen Trennungs- und Verlusterfahrungen und kann diese so im Spiel bewältigen (vgl. Kaufmann 2007, 323 u. 216; vgl. von Oy/Sagi/Biene-Deißler/Schroer 2011, 128 ff.; vgl. Senckel 1998, 176).

»Das nach D. W. Winnicott benannte Übergangsobjekt (phantasierter Mutterersatz) erleichtert dabei als sicherheitsstiftender Seelentröster den Übergang in neue Umfelder. Die grundsätzliche Verfügbarkeit der Mutter bleibt dennoch notwendig. Wenn das Kind von seiner Erkundungsreise wiederkommt, sucht es meist seine Mutter als Sicherheitsstützpunkt auf, um emotional aufzutanken und sich für die nächste Reise zu stärken.« (von Oy/Sagi/Biene-Deißler/Schroer 2011, 129)

Der soziale Bezug hat eine welterschließende Aufgabe. Über die Eltern-Kind-Interaktion eröffnet sich ein Interesse für die Umwelt, das Kind wendet sich den Reizen zu und lernt, diese in haltgebender Begleitung der Eltern dosiert aufzunehmen und sinnvoll zu verarbeiten.

In den frühen Spieldialogen bezieht das Kind noch keinen Gegenstand mit ein und es ist ausschließlich auf das Du ausgerichtet. Sprechen die Eltern das Kind in einer Erkundungsphase an, lässt das Kind den Gegenstand unbeachtet fallen und wendet sich dem Elternteil zu. Erst wenn es vielfältige Erfahrungen mit der personalen und dinglichen Welt gesammelt hat, kann es in einem weiteren Schritt das »Du« mit der »Sache« verbinden: Es bildet ein Dreieck zwischen sich, der anderen Person und dem Gegenstand (Triangulierung). Um eine soziale Aktion, ein gemeinsames Spiel zu beginnen, zeigt das Kind der Bezugsperson einen Gegenstand oder es führt sie dort hin. Es macht kontaktfreudig auf bestimmte Objekte aufmerksam und geht darüber in den Austausch. Dieser gestaltet sich auch auf der Handlungsebene, indem der Ball hin- und hergerollt wird, Gegenstände abgegeben und wieder verlangt werden. So entwickeln sich *Geben-Nehmen-Spiele,* über die das Kind das Prinzip der Wechselseitigkeit wiederholt erprobt und über die das Kind den Spannungsbogen von Festhalten und Loslassen erlebt. Es erfährt Autonomie, über die Dinge bestimmen zu können und diese als zu sich selbst gehörig anzusehen. Gegen Ende des zweiten Lebensjahres erwächst durch die Erkenntnis der eigenen Ich-Identität ein Verständnis von »mein« und »dein« (vgl. Senckel 1998, 177; Entwicklungsprofil nach Zollinger 1995; von Oy/Sagi/Biene-Deißler/Schroer 2011, 155; Kasten 2008, 65, 75, 176).

Aus dem frühen Sozialspiel heraus entwickelt sich ein gemeinsamer Gegenstandsbezug, der aus handlungstheoretischer Sicht nach R. Oerter erklärt und in einzelnen Etappen beschrieben werden kann: Das Kind lernt im Spieldialog mit den Eltern, zwischen Akteur und Objekt zu unterscheiden. Durch die Aufmerksamkeitslenkung auf das Objekt, das entsprechend benannt wird, koppelt das Kind Sprache mit Gegenständen. Es fokussiert den Gegenstand, mit dem Vater oder Mutter eine Handlung ausführen, und es übt die Beobachtung eines Modells. In einem weiteren Schritt erfährt es am Tonfall der Stimme, zwischen Frage und Aufforderung zu unterscheiden. Mit der Frage »Wo ist …?« wird das Versteckspiel initiiert. In diesem Spiel wird der Gegenstand aus dem Geschehen herausgelöst und in einen neuen, gemeinsamen Bezug gestellt. Anders ist es bei den Geben-Nehmen-Spielen, bei denen der Gegenstand die gemeinsame Spielhandlung lenkt und leitet/bahnt (vgl. Oerter 1999, 105 f.).

Bei den *gegenstandsbezogenen Funktionsspielen* wird das explorative Hantieren an und mit Gegenständen zum Anreiz der Bewegungslust. Mit der Entwicklung des Greifens »werden die Gegenstände funktional in das Spiel einbezogen. […] In dieser Selbstbetätigung mit Spielmaterial erfolgt die erste Auseinandersetzung des Kindes mit seiner dinglichen Umwelt« (von Oy/Sagi/Biene-Deißler/Schroer 2011, 128). Dabei stehen die Tätigkeit und die materialspezifischen Informationseffekte im Vordergrund. Das Kind ist auf sein Tun hin ausgerichtet, es vertieft sich in sein Spiel und die übende Wiederholung im Sinne der »Polarisation der Aufmerksamkeit« (Montessori 1967).

Bezogen auf die typischerweise auftauchenden Spielhandlungen und -themen kann jeder Baustein in seiner variationsreichen Vielfalt betrachtet und analysiert werden. Eine Basis ist der 3er-Schritt vom Aufmerken und Fixieren bis hin zum Verweilen. Diese Figur-Grund-Wahrnehmung stellt eine grundlegende Fertigkeit des Kindes dar, den bedeutenden Reiz in den Vordergrund zu heben und die Aufmerksamkeit darauf zu lenken. So ist es in der Lage, ein Spielzeug bewusst wahrzunehmen, darauf zu reagieren und den Reiz zu verfolgen. Die Gegenstände werden immer detaillierter in intermodaler Verknüpfung erkundet. Über diese *Tast-Spiele* sammelt das Kind erste Erfahrungen in Bezug auf die physikalischen Eigenschaften von Gegenständen unterschiedlicher Größe, Form, Konsistenz, Oberflächenbeschaffenheit und Farbe und lernt diese kennen: »Dabei werden Umgangsqualitäten ausgekostet, Umgangserfahrungen gesammelt und erstmalig die Beschaffenheit des Spielmaterials über das Hantieren entdeckt« (ebd.). Das spielerische Erkunden der Materialeigenschaften erfolgt mittels verschiedener Sinnesempfindungen – taktil, oral, akustisch, visuell. Obwohl bei der wahrnehmenden Informationsverarbeitung alle Sinne wichtig sind und interagieren,

> »kommt der visuellen Wahrnehmung beim Menschen eine besondere Bedeutung zu. Mehr als 50 % des menschlichen Gehirns sind in irgendeiner Weise an der Analyse und Interpretation von oder der Reaktion auf visuelle Reize beteiligt. [...] Der Prozess des Sehens und der visuellen Wahrnehmung [ist] ein aktiver, konstruktiver Prozess. [...] Das visuelle System im Gehirn verarbeitet alle einzelnen visuellen Reize mit ihren Eigenschaften und setzt aus den Lichtreizen ein kohärentes Bild zusammen. [...] Vielmehr geht es bei der visuellen Wahrnehmung auch um das *Erkennen*. Unser Gehirn bestimmt, was wir sehen und wie wir etwas sehen, und wird dabei durch implizite Annahmen genauso wie durch individuelle Erfahrungen beeinflusst.« (Bellebaum 2012, 31)

Bei der visuellen Wahrnehmung wird zwischen der Reizaufnahme (Sensorik), die eine große Veränderung in der Entwicklung der ersten Lebensmonate vollzieht, und der daran anschließenden höherrangigen Prozesse der Reizverarbeitung (Perception) unterschieden, deren Entwicklung sich über mehrere Jahre bis in die Adoleszenz hinein gestaltet (vgl. Kaufmann 2007, 200).

> »Bezüglich der Reizaufnahme verändern sich visuelle Scanningprozesse von Formen und Objekten bereits innerhalb der ersten beiden Lebensmonate. [...] Visuelle Wahrnehmung findet in der zweiten Hälfte des ersten Lebensjahrs zunehmend im Sinne höherrangiger Organisations- und Verarbeitungsprozesse statt.« (Kaufmann 2007, 213 f.)

> »Nur wenn eine adäquate Stimulation aus der Umwelt vorliegt, können biologisch fundierte Systeme reifen und mentale Entwicklungsprozesse bedingen, die ihrerseits wieder zu Veränderungen in biologischen Systemen führen.« (ebd., 200)

Tabelle 1 liefert eine Übersicht der visuellen Entwicklungsschritte auf neuropsychologischer Basis in den ersten Lebensjahren, die für das Funktionsspiel bedeutsam sind (aus Kaufmann 2007, 200, 209, 211 ff., 217 f. zusammengetragen). Für die praktische Anwendung kann eine Kopie als spieldiagnostischer Bogen dienen.

Die erkundeten Materialeigenschaften wird das Kind im Verlauf seiner Entwicklung als Wissen über die Objekte im semantischen Ordner des deklarativen Gedächtnisses speichern. Dieses Faktenwissen über die Welt kann bewusst erinnert, reproduziert und verbalisiert werden. In der zweiten Hälfte des 1. Lebensjahres beginnt das Gedächtnisnetzwerk synaptische Verbindungen herzustellen, die sich immer weiter ausbilden. Das Kind kann bei Bedarf auf die gespeicherten Informationen der Materialien zugreifen und diese flexibel abrufen, um das erworbene

Tab. 1: Visuelle Entwicklungsschritte auf neuropsychologischer Basis in den ersten Lebensjahren

	visuelle Aufmerksamkeit zwischen verschiedenen Objekten verschieben und Objekte auswählen können – im Nahraum
Meilenstein um 3 Monate	• Ausweitung der Suchbewegungen auf einen Radius von 180° (S. 213) – Ausdehnung des Gesichtsfeldes (mit dem 2. LJ auf dem Level von Erwachsenen) • 2.–4. LM: blickmotorisches Abtasten der Umgebung in ca. 30–40 % der Wachzeit • Abwehrreaktionen bei Objekten auf Kollisionskurs Form- und Objektwahrnehmung: • Blickmotorisches Abtasten bis eine Kontur gefunden wird und der Blick darauf ruht • 3.–4. LM: Objektmerkmale zur Diskriminierung nutzen • im 1. LJ: gemusterte Anordnungen werden ungemusterten Reizen vorgezogen/vertikale als auch horizontale Reizanordnungen werden schiefwinkligen vorgezogen Farberkennung: • wesentliche Entwicklungsfortschritte in den ersten 5 LM • LM: Diskriminierungsleistung je nach Stimulusbeschaffenheit • 3. LM: höherer Farbkontrast notwendig Kontrastintensität: • sprunghafte Entwicklung innerhalb der ersten 6 Monate – Feintuning dauert bis in das frühe Grundschulalter Tiefenwahrnehmung: • komplexe Leistung unter Einbezug unterschiedlichster visueller Informationen • 2. LM: basale Fähigkeit zur Tiefenwahrnehmung Visuo-Motorik: • 4.–5. LM: geführtes Greifen
Meilenstein um 6 Monate	• Ergreifen und Manipulieren von Objekten im Nahraum • visuelle Kontrolle des Greifens → Integration von Greifen und visuellem Nahraum • weiterer Anstieg der Sehschärfe • visuelles Erkennen einzelner Objekte und Personen (Gesichter) möglich Form- und Objektwahrnehmung: • ab 7. LM: komplexere Konstanzleistungen

Tab. 1: Visuelle Entwicklungsschritte auf neuropsychologischer Basis in den ersten Lebensjahren – Fortsetzung

	visuelle Aufmerksamkeit zwischen verschiedenen Objekten verschieben und Objekte auswählen können – im Nahraum
	• Wiedererkennung von Objekten unabhängig von der aktuellen Erscheinung, wie Entfernung, Position im Raum oder Lichtverhältnisse • ab 10. LM: Integration von mehreren Formmerkmalen zu einem Gesamtobjekt Tiefenwahrnehmung: • 6.–7. LM: dreidimensionale Strukturen und räumliche Anordnungen erschließen Visuo-Motorik: • 8. LM: greifen nach bewegten Objekten • Anpassung der Handöffnungsweite an Objektgröße und -form verbessert die Manipulation und taktile Exploration
Meilenstein um 12 Monate	• visuelles Interesse für Objekte und Personen im Raumsektor • visuelle Kontrolle der Lokomotion → Integration von Bewegung, Aufmerksamkeit und visuellem Nah- und Fernraum • Farbpräferenzen werden deutlicher • aktives Meiden visueller Tiefe Visuo-Motorik: • ab 12. LM: Greifraum (bis ca. 70 cm) wird mit den Augen exploriert, potentiell begehrte Objekte werden anvisiert und ergriffen

Wissen gezielt einzusetzen. Neue Erfahrungen wird es mit der Erinnerung abgleichen, die Informationen ergänzen und optimieren (vgl. Kaufmann 2007, 177 ff.; Bellebaum 2012, 83 ff.).

In der frühen kognitiven Entwicklung nach Piaget wird mit Erwerb der Objektpermanenz der Aufbau von inneren Vorstellungen möglich. Das Kind erlangt mit diesem Schritt die Fähigkeit, sich vorzustellen, dass Gegenstände weiter existieren, auch wenn diese nicht unmittelbar sensorisch greifbar sind. Die beginnende Ablösung aus dem konkret Anschaulichen in die mentale Repräsentation ist ein relevanter Meilenstein, auch für die Spielentwicklung. Bei den *Versteck-Spielen* übt und überprüft das Kind seine Merkfähigkeit. Es zeigt ein aktives Suchverhalten, das immer zielgerichteter wird und einen Ortswechsel mit einschließt, bis die Positionsveränderungen gedanklich rekonstruiert werden können (vgl. von Oy/Sagi/Biene-Deißler/Schroer 2011, 131 f.).

Ein weiterer Baustein im Funktionsspiel sind die *Effekt-auslösenden Spiele*, bei denen nach Piaget die Mittel-Zweck-Differenzierung zum Ausdruck kommt, gelernt und weiter ausgebaut wird. Das Kind hantiert und löst zunächst zufällig ein interessantes Ereignis aus, das es aus der Freude heraus wiederholt. Es erfährt, dass seine Handlung die Ursache war für das Ereignis und setzt die Auswirkung dazu in Beziehung: Das Kind verfolgt und erfasst, was es tut – es erlebt sich als selbstwirksam. In einem weiteren Schritt löst es dann absichtsvoll die Effekte aus, d. h. es handelt intentional. Das Kind hat schon zu Beginn ein Ziel vor Augen, es umgeht ein Hindernis und setzt eine vorgeschaltete Tätigkeit als Mittel zum Zweck ein, um das, was es vorhat, den gewollten Gegenstand und das beabsichtigte Resultat zu erreichen. So zieht es an der Schnur, um an das Spielzeugauto zu gelangen, oder setzt einen Stab als Verlängerung der Hand ein, um die Tierfigur zu bekommen.

Das Handlungsrepertoire differenziert sich im Prozess der Spielentwicklung, indem das Kind über das aktive Experimentieren Neues ausprobiert und seine Schemata variiert. Zunächst wendet das Kind das vertraute Schema auf den neuen Gegenstand an (Assimilation). So, wie es die Glocke schlägt und schüttelt, um ein Geräusch absichtsvoll zu erzeugen, schüttelt es auch das Quietsche-Tier oder die Handorgel. Da es nicht in üblicher Weise einen Effekt erzeugen kann, stößt es auf einen Widerstand. Das Kind gerät in einen Ungleichgewichtszustand, den es aufheben möchte, und versucht, das Hindernis zu überwinden. In dieser Phase interessiert die potentielle Neuheit, die es zu erkennen gilt. Es tastet zielgerichtet über Versuch und Irrtum, entdeckt weitere Möglichkeiten der Gegenstände und setzt erste Problemlösestrategien ein. Die Handhabung wird modifiziert (Akkommodation): Das Gummitier muss gedrückt werden, damit es zu quietschen anfängt; wenn es auf den Knopf drückt, hupt das Auto, oder das Kind klappt die Karte auf, um eine Melodie erklingen zu lassen.

Die Anziehungskraft, Neues entdecken und ausprobieren zu wollen, bestimmt auch das gemeinsame Spiel. Im sozialen Bezug lernt das Kind am Modell: wie die Handorgel gedreht werden muss, um Musik machen zu können; wie an der Schnur vom Hampelmann gezogen werden muss, um diesen in Bewegung zu versetzen. Werden dem Kind Handlungen vorgemacht, beobachtet es und versucht diese Bewegungen entsprechend nachzuahmen. Im Prozess werden die Nachahmungstechniken immer systematischer und angepasster. Darüber erschließt es sich weitere Handlungsschemata, die es in sein Repertoire integriert und in neuen Spielsituationen abruft und anwendet. Im weiteren Prozess der Spielentwicklung kombiniert das Kind Objekte und schlägt mit dem Holzlöffel auf den Topf oder mit dem Schlägel auf das Glockenspiel. Das Spiel nimmt an Komplexität zu, und das Kind schaltet mehrere Handlungsschritte nacheinander, indem es z. B. mit dem Hammer auf die Kugel klopft, bis diese in den Kasten fällt und herausrollt.

Piagets Theorie bildet die wegbereitende Grundannahme dynamischer Modelle der Verhaltens- und Hirnentwicklung, die sich in ständiger Interaktion mit der Umwelt vollzieht. Neuronale Netzwerke, die über das gesamte Gehirn verteilt sind, steuern die dafür zuständigen Kontrollsysteme. Dieses Netzwerk agiert interaktiv, operiert parallel über verteilte Verarbeitungssysteme und es wird über Feedbackschleifen reguliert. Da diese parallelen Prozesse unabhängig voneinander funktionieren können, sind Vorstufen im Entwicklungsverlauf nicht zwingend erforderlich. Somit bleiben die von Piaget beschriebenen Adaptionsprozesse gängig, das

Stufenmodell wird jedoch aus neurokonstruktiver Sicht kritisch bedacht und in den dynamischen Modellen der Hirnentwicklung aufgehoben (vgl. von Oy/Sagi/Biene-Deißler/Schroer 2011, 131 f.; Ginsburg 1993, 64 f., 71 ff., 77, 79 ff.; Kaufmann 2007, 34 ff.).

In der handelnden Auseinandersetzung mit den Gegenständen probiert das Kind die räumlichen Verhältnisse aus und es entwickelt eine Vorstellung davon, dass sich ein Gegenstand in einem anderen Befinden kann. Diese Erkenntnis motiviert das Kind, Strategien zu entwickeln, wie es an den Inhalt gelangen kann. Zunächst steht das Ausräumen von Kleinteilen im Mittelpunkt, dann das Einräumen in größere Gefäße. Über diese Spielhandlungen erschließt das Kind sich die Raumdimensionen und das Prinzip des Hineinsteckens. So werden aus den *Inhalt-und-Behälter-Spielen* immer differenziertere *Steckspiele*, bei denen das Kind die Absicht verfolgt, alle Stäbe in das Lochbrett bzw. alle Ringe auf den Stab zu stecken.

An der Spielweise, wie das Kind mit einer befüllten Flasche hantiert, kann beobachtet werden, was im Interesse des Kindes liegt: Ergreift es die Flasche als Ganzes und schüttelt diese, um ein Geräusch zu erzeugen, oder fokussiert es den Inhalt der Flasche, greift es hinein oder leert es die Flasche, um an den Inhalt zu gelangen und diesen dann Teil für Teil wieder einzufüllen, oder ist die Aufmerksamkeit auf den Schnappverschluss gerichtet, den das Kind wiederholt auf- und zumacht. Bei der letzten Spielhandlung werden die Funktionen erforscht, wie die spezifischen Handhabungen der Spielzeuge und der Gegenstände funktionieren. Das Resultat – die dabei ausgelösten Effekte – sind nicht Anreiz dieser *Know-how-Spiele*, sondern das Beherrschen der Funktionen, um die Gegenstände entsprechend verwenden und die Handlungen eigenständig ausführen zu können.

Die Funktionslust ist der antreibende Motor des Funktionsspiels. Aus dieser intrinsischen Motivation heraus wiederholt und übt das Kind die Handlungen. Die Wiederholung ermöglicht eine Stabilisierung der Erfahrungen. Die Spielhandlungen gestalten sich als Ritual, das in seiner konstanten Form in gleicher Weise reproduziert werden kann und sicherheitsstiftende Geborgenheit erzeugt (vgl. von Oy/Sagi/Biene-Deißler/Schroer 2011, 130 ff.).

Zusammenfassend lässt sich festhalten, dass sich im Funktionsspielalter aus den Eltern-Kind-Dialogen heraus körper- und gegenstandbezogene Spielhandlungen entwickeln, die immer komplexer und intentionaler werden und die das Kind mit wachsender Mobilität und Autonomie gestaltet. Schrittweise wendet es sich im Spiel anderen Kindern zu. Im *Parallel-Spiel* gelangt das Kind über die Beobachtung und Imitation in erste soziale Kooperationen. Je nach Setting kann diese Sozialspielform auch über das Kernalter von 2–2½ Jahren hinaus bis in die Kindergartenzeit im Alter von 3–4 Jahren existent bleiben, vor allem wenn die sozial-emotionale Komplexität in großen Gruppen noch eine Überforderung darstellt. Der Kontext und die an das Kind gerichteten Anforderungen spielen eine entscheidende Rolle bei der Interpretation der gezeigten Verhaltensweisen. Die Anpassung des Kindes an seine Lernumwelt hängt von der Interaktion zwischen dem sich entwickelnden Hirnsystem und den Kontextfaktoren ab. Vom Kind ausgehend bilden Gehirn, Kontext und Entwicklung den interaktiven

Rahmen im systemischen Ansatz. Das Gehirn weist in der Kindheit eine enorme Plastizität auf. Die neuronalen Strukturen passen sich an die gestellten Anforderungen an, so dass die Spezialisierung von Hirnarealen das Endprodukt von Entwicklung ist.

Die Veränderungen in diesem dynamischen und progressiven Entwicklungsprozess der ersten Lebensjahre weisen darauf hin, wie bedeutend das Funktionsspiel für das Kind ist. Dieser Phase Raum zu geben, die sensiblen Zeitfenster zu erkennen und gezielte Spielanregungen zu geben – in übende Wiederholung zu nehmen, bis die Synapsenverknüpfungen so stabil sind, dass das Gelernte sicher abgerufen, angewandt und übertragen werden kann –, ist eine zentrale heilpädagogische Aufgabe (vgl. Kaufmann 2007, 29, 39, 74, 131).

4.2 Rollenspiel

Aus dem Funktionsspiel heraus entwickeln sich in einem fließenden Übergang Rollenspielhandlungen. Die Wurzeln des Rollenspiels liegen in der Eltern-Kind-Interaktion der frühen Sozialspiele (vgl. Hauser 2013, 95). In der Nachahmung vertrauter Tätigkeiten im Spiel kommt das beginnende Symbolverständnis, die wachsende Vorstellungskraft zum Ausdruck. Das So-tun-als-ob ist ein zentrales Merkmal des Rollenspiels, das durch alle Phasen hindurch Bestand hat. Von den individuellen Lebensbezügen ausgehend werden Alltagshandlungen dargestellt – angefangen von einzelnen Akten bis hin zu skriptgeleiteten Sequenzen. Im Entwicklungsprozess werden vielfältige Themen immer lebendiger, phantasievoller und komplexer in der Spielrealität inszeniert. So können Erlebnisse gespielt und Erfahrungen verarbeitet werden in neu besetzten Rollen und selbstbestimmten Abläufen. Rollenspiele sind gelebte Emotionen im körperlichen Ausdrucksverhalten. Sie weisen immer einen sozialen Bezug auf und sind auf ein »Du« ausgerichtet. Losgelöst und doch im Spiel real werden Szenen, Rollen und Regieabfolgen konstruiert, in denen alles möglich ist und sein kann. Rollenspiele erleben ihren Höhepunkt in der magischen Phase. Sie ermöglichen die Bewältigung anstehender Entwicklungsaufgaben. Die Merkmale des Rollenspiels können in Anlehnung an Schenk-Danzinger in folgenden Punkten zusammengefasst werden:

- Als-ob-Einstellung oder die So-tun-als-ob-Haltung
- Symbolisierung (Metamorphose der Gegenstände im Sinne einer willkürlichen Symbolbesetzung oder Umdeutung)
- Belebung der Spielszene und Verlebendigung von Leblosem (Anthropomorphismus)
- fiktive Verwandlung der eigenen und anderer Personen/Figuren (Rollenübernahme)
- Nachahmung von Handlungen und Sequenzierung
  (vgl. Schenk-Danzinger 1983, 377)

Beispiel

Zoe ist ein fünfjähriges Mädchen mit globaler Entwicklungsstörung bei angeborener Hirnfehlbildung. Ergänzend zu der integrativen/inklusiven Betreuung im Kindergarten vor Ort mit ergotherapeutischer und logopädischer Behandlung erfolgt eine heilpädagogische Einzelförderung. In den gemeinsamen Spielstunden zusammen mit ihrer Mutter initiierte sie neben Bewegungs- und Konstruktionsspielen auch Rollenspiele: Die Puppe und die Puppenspiel-Utensilien haben einen Aufforderungscharakter für Zoe. Sie nimmt die Puppe betrachtend in die Hand und legt sie vor sich auf den Schoß. Dann erkundet sie die Miniaturgegenstände, greift in die Schachtel, nimmt die Bürste mit eingebautem Spiegel in die Hand, betrachtet sich darin und kämmt sich die Haare. Anschließend reicht sie ihrer Mutter die Bürste, die seitlich hinter ihr sitzt. Zoe ergreift erneut die Bürste, um sich zu kämmen, und kommentiert ihr Tun sprachlich mit »schick« (*Imitationsspielhandlung*, ▶ Tab. 2).

Die Heilpädagogin bringt die Puppe in das Spielgeschehen ein, kämmt ihr die Haare und kommentiert es mit »schick«. Zoe beobachtet die Spielhandlung und zusammen mit ihrer Mutter kämmt auch sie die Puppe. Nach mehreren Stunden – mit Hilfestellung und übender Wiederholung – gestaltet Zoe von sich aus diese Spielhandlung: das Kämmen der Puppe. In einem weiteren Schritt bezieht sie nach und nach die anderen Puppenspiel-Utensilien mit ein und führt weitere Handlungen an der Puppe aus: mit der Flasche füttern, das Kleidchen aus- und anziehen, die Windeln wechseln, mit dem Handtuch waschen/säubern, mit dem Taschentuch die Nase putzen, Pflaster aufkleben (*Symbolspielhandlung, Übertrag einer Handlung auf die Spielfigur*).

Im weiteren Prozess der Begleitung legt Zoe die Puppe schlafen und lässt sie gähnend wieder wach werden. Die Puppe läuft in den Stall hinein, setzt sich auf das Hüpfpferd und reitet – gespielt von Zoe – durch den Raum (*Symbolspielhandlung, Figur wird zum Handlungsträger*). In kleinen Schritten erschließt sie sich im Laufe der Zeit weitere Rollenspieldimensionen: Die Schachtel für die Puppenspielsachen bezeichnet Zoe als Bett, in das sie die Puppe schlafen legt, und in einer weiteren Szene soll die Schachtel ein Auto sein, mit dem die Puppe fährt (*Symbolspielhandlung, Symbolisierung*). Zoe beginnt Tätigkeiten in einem sinnvollen Ablauf darzustellen, indem sie mit Unterstützung den Tisch deckt, aus der Knete Brötchen formt, diese mit dem Messer durchschneidet und ihrer Mutter oder ihrem Vater anbietet und selbst so tut, als ob sie ein Stück essen würde (*ZNE – skriptgeleitete Spielhandlung*).

Die Entwicklungsschritte im Rollenspiel spannen einen Bogen, angefangen bei den funktional ausgerichteten Spielhandlungen, bei denen eigene Verhaltensweisen wiederholt und nachgeahmt werden. Davon ausgehend entsteht die Übertragung einer Spielhandlung auf die Puppe und die Symbolisierung von Gegenständen. So differenziert sich das Rollenspiel weiter aus bis hin zur Inszenierung komplexer und chronologischer Handlungsabläufe mit bewusst ausgestalteter Rollenübernahme, auch im gemeinsamen Spiel mit mehreren Kindern, die ihre Vorstellungen einbringen und anpassen.

Beispiel

Mara, ein sechsjähriges Mädchen mit infantiler Zerebralparese (ICP), sitzt in einem auf ihre Tetraspastik ausgerichteten Therapiestuhl, trägt beidseitig Silikon-Handorthesen sowie eine Brille bei Beeinträchtigungen in der visuellen Wahrnehmungsverarbeitung. Ihre Stärken liegen im sprachlich-auditiven Bereich, über den sie Kontakt aufnimmt, gestaltet und über den sie sich ihre Welt erschließt. Ergänzend zu der sonderpädagogischen Förderung im Schwerpunkt körperliche und motorische Entwicklung in der Schule erfolgt in der ambulanten Institution eine heilpädagogische Entwicklungsförderung und Begleitung im Spiel zusammen mit der Mutter.

Mara spielt gern Kaufladen: Zu Beginn jeder ihrer Spielstunden äußert sie, nach einer freudigen Begrüßung, ihren Wunsch, Einkaufen spielen zu wollen. Sie hat sich innerlich auf den Kontakt eingestellt und sich vorbereitet. In den ersten Stunden setzt sie ihr sicher erworbenes und abrufbares Handlungsskript wiederholt um und sie reagiert irritiert-abwehrend auf Veränderungsimpulse und Abweichungen. Als Requisiten setzt sie die gleichen und ihr vertrauten Realobjekte ein, ohne alternative Gegenstände zu gebrauchen oder sich diese vorzustellen. Mara gibt sprachlich gewandt die Regieanweisung und bittet um die benötigten Gegenstände (Einkaufskorb, Geldbörse mit Geld). Sie listet die einzukaufenden Lebensmittel auf, die sie – auf ihre Bitte hin – mit Handführung auf den Einkaufszettel als Symbol bildlich dargestellt aufschreibt. Dann geht Mara zusammen mit der Heilpädagogin in den Kaufladen und bestellt bei der von ihr benannten »netten Frau Verkäuferin«, die von ihrer Mutter gespielt wird, die Lebensmittel von der Liste und solche, die sie im Laden entdeckt, bezahlt und verabschiedet sich. Zu Hause angekommen begrüßt sie ihre Mutter, in der veränderten Rolle, und hilft mit, die Einkäufe auszuräumen und die Produkte entsprechend einzusortieren.

In einigen Situationen gelingt es Mara, sicher zu benennen und zu unterscheiden, welche Lebensmittel in den Kühlschrank gehören bzw. in den Vorratsschrank im Keller – oder zwischen Obst für die Obstschale und Gemüse für die Gemüsekiste. In anderen Situationen fällt es ihr schwer, die Realobjekte zu erkennen sowie zu benennen und eine Sortierung vorzunehmen, da die Kategorien temporär nicht abrufbar zu sein scheinen. Aus den eingekauften Lebensmitteln kochen alle gemeinsam ein Gericht, decken den Tisch und nehmen die Mahlzeit zusammen ein *(Symbolspielhandlung mit brüchiger Symbolisierung, skriptgeleitete Spielhandlung, ZNE – alltägliche Geschichten als Spielhandlung,* ▸ Tab. 2*)*.

Im weiteren Verlauf der Begleitung lässt Mara sich immer mehr auf Spielanregungen und -variationen ein, stimmt in ihrer Regieanweisung und Spielplanung den Handlungsablauf mit der Heilpädagogin ab und nimmt unterschiedliche Rollen ein, wobei sie bestimmte Objekte wiederholt in jeder Stunde auswählt und einbezieht. Nach der Einstiegsfrage: »Was möchtest du heute spielen?« überlegt sich Mara, ob sie erst einkaufen oder erst Eis essen gehen möchte; sie denkt laut darüber nach, ob wir noch Bargeld haben oder ob wir auf dem Weg erst zum Geldautomaten müssen; sie schaut, wie das Wetter ist, ob die Sonne scheint oder es regnet und wir einen Regenschirm brauchen. Zur Orientierung von Mara werden von der Heilpädagogin die einzelnen Schritte des geplanten Handlungsablaufes mit Piktogrammen veranschaulicht und als laminierte Karten (Bild der Tätigkeit »Gast begrüßen und Bestellung aufnehmen« und Redewendung »Guten Tag! Was möchten Sie haben?«) mit Klettverschluss auf dem Tisch ihres Rollstuhles befestigt.

In der Eisdiele angekommen treffen wir ihre Mutter. Mara legt die Rolle der Kellnerin fest und anhand der Eis-Karte bestellt sie, wartet auf ihr Eis und tut so, als ob sie essen würde, wobei der köstliche Geschmack kommentiert wird. Anschließend bezahlt sie und überlegt auf dem Rückweg, noch beim Bäcker einzukaufen. Mal entscheidet sie sich dafür, dass die Heilpädagogin die Bäckereifachverkäuferin spielt, mal übernimmt sie diese Rolle und füllt diese mit entsprechenden Redewendungen und angedeuteten Handlungen aus. Ist der Einkauf abgeschlossen, schlüpft sie wieder in die vorherige Rolle und geht oder fährt mit dem Bus im Spiel zusammen mit der Heilpädagogin nach Hause, klingelt an der imaginären Tür und begrüßt ihre Mutter *(Symbolisierung sicher geworden, skriptgeleitete Spielhandlung mit zunehmender Variabilität und Komplexität, alltägliche Geschichten als Spielhandlung mit Rollenübernahme und Rollenwechsel sowie Metakommunikation).*

Der erfüllte Augenblick im Rollenspiel zeigt in seiner Raum-Zeit-Dimension die Vergegenwärtigung einer Zukunft auf. Es ist ein Lebensversuch im Sich-Ausprobieren. Das Spiel nimmt eine subjektiv sinnvolle Gestalt der eigenen Entwicklung an. Aufgesogen von der Spieldynamik ist das Kind mit all seinen Sinnen und emotionalen Begleiterscheinungen involviert und das Spiel wird zum realen Erleben. Es ist vielschichtig lebendig und unvorhersehbar in seiner Dynamik mit offenem Ende. So kann das Kind reale Grenzen ignorieren, davon befreit verbotene Impulse zulassen und sich eigene Wünsche erfüllen, groß und mächtig sein zu wollen. Im Spiel löst sich sein Dilemma zwischen den eigenen Bedürfnissen (was es haben möchte, was es sein will) und der unmittelbaren Realität (was es bekommt/was möglich ist). Es kann die Wirklichkeit an sein Ich anpassen, d. h. die Außenwelt an seine Wünsche assimilieren und entsprechend der eigenen Bedürfnisse gestalten. Spiel ist Wunscherfüllung und Lustbefriedigung und weist in seinen heilenden Kräften eine befreiende Wirkung auf (vgl. Oerter 1999, 175–178; Ginsburg 1993, 105; Zulliger 1959, 78 f.).

Das Rollenspiel dient einerseits als subjektives Projektionsfeld und andererseits trägt es zur Ausformung altersgemäßer Fähigkeiten bei: Erlebnisse können bearbeitet und Konflikte dargestellt werden; sozial-emotionale Kompetenzen können erworben und wesentliche Schritte der kognitiven Entwicklung vollzogen werden.

Phasenbezogene Spielthemen und Entwicklungsaufgaben

Die folgende Übersicht in Tabellenform liefert einen spieldiagnostischen Beitrag für die Praxis. Im Sinne eines Inventars erfolgt eine Auflistung der sich ausdifferenzierenden Entwicklungsschritte (linke Spalte). Bei jedem Punkt kann angemerkt werden, ob das Kind diese Spieltätigkeit initiiert und eigenständig ausführen kann (ja), ob das Kind diesen Schritt mit Hilfe gehen kann (ZNE) oder ob das Kind diese Spielhandlung noch nicht bewältigt (nein). So gibt die Übersicht Aufschluss über die »Zone nächster Entwicklung« (Wygotski 1978), aus der sich die Fein-/Lernziele für die heilpädagogische Förderung und Begleitung ableiten lassen. Das Spielverhalten kann anhand von Kriterien reflektiert und interpretiert werden. Die drei mittleren Spalten beziehen sich auf die wesentlichen Merkmale des Rollenspiels: Objekt, Handlung und Rolle. Die rechte Spalte stellt einen entwicklungspsychologischen Bezug her, so dass dem Rollenspielverhalten des Kindes in den sozial-emotionalen und kognitiven Dimensionen eine Bedeutung gegeben werden kann. Das vorherrschende Spielthema des Kindes wird in der jeweiligen Phase gerahmt vorgestellt.

Bei der tabellarischen Übersicht (▶ Tab. 2) handelt es sich um eine Zusammentragung aus verschiedenen Quellen und um eine überarbeitete Zusammenfassung vom »Spiel-Beobachtungsbogen der Heilpädagogischen Übungsbehandlung« (von Oy/Sagi/Biene-Deißler/Schroer2011, kostenloser Download unter www.winter-verlag.de und Ergänzungen aus Largo 2015, 129 f.; Hauser 2013, 95 f.; Zollinger 2008, 28 ff.; Ginsburg 1993, 85, 104 f.; Oerter 1999, 51, 98, 177 f., 225; Oerter/Montada 1998, 228 f.; Senckel 1998, 191 ff.; Kaufmann 2007, 177 f., 182). Für die praktische Anwendung kann eine Kopie der Tabelle als spieldiagnostischer Arbeitsbogen dienen.

Tab. 2: Entwicklungsschritte im Rollenspiel

Kriterien zur Reflexion	Objektbezug	Handlungsbezug	Rollenbezug	Entwicklungspsychologische Bedeutung
	Spielthema: »Alltagshandlungen selbstbestimmt ausführen wollen«			
um/ab 18 Monate *Imitationsspielhandlung* ☐ Das Kind *ahmt in der Spielsituation eine ihm vertraute Tätigkeit nach*. Es tut so, als ob es schlafen oder essen würde: Es führt z. B. spontan die leere Tasse an den Mund und macht trinkende Bewegungen und/oder Geräusche – es wiederholt dieses Tun und beendet es, um sich anderen Dingen zuzuwenden.	☐ Benutzung von alltäglichen Gegenständen ☐ sinnvoller Objektgebrauch im Spiel ☐ funktionsgerecht auf sich selbst bezogen gebraucht	☐ funktional ausgerichtete Handlung ☐ eine einzelne, kurze Handlung in Wiederholung ☐ von der alltäglichen Situation losgelöste Handlung im Spiel	☐ auf sich selbst bezogen ☐ Kind ist alleiniger Akteur ☐ nimmt noch keine Rolle ein	• sozial-emotional – Imitation von emotional positiv besetzten Tätigkeiten, d. h. es reproduziert losgelöst vom Alltag für es elementare Handlungen – sich und sein Können losgelöst ausprobieren – sich als selbstwirksam erleben – sich im Spiegelbild selbst erkennen, als Aspekt der Ich-Entwicklung • kognitiv – aufgeschobene Nachahmung: das Kind verinnerlicht Handlungen, kann diese abrufen und in einem anderen Kontext darstellen; – es beginnt, symbolische Vorstellungen aufzubauen

Tab. 2: Entwicklungsschritte im Rollenspiel – Fortsetzung

Kriterien zur Reflexion	Objektbezug	Handlungsbezug	Rollenbezug	Entwicklungspsychologische Bedeutung
Spielthema: »Versorgen und versorgt werden – schlafen, trinken, pflegen – selbsttätige Auseinandersetzung mit alltäglichen Erfahrungen«				
um/ab 2 Jahre *Symbolspielhandlung* ☐ Das Kind *führt eine Handlung an der Puppe aus*. Es tut so, als ob es die Puppe mit dem Löffel füttert, ihr die Haare kämmt, sie wäscht oder wickeln würde. ☐ Es *verwandelt Figuren in Akteure*, lässt sie laufen, reiten, fliegen oder es lässt das Auto mit Brumm-Geräuschen fahren. ☐ Das Kind *ersetzt ein Objekt durch ein anderes* und es tut so, als ob das Blatt Papier die Zeitung wäre, die es liest, oder der Klotz das Handy sei, mit dem es telefoniert, oder der Bauklotz Gras sei zum Füttern der Tiere.	☐ Gegenstand wird auf die Puppe bezogen gebraucht ☐ Gegenstand als Anreiz und Auslöser für die Handlung ☐ Verwendung sowohl von Realobjekten als auch von Ersatzobjekten	☐ Übertragung einer symbolischen Handlung (Schemata) auf Spielfiguren ☐ Figur dient als passiver Empfänger der Handlung ☐ Figur wird zum Handlungsträger unverbundener Aneinanderreihung verschiedener Handlungen in beliebiger Abfolge	☐ fremdbezogen: auf den anderen ausgerichtet, Figur wird zum Akteur (beginnende Dezentrierung) ☐ reproduziert Rollenverhalten, die es bei anderen beobachtet hat ☐ zeigt ein erstes Verständnis von sich als Akteur	• sozial-emotionale Bedeutung – basale Alltagserfahrungen verarbeiten – Selbststempfinden: sich geborgen fühlen, Vertrauen haben – Bindung: Innere Arbeitsmodelle darstellen/spielen – Autonomie: sich als eigene Person in Abgrenzung zu anderen erleben, eigenen Willen durchsetzen – Sozialspiel: erste Kooperationen im Parallelspiel (Kernzeit 2–2½ J.) • kognitive Bedeutung – Symbolfunktion/Symbolfähigkeit: innere Bilder differenzieren; abwesende Gegenstände und Ereignisse geistig repräsentieren können, d. h. sich etwas vorstellen können und durch etwas anderes in Handlung und Sprache darstellen – Symbolisierung: dem Objekt eine andere symbolische Bedeutung verleihen, das Objekt durch etwas anderes ersetzen und verwandeln (Objekttransformation)

Tab. 2: Entwicklungsschritte im Rollenspiel – Fortsetzung

Kriterien zur Reflexion	Objektbezug	Handlungsbezug	Rollenbezug	Entwicklungspsychologische Bedeutung
Spielthema: »Impulse und Emotionen beherrschen lernen und losgelöst aus dem Kontext soziale Handlungsfelder erleben und im Spiel mit anderen Kindern selbsttätig gestalten«				
ab 3 Jahre *skriptgeleitete Spielhandlung* ☐ Das Kind spielt nach Anweisung anderer Kinder eine Rolle, z. B.: Es tut so, als ob es ein Hund sei, indem es sich krabbelnd und bellend vorwärts bewegt. ☐ Es begleitet sein Spiel sprachlich (lässt die Figuren sprechen). ☐ Es stellt unterschiedliche Tätigkeiten in einem sinnvollen Spielablauf dar, die zu einer Alltagssituation (Kochen und Essen) gehören, indem es so tut, als ob es den Teig knetet, Plätzchen backt und isst – oder sich auf eine Thematik (Bauernhof) bezieht, indem es so tut, als ob Pferde auf die Wiese galoppieren, gefüttert und gestriegelt werden.	☐ benutzt mehrere Objekte und kombiniert sie ☐ Verlebendigung ohne Objekt sich einen Gegenstand vorstellen und mit einer gebärdenden Bewegung andeuten und mit Worten beschreiben (Phantasie-Transformation)	☐ zunehmende Herauslösung eines Verhaltens aus dem Kontext (Dekontextualisierung) ☐ Belebung der Spielszene ☐ variierte und kombinierte Handlungen in chronologischer Abfolge zu zusammenhängenden Spielszenen (Sequentierung) ☐ erste skriptgeleitete Spielhandlungen, d. h. inneres Drehbuch eines Handlungsablaufes	☐ übernimmt mit Regieanweisung eine Rolle ☐ zugewiesene Tätigkeit definiert die funktional ausgerichtete Rolle ☐ bewusste Verwandlung der eigenen Person ☐ Charakteristika darstellen	• sozial-emotionale Bedeutung – Ich-Bewusstsein: Vorstellung von sich selbst als eigenständige Person als Voraussetzung für eine Rollenübernahme – Reflexion: gefühlsmäßige Einschätzung der Situation geleitet von den eigenen Erfahrungen – Entwicklung der Kommunikation – Komplementäres Sozialspiel: wechselseitig aufeinander bezogene Handlungen • kognitive Bedeutung – Abstraktion: Loslösung vom konkret Anschaulichen – Versprachlichung: als Ausdruck der Vorstellungskraft – Symbolisierung von Personen: Figuren in Akteure verwandeln, die Rollen übernehmen – Beginnende Skript-Entwicklung: episodisches Gedächtnis, häufig erlebte und stereotyp ablaufende Ereignisse werden als Skripte repräsentiert, erinnert und verbal abgerufen

Tab. 2: Entwicklungsschritte im Rollenspiel – Fortsetzung

Kriterien zur Reflexion	Objektbezug	Handlungsbezug	Rollenbezug	Entwicklungspsychologische Bedeutung
				– Thematik: Handlungskategorien bilden, die für die Situation bzw. die Rolle typisch sind

Spielthema: »soziales Regelwerk erwerben und daraus ausbrechen, sich omnipotent fühlen: Anpassung und Ausbruch als Gegensätze leben«

Kriterien zur Reflexion	Objektbezug	Handlungsbezug	Rollenbezug	Entwicklungspsychologische Bedeutung
ab 4-5/6 Jahre *Alltägliche und phantasievolle Geschichten als Spielhandlung* ☐ Das Kind spielt Erfahrungen aus dem täglichen Leben, indem es z. B. so tut als ob es als Bauarbeiter die Straße aufreißt, um neue Leitungen zu verlegen (Kaufladen, Arztbesuch, Urlaub, Geburtstagsfeier). ☐ Es spielt erzählte Geschichten nach und setzt diese in Szene, in dem es z. B. so tut, als ob es als Pirat ein Schiff entert, die Schatzkisten plündert und auf der geheimen Pirateninsel versteckt. ☐ Es spielt allein *ausführliche Rollenspiele*, jedoch auch mit anderen Kindern, wobei es einerseits bestimmte Tätigkeiten vorgibt und andererseits auf die Handlungsweise der anderen Kinder	☐ Puppe o. ä. erhalten eine aktive Rolle ☐ Objekte als ein vorgestelltes Du einsetzen ☐ Phantasieobjekte kreieren und benutzen	☐ zwei reziproke Handlungen ☐ Ziel gemeinsamer Handlung ist das Spielthema ☐ komplexe Skripte werden umgesetzt, orientiert an einem inneren Drehbuch ☐ Handlungen mit hierarchischer Struktur gestalten ☐ Handlungen können reale Grenzen auflösen ☐ Zeitbezüge einbauen	☐ zwei komplementäre Rollen einnehmen ☐ Rollenskript mit festen Regeln ☐ Übernahme sozialer Rollen über mehrerer Episoden ☐ Rollenwechsel sind möglich ☐ Phantasiefiguren schaffen, sich selber verfremden ☐ Ausgestaltung der Rolle	• sozial-emotionale Bedeutung – Erfahrungen reproduzieren, Gefühle und Wünsche symbolisch ausdrücken – Erlebnisse be-/verarbeiten und Konflikte lösen – Ergebnissubstitution: Ablauf verwandeln und Ergebnis durch ein anderes ersetzen – Realisierung unrealisierbarer Wünsche – Allmachtsphantasie: Machtumkehr im Spiel – Rollenidentifikation und Empathievermögen – Soziale Verhaltensweise und Erwartungen – Gewissen und Normentwicklung – Einfaches und komplexes kooperatives Rollenspiel mit Metakommunikation: Abstimmung über Spielthema und -ablauf, sich nach den Bedürfnissen anderer Kinder ausrichten

Tab. 2: Entwicklungsschritte im Rollenspiel – Fortsetzung

Kriterien zur Reflexion	Objektbezug	Handlungsbezug	Rollenbezug	Entwicklungspsychologische Bedeutung
eingehen kann. Es finden lange Dialoge zwischen den einzelnen Akteuren statt. ☐ Oder es *spielt eigene Phantasiegeschichten* von Elfen, Hexen, Zauberern und tut so, als ob es über magische Kräfte verfügt, die es in der Realität nicht gibt.				• Kognitive Bedeutung – magisches Denken: höheren Mächten wird der Einfluss auf Ereignisse zugeschrieben, naturwissenschaftliche Ursache-Wirkungs-Prinzipien werden ausgehebelt – Perspektivübernahme/Theory of Mind (ToM): Erkenntnis, dass verschiedene Personen unterschiedliche Überzeugungen und Vorstellungen haben und dass Wünsche und Absichten die Handlungen lenken – Skript-Entwicklung: Wissen für kulturell einheitliche Ereignisse, inneres Drehbuch zum Spielablauf mit Zeitbezügen

Bio-psycho-soziale Reflexion

In der tabellarischen Übersicht zum Rollenspiel werden die im Spielverhalten abzulesenden Entwicklungsschritte veranschaulicht. Die »Zone nächster Entwicklung« (Wygotski 1978) beschreibt die Spanne zwischen dem, was das Kind selbstständig kann, seinem Entwicklungsniveau und dem, was es mit Hilfe kann, seinem potentiell nächsten Niveau. Sich in dieser Zone bewegend erschließt es sich mittels übender Wiederholung den nächsten Lernschritt. Dieser stellt gleichzeitig das operationalisierte Feinziel im Lehr-Lern-Prozess dar (vgl. Oerter 1999, 147).

Wie und was das Kind spielt, kann anhand der wesentlichen Merkmale des Rollenspiels reflektiert werden: Objekt, Handlung und Rolle. Das Objekt, der Gegenstand wird vom funktionsgerechten Gebrauch ausgehend verwandelt und mit einer symbolischen Bedeutung belegt bis hin zur Vorstellung des Gegenstandes in der Phantasie. Der Gegenstand ist anfänglich notwendiger Auslöser für die Handlung und ist handlungsleitend. Die einzelne funktional ausgerichtete Handlung wird im Prozess auf die Spielfiguren übertragen und aus der unverbundenen Aneinanderreihung entwickelt sich ein inneres Drehbuch des Handlungsablaufes mit zunehmender Komplexität und Phantasie. Beim Rollenspiel mit anderen Kindern wird das Spielthema zum gemeinsamen Gegenstand. Aus handlungstheoretischer Sicht stehen der Gegenstand und die Person in wechselseitiger Beziehung (vgl. ebd., 52, 131). Die Spielhandlungen bezieht das Kind zunächst auf sich selbst und mit beginnender Dezentrierung auch auf andere Akteure. Das leblose Objekt wird vom Kind im Spiel belebt und als ein vorgestelltes Du behandelt. Es übernimmt selbst eine Rolle, nimmt eine fiktive Verwandlung vor und spielt die Rollenbesetzung immer skriptgeleiteter und phantasievoller, wobei es die Ausgestaltung mit seinen Mitspielern abstimmt. So zeichnet sich in der Spielentwicklung eine zunehmende Abstrahierung im Umgang mit Objekten, auf der Handlungsebene und im Rollenbezug ab.

Aus unterschiedlichen Perspektiven können wir die Rollenspielszene betrachten und interpretieren, was im Tafelbild der Abbildung 5 veranschaulicht werden soll.

Um dem Spielverhalten des Kindes eine Bedeutung geben zu können, brauchen wir einen entwicklungspsychologischen Theoriebezug. Die sozial-emotionale und die kognitive Dimension, die sich einander bedingen, werden im laufenden Text weiter ausgeführt. Das Rollenspiel hat einen wechselseitigen Einfluss auf die intellektuelle Aktivität und das emotionale Leben des Kindes: Es sorgt für emotionale Stabilität des Kindes und hilft, sich auf die Realität einzustellen. Obwohl das Kind kognitiv zwischen der Vorstellungswelt und der Realität unterscheiden kann, wird das Rollenspiel im kindlichen Dasein psychisch als Wirklichkeit erlebt (vgl. Ginsburg 1993, 105; Mogel 1994, 97; von Oy/Sagi/Biene-Deißler/Schroer 2011, 133 f.).

In der *Imitationsspielhandlung* verwendet das Kind Realobjekte und ahmt funktional ausgerichtete Tätigkeiten aus dem Alltag auf sich selbst bezogen nach: »Alltagshandlungen selbstbestimmt ausführen wollen«.

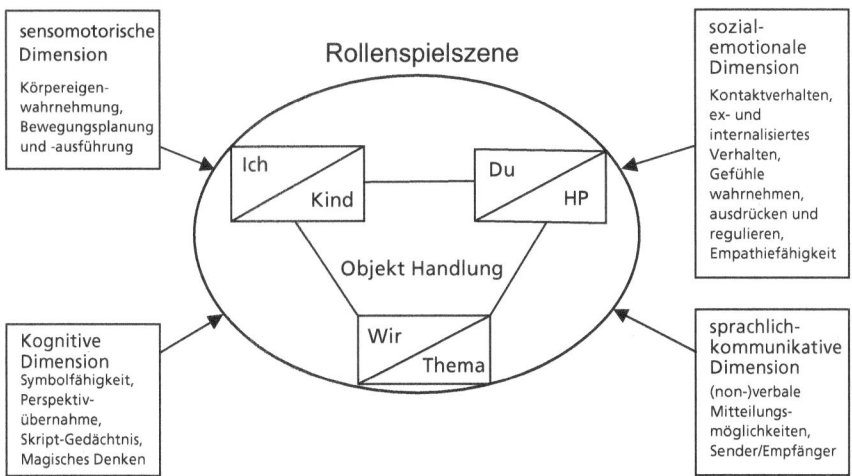

Abb. 5: Ganzheitliche Sichtweise auf das Spielgeschehen; Tafelbild von B. Schroer im HPÜ-Seminar an der KatHO MS im SoSe 2015 (aus Schroer 2015, 9)

Sozial-emotionale Dimension

Das Kind imitiert die emotional positiv besetzten und elementaren Tätigkeiten (Schlafen, Essen und Trinken, Kleiden, Pflege). Losgelöst vom Alltag und der elterlichen Präsenz probiert es sein Können im Spiel für sich aus – ohne Konsequenzen und ohne Fremdbestimmung. Die beginnende Selbstständigkeitsentwicklung verläuft weiter in einem Balanceakt zwischen Halten und Loslassen. Hin- und hergerissen ist das Kind zwischen dem Wunsch, die Welt zu erobern, alles allein können zu wollen und der Sehnsucht nach Nähe und Unterstützung. Im Spiel kann es sich erproben und sich als selbstwirksam erleben, Misserfolge durchleben und Ängste bewältigen. Das Kind lebt im Hier und Jetzt und kann seine unmittelbaren Bedürfnisse noch nicht oder nur schwer aufschieben. In einer ersten Etappe der Ich-Entwicklung führt die zunehmende Selbsterkenntnis auch dazu, andere Menschen als eigenständige Personen wahrzunehmen: Das Kind baut von Geburt an im sozialen Bezug ein inneres Bild der eigenen Person auf. Es nimmt sich selbst und den anderen immer differenzierter wahr und beginnt die Gefühle von anderen nachzuempfinden, was sich in mitfühlenden und prosozialen Verhaltensweisen ausdrückt. Jedoch hindert die prosoziale Kompetenz das Kind nicht daran, das mit dem Ich-Gefühl einhergehende besitzanzeigende Wörtchen »mein« in die Tat umzusetzen und Spielzeuge zunächst nur für sich zu beanspruchen (vgl. Kasten 2008, 176; Specht-Tomann 2011, 21 f.; Largo 2015, 102 f.; von Oy/Sagi/Biene-Deißler/Schroer 2011, 134 f.).

Kognitive Dimension

Das Kind ahmt eine Handlung im Spiel nach und ist somit zur aufgeschobenen Nachahmung (Piaget) befähigt. Zuvor war es auf die unmittelbaren Erfahrungen angewiesen. Jetzt hat es die alltäglichen Handlungen so verinnerlicht, dass es diese losgelöst abrufen und in einem anderen Kontext darstellen kann. Die Handlungen werden in einem ersten Schritt dekontextualisiert. Im Spiel erwirbt es nach und nach ein flexibles Inventar an Handlungen, die es nach Belieben variieren kann. Das Kind beginnt symbolische Vorstellungen aufzubauen. Die sich entwickelnde Symbolfähigkeit zeigt sich anfänglich in der aufgeschobenen Nachahmung. Das Kind hat erste visuelle Bilder, körperliche Empfindungen sowie Bewegungen und auditive Eindrücke innerlich abgebildet und gespeichert (vgl. Hauser 2013, 96 f.; Ginsburg 1993, 85 u. 101; von Oy/Sagi/Biene-Deißler/Schroer 2011, 136).

In der *Symbolspielhandlung* wird der Gegenstand in seiner symbolischen Bedeutung fremdbezogen auf die Puppe hin gebraucht, die als Figur zum Handlungsträger wird: »Versorgen und versorgt werden – schlafen, trinken, pflegen – selbsttätige Auseinandersetzung mit alltäglichen Erfahrungen«.

Sozial-emotionale Dimension

Die Versorgung bleibt als elementares Spielthema im Zentrum der kindlichen Verarbeitung alltäglicher Erfahrungen: »Die frühen Erfahrungen des Kindes in Bezug auf Zuwendung und Verfügbarkeit der Bindungspersonen werden als innere Arbeitsmodelle im Selbst des Kindes verankert und wirken auch in Abwesenheit der Bindungspersonen. [...] Sie beeinflussen maßgeblich Gefühle und Verhaltensstrategien der jeweiligen Person« (Weinberger 2001, 54). Im Rollenspiel werden diese inszeniert und gespielt. Getragen von dem Gefühl des Sich-verlassen-und-vertrauen-Dürfens kann das Kind einen eigenen Willen entwickeln, bestimmen und sich behaupten lernen. Seine eigene Person definiert es in Abgrenzung zu anderen. Es erlebt eine intensive Phase der Autonomie im Festhalten und Loslassen. Das in diesem Alter typische grenztestende Trotzverhalten findet in der Spielhandlung seinen Ausdruck, wird darin ausgelebt oder aufgehoben. Alle widersprüchlichen Tendenzen, Emotionen und Bestrebungen können im Spiel vereint werden. Das Sozialspiel mit anderen Kindern ist durch erste Kooperationen im Parallelspiel gekennzeichnet und erlebt in diesem Alter seine Kernzeit: Das Kind beobachtet die anderen Kinder, ahmt deren Handlungen nach und imitiert den Umgang mit den Gegenständen. Auch tauschen die Kinder Gegenstände aus und sprechen miteinander (vgl. Erikson 1966, 75; Largo 2015, 104 f.; Kasten 2008, 176 f. u. 108; von Oy/Sagi/Biene-Deißler/Schroer 2011, 33, 134 f.; Oerter 2002, 228 f.; Oerter 1999, 96 ff.).

Kognitive Dimension

Die symbolischen Spielhandlungen sind Ausdruck der sich differenzierenden Symbolfähigkeit. Das Kind hat eindeutige innere Bilder gespeichert und ist nun in der Lage, vergangene Ereignisse und abwesende Gegenstände geistig zu repräsentieren und im Spiel zu inszenieren. Eine bestimmte Sache kann durch eine andere ersetzt werden: Auf der Handlungsebene kann so getan werden, als ob, und stellvertretend eine Tätigkeit, ein Wunsch oder ein Gefühl dargestellt werden. Mittels

Sprache kann der Begriff symbolisch für einen nicht anwesenden Gegenstand verwendet werden. Die Symbolisierung bezieht sich auf Objekte: Dem Gegenstand wird eine andere symbolische Bedeutung verliehen (Objekttransformation). Der Gegenstand wird im Spiel verwandelt und es wird so getan, als ob der Gegenstand ein ganz anderer sei (vgl. Ginsburg 1993, 104 f.; Hauser 2013, 96; von Oy/Sagi/Biene-Deißler/Schroer 2011, 136).

In der *skriptgeleiteten Spielhandlung* beginnt das Kind unterschiedliche Tätigkeiten in einem sinnvollen Spielablauf darzustellen, die Spielszene zu beleben und eine Rolle zu übernehmen. Das Leitthema lautet: »Impulse und Emotionen beherrschen lernen und losgelöst aus dem Kontext soziale Handlungsfelder erleben und im Spiel mit anderen Kindern selbsttätig gestalten.«

Sozial-emotionale Dimension

Im Rahmen der weiteren Autonomieentwicklung lernt das Kind zunehmend, seine Impulsivität und seine aggressiven Gefühle zu kontrollieren. Diese regulierende und hemmende Funktion liegt einer neuronalen Reifung von Regionen in der Großhirnrinde zugrunde. Mit diesem Reifungsschub ist das Kind auch in der Lage, sich emotional aus dem Hier und Jetzt, dem unmittelbaren Kontext zu lösen, eine neue Perspektive einzunehmen und die soziale Situation zu reflektieren. So entwickeln sich kommunikative Kompetenzen und das Kind baut eine differenzierte Vorstellung, ein inneres Bild von sich selbst als eigenständige Person weiter auf: Der Erwerb sozialer Kompetenzen und der Aufbau eines positiven Selbstkonzeptes entwickeln sich im gemeinsamen Spiel. Mit zunehmender Loslösung von der Bezugsperson gewinnt das Spiel mit anderen Kindern an Interesse und Bedeutung. Im komplementären Sozialspiel sind die Kinder wechselseitig aufeinander bezogen und ergänzen sich in ihrem Tun:

- Aufmerksamkeit ausrichten am gemeinsamen Interesse
- Nachahmungsfähigkeit
- emotionale Selbstregulation
- Hemmung impulsiven Verhaltens
- Verstehen sozialer Zusammenhänge
- sprachliche Verständigung
- Perspektivübernahme
- Problemlösefähigkeit

Diese Basisfertigkeiten sind für eine gelungene soziale Interaktion mit Gleichaltrigen notwendig (vgl. Kasten 2008, 178 u. 109; Oerter 1999, 102 f.; von Oy/Sagi/Biene-Deißler/Schroer 2011, 35 ff. u. 134 f.; Erikson 1966, 75 f.; Sarimski 2005, 29 f.).

Kognitive Dimension

Mit fortschreitender Denkentwicklung löst sich das Spiel immer mehr vom konkret Anschaulichen und wird abstrakter. Herausgelöst aus dem Kontext werden geistige

Operationen vorgenommen. Das Kind kann in seiner Vorstellung neue Perspektiven einnehmen, was in einer belebten und verbalisierten Spielszene zum Ausdruck kommt. Die Symbolisierung erweitert sich auf die Personen: Das Kind übernimmt eine Rolle, und die Figuren werden in Akteure verwandelt. Mit Beginn der Skript-Entwicklung verändern sich auch die Spielhandlungen. Neuropsychologisch können zwei Gedächtnisbereiche unterschieden werden: Das deklarative Gedächtnis umfasst das semantische Wissen (allgemeine Fakten über Objekte, Lebewesen und Ereignisse) und das episodische Wissen (meist autobiographische Erinnerungen an Aktivitäten). Das episodische Wissen beinhaltet räumlich-zeitlich gebundene Ereignisse. Die häufig erlebten und stereotyp ablaufenden Ereignisse (z. B. Kindergeburtstag) werden als Skripte repräsentiert und als bedeutungtragende Netzwerke abgespeichert. Ab drei Jahren können diese Skripte bewusst erinnert, verbal abgerufen und auf der Handlungsebene im Spiel umgesetzt werden. Das Kind ist befähigt, aus einzelnen Handlungsschemata sinnvolle Handlungssequenzen zu bilden und in chronologischer Abfolge zu thematisch zusammenhängenden Spielszenen zu verbinden. Es entwickelt sich ein inneres Drehbuch für den Handlungsablauf. Dabei werden bestimmte Kategorien von Handlungen zusammengefasst, die für eine Thematik und Rolle typisch sind. So fasst das Kind z. B. für das Bauernhofspiel alle dafür wesentlichen Tiere, Geräte, Fahrzeuge, Tätigkeiten und Personen zusammen: der Bauer, der mit dem Traktor zur Wiese fährt und mit der Heugabel den Tieren das Fressen in den Trog gibt (vgl. Hauser 2013, 100 f.; Kaufmann 2007, 177 f., 182; von Oy/Sagi/Biene-Deißler/Schroer 2011, 136).

In der *alltäglichen und/oder phantasievollen Geschichte als Spielhandlung* gestaltet das Kind allein oder mit anderen ausführliche Rollenspiele mit komplexen Skripten und Rollen gespeist aus den alltäglichen Ereignissen und der Phantasie. Das Leitthema lautet: »Soziales Regelwerk erwerben und daraus ausbrechen, sich omnipotent fühlen: Anpassung und Ausbruch als Gegensätze leben.«

Sozial-emotionale Dimension

Das Kind kann seine gemachten Erfahrungen im Spiel darstellen und in Szene setzen. Symbolisch drückt es sein inneres Erleben, seine Gefühle und Wünsche aus und stellt die eigenen Themen in seiner Entwicklungsphase dar. So bahnt sich das Kind über diesen Sprachkanal Wege, sich anderen Menschen mitzuteilen. Affektgeladene Situationen und belastende Erlebnisse werden in Wiederholung reproduziert, wodurch sich die emotionale Spannung reduziert. Das Spiel hilft dem Kind, seine Erlebnisse zu be- bzw. zu verarbeiten, Konflikte zu lösen und Entwicklungsthemen zu bewältigen. Konfliktsituationen ahmt das Kind so nach, dass diese befriedigend ausgehen und der eigenen Kontrolle unterliegen. Der Spiel-/Handlungsablauf wird verwandelt dargestellt und das Ergebnis durch ein anderes ersetzt (Ergebnissubstitution). In der Phantasie sind alle erdenklichen Lösungsstrategien und Szenarien möglich: Als Tiger kann sich das Kind groß, stark und mächtig fühlen und seine Ängste überwinden; als kleine liebreizende Elfe, mit der sich das Kind identifiziert, kann es mit seinem Freund, dem Einhorn, über den Regenbogen reiten, über wundersame Fähigkeiten verfügen und neue Welten kennenlernen, einen Prinzen finden und eine Familie gründen; als schwarzer, starker Ritter kann das Kind böse und gefährlich sein, andere mit Waffen bedrohen und deren Habe zerstören.

Gut und Böse, Hell und Dunkel: Im Spiel können die Gegensätze gelebt werden und unrealisierbare Wünsche werden realisiert. In seiner Allmachtsphantasie hat das Kind die Kontrolle über das Spielgeschehen: Das Kind kann die Tiere einsperren und wieder freilassen, über die belebten Wesen herrschen und die Umwelt nach eigenen Vorstellungen gestalten. Es kann aus seiner ansonsten passiven Rolle schlüpfen und eine aktive sowie dominante Rolle einnehmen, auch eine, vor der es sich fürchtet. Diese Machtumkehr ermöglicht eine Kompensation des Minderwertigkeit- und Ohnmachtgefühls und stellt einen wichtigen Angstbewältigungsmechanismus dar. Im Rollenspiel können typische Themen beobachtet werden, die durch alle Phasen hindurch auf unterschiedlichem Abstraktionsniveau ausgespielt werden:

- Loslösung und Abgrenzung
- Angstbewältigung
- Macht und Ohnmacht
- Schuld und Beschämung
- Wunscherfüllung
- Regression – Leben
- Beziehungsgestaltung
- Rollenfindung
- Identität/Ich-Entwicklung.

Im Spiel übernimmt das Kind verschiedene Rollen und über die Identifikation mit der Rolle erlebt es die damit einhergehenden Gefühle. Es lernt, sich in andere hineinzuversetzen, sich emotional einzufühlen und das Geschehen aus einer anderen Perspektive heraus nachzuvollziehen. Auch erfährt es die mit der Rolle einhergehenden Verhaltensweisen und sozialen Erwartungen, wenn es z. B. Mutter, Vater, Verkäufer, Arzt, Schulkind oder Lehrer spielt. Im Rollenspiel setzt das Kind sich aktiv mit den geltenden und verinnerlichten Normen, Werten und Verhaltensregeln auseinander. Das Gewissen prägt die Entscheidungen und lenkt die Handlungen. Fehltritte unterliegen moralischen Maßstäben, so dass auch Schuldgefühle erwachsen. Im Spiel passt sich das Kind in seiner Rolle einerseits an die realen Bedingungen an, andererseits bricht es ohne Schuldgefühle und Sanktionen aus dem engen Normkorsett aus und testet die Grenzen des Möglichen. Ein wichtiger Prozess zwischen Anpassung und Ausbruch für die in diesem Alter typische Phase der Normentwicklung. Die Anpassungsfähigkeit ist grundlegend für die Gemeinschaftsfähigkeit, um in die gesellschaftliche Struktur und Kultur hineinzuwachsen.

Die Initiative des Kindes gibt den Impuls, sich auszuprobieren und sich als Persönlichkeit abzugrenzen: Wer bin ich und wer könnte ich sein? Im Sozialspiel mit anderen Kindern erfährt es ein Korrektiv durch die Reaktionen der anderen Kinder, deren Zustimmung oder Ablehnung. Im zunächst einfachen und dann komplexeren kooperativen Rollenspiel übernimmt das Kind eine vorher abgesprochene Rolle im abgestimmten Handlungsskript. Mehrere Kinder integrieren ihre symbolischen Vorstellungen in einem gemeinsamen Spiel. Nimmt die Komplexität zu, werden im Spielverlauf nach Absprache die Rollen und die Handlungen unter Einsatz von Metakommunikation variiert. Die Vereinbarungen, was gespielt werden soll, weisen unterschiedliche Formen auf:

- konkrete Vorschläge für die Spielgestaltung machen
- Handlungsablauf als verbale Regieanweisung geben
- offen sagen, was man gerade tut
- bestimmende Äußerungen einfließen lassen
- versteckt mitteilen und hervorheben
- Handlung der anderen kommentieren
- aus dem Spieldialog losgelöst dem Spielpartner mit veränderter Stimme vorsagen, was der andere tun soll.

Im Übergang vom Kindergarten in die Schule steht eine neue und zentrale Entwicklungsaufgabe an. Die Lebenswelt des Kindes erweitert sich und es bewegt sich in neuen und unterschiedlichen Gruppen. Es kann etwas Produktives beitragen und sich als nützlich erleben, hilfsbereit sein und gebraucht werden. Mit den gesammelten Erfahrungen wächst sein soziales Wissen und Verständnis. Sein Selbstwertgefühl ist in dieser Phase eng an das Lernen gekoppelt: Es will etwas schaffen und leisten (vgl. Ginsburg 1993, 105; Hauser 2013, 97; Erikson 1966, 87 u. 98; Oerter 1999, 210–234; Oerter/Montada1998, 227 f.; von Oy/Sagi/Biene-Deißler/ Schroer 2011, 134 f.; Kasten 2008, 109, 113 u. 179).

Kognitive Dimension

In dieser Phase bestimmt das magische Denken die Spielhandlung. Das Kind hebelt herkömmliche Ursache- und Wirkungs-Prinzipien und Zusammenhänge aus und ignoriert diese, indem es denkt, durch magische Worte oder Handlungen Ereignisse beeinflussen zu können. Es bezieht höhere Mächte mit ein, da es für bestimmte Phänomene noch keine logisch-naturwissenschaftlichen Erklärungen hat. Im Spiel verwandelt es Objekte und Figuren in zauberhafte Wesen und Gegenstände.

Die Perspektivübernahme wird mittels der entwicklungsneuropsychologisch begründeten »Theory of Mind« (ToM) erklärt. Diese Veränderung kann als eine qualitative Wende im Denken verstanden werden. Das Kind erwirbt die Fähigkeit, geistige Zustände wie Fühlen, Wollen, Denken als Abbildung der Welt zu begreifen. Mit vier Jahren beginnt es zu verstehen, dass verschiedene Personen unterschiedliche Überzeugungen und Vorstellungen haben und dass Wünsche und Absichten die Handlungen lenken. So gelingt es dem Kind, die Situation aus der Perspektive eines anderen zu sehen und dessen Gedankengänge nachzuvollziehen. Es kommt zu der Erkenntnis, dass jeder Mensch aus den eigenen Erfahrungen heraus anders über die Welt denkt. Dieser Entwicklungsschritt neuronaler Verarbeitung kann wissenschaftlich mittels experimentellen Aufgaben erfasst und abgebildet werden: Diese beziehen sich auf ein Puppenspiel bzw. eine Bildergeschichte mit einer Transfer-Situation, die das Kind aus der Perspektive einer anderen mitspielenden Person heraus einschätzen soll. Ein Mädchen spielt mit der Puppe und legt sie in den Puppenwagen. In Abwesenheit spielt ein Junge mit der Puppe, legt sie in das Bett und verlässt den Spielort. Das Mädchen kommt wieder. Wo wird sie nach der Puppe suchen? Eine andere ToM-Aufgabe bezieht sich auf einen unerwarteten Inhalt in einer Süßigkeiten-Kiste: Dem Kind wird die bekannte Süßigkeiten-Kiste gezeigt mit der Frage, was es glaubt, was darin sei. Dann wird die Kiste aufgemacht und ein unerwarteter Inhalt kommt zum Vorschein, z. B. ein Stift. Die Kiste wird wieder verschlossen. Das Kind soll nun beantworten, was tatsächlich in der Kiste ist. Dann wird gefragt, was es vorher geglaubt hat und was ein anderes Kind glauben würde. Über die Perspektivübernahme kann es die Frage beantworten und vorhersagen, was andere Personen annehmen. Im Laufe der Entwicklung differenziert sich die ToM weiter aus und das Verständnis von Überzeugungen des anderen ermöglicht es dem Kind, Ironie und Witz zu begreifen.

Die Skript-Entwicklung differenziert sich und wird immer komplexer. Ab vier Jahren erwirbt das Kind ein Wissen für kulturell einheitliche Ereignisse. Es hat einen in der Vorstellung organisierten Ablauf der Spielhandlung, ein inneres Drehbuch mit Regieanweisungen für die aufeinander bezogenen sozialen Rollen. Das einsetzende Zeitverständnis (Vergangenheit und Zukunft) bezieht das Kind immer mehr mit ein. Ältere Kinder ab fünf Jahren variieren ihre skriptgeleiteten Spielhandlungen, sie ergänzen vertraute Abläufe mit alternativen Optionen (vgl. Largo 2015, 129 f. u. 347 f.; Weinberger 2001, 58; Hauser 2013, 98 f. u.101; Kaufmann 2007, 182 f. u. 344 f., 346; von Oy/Sagi/Biene-Deißler/Schroer 2011, 136).

4.3 Konstruktionsspiel

Parallel zum Rollenspiel kommt als weitere Spielform das Konstruktionsspiel hinzu:

> »Die funktionale Betätigung des Kindes mit den Spielmaterialien erfährt eine deutliche Weiterentwicklung und das kindliche Spiel gewinnt damit eine neue Dimension. Im gegenstandsbezogenen Funktionsspiel erwirbt es durch spielerisch-exploratives Erkunden die Basisfähigkeit für die Bau- und Konstruktionsspiele. [...] Im fließenden Übergang vom funktionalen zum werkreifen Spiel wandelt sich die Funktionslust in die Schaffenslust: Die Freude an der Betätigung erweitert sich um die Freude am Produkt.« (von Oy/Sagi/Biene-Deißler/Schroer 2011, 137)

Im Schaffensprozess ist das Kind mit all seinen Sinnen und Bewegungen, Gefühlen und Absichten, Vorstellungen und Gedanken ganzheitlich involviert und damit verschmolzen. Es begibt sich in einen selbstvergessenen, ganz auf sein Tun hin ausgerichteten Zustand, den Montessori als »Polarisation der Aufmerksamkeit«

(1967) beschreibt. Das Geschehen um es herum, den Alltag blendet das Kind aus und es bestimmt Zeit und Raum. Dabei verändert sich auch das Körperempfinden. Diesen beglückenden Moment völliger Vertiefung in die Tätigkeit, diesen Flow (M.) zu erleben ist, wie in allen Spielformen, auch im Konstruktionsspiel erfahrbar. Im und durch das Spiel wird dieser kostbare Augenblick der Konzentration auf inne ruhende Kräfte und den als angenehm empfundenen Gleichgewichtszustand immer wieder eingeleitet und positiv verstärkt – darin liegt die Wiederholung im Spiel begründet (vgl. Höfer 2014, 31).

Bevor das Kind ins Konstruieren kommt, genießt es in lustvoller Wiederholung, den gebauten Turm umzuwerfen und Gegenstände zu zerlegen. Es hat viel Freude daran und eine Vorliebe dafür, im Wechselspiel mit den Eltern das von ihnen errichtete Werk wieder einstürzen zu lassen. Dieses eigenmächtige Handeln des Kindes bedeutet »zunächst nur die intensive Erfahrung einer besonderen Form der Vergegenständlichung, nämlich das Erzielen eines dramatischen Effektes, durch eine rasche Bewegung. Beides zusammen, das Körpererlebnis der intensiven Bewegung und das wahrgenommene Ereignis (Verschwinden des Gegenstandes, Lärm) verschmelzen zu einer intensiven Selbst-Umwelt-Erfahrung« (Oerter 1999, 199). Diese Phase des Destruktionsspiels hat eine bedeutende Funktion: die Erfahrung, zerstörte Dinge wieder aufbauen zu können. Daraus erwächst die Gewissheit, dass auch, wenn etwas zerbricht und verloren geht, es erneut geschaffen werden kann. Eine emotionale Sicherheit, die es ermöglicht, ohne Angst loszulassen. Eine Erkenntnis, die bewirkt neu anzufangen, anderes auszuprobieren und kreativ zu gestalten. Nur wer das Destruktive erfahren hat, kann das Konstruktive leben und schätzen. Hier kommt die im Spiel verwurzelte, spannungserzeugende Polarität zum Tragen. Das Aufbauen und Zerstören im Konstruktionsspiel ist auch bei älteren Kindern zu beobachten, die die Spannung der Einsturzmöglichkeiten beim Bauen auskosten oder nach vollendeter Tat bewusst und gezielt ihr Werk zerstören in der Gewissheit, dass es nicht stehenbleiben kann. Diesem Spielablauf liegt der typische Aktivierungszirkel (vgl. Heckhausen 1963/64) zwischen Spannung und Lösung zugrunde – mit dem angestrebten und ersehnten Höhepunkt der Vernichtung am Abschluss, wenn das Bauwerk einbricht und zugrunde geht. Auf der emotionalen Ebene ist die »eigene aktive Zerstörung [...] Ausdruck von Macht und Kontrolle über die selbstbewirkte Vergegenständlichung« (Oerter 1999, 199). Die Vergegenständlichung stellt nach Oerter die nach außen gerichtete Komponente der Handlung als dynamischen Bezug zwischen Person und Umwelt dar, der zu einem Ergebnis führt und sich im Produkt des Konstruierens ausdrückt.

Bei dieser Spielform rückt das Ergebnis in den Vordergrund. Das Kind betrachtet und zeigt sein Werk, es ist stolz auf sich und sein Können, darauf, etwas geschaffen zu haben, und erlebt ein Gefühl der Zufriedenheit. Oder aber es zweifelt an sich selbst, nicht gut genug zu sein und nicht zu genügen. Mitunter hat es seine eigenen Ziele zu hoch gesteckt und ist den Anforderungen noch nicht gewachsen, so dass es einen mit dem Scheitern einhergehenden emotionalen Misserfolg, eine Unzufriedenheit und mitunter Verärgerung erlebt. Nach Mogel ist diese Erfahrung und das Erleben des Misslingens entwicklungspsychologisch wertvoll, da das Kind im Spiel als gelebte Wirklichkeit Bewältigungsstrategien entwickeln kann, mit derartigen negativen Erlebnissen umzugehen (vgl. Mogel 1994, 105). Eine entscheidende Rolle spielt auch die Reaktion der Eltern als Resonanz der sozialen Umwelt.

Das Kind identifiziert sich mit dem eigens geschaffenen Produkt und geht eine persönliche Beziehung mit ihm ein. Als Selbstdarstellung ist das Werk Ausdruck der inneren Befindlichkeit: Die äußere Gestaltung spiegelt die inneren Bilder. Daher ist die wertschätzende Haltung der Heilpädagogin dem Werk des Kindes gegenüber so unabdingbar.

Über die unmittelbare Auseinandersetzung schult das Kind seine feinmotorischen Fertigkeiten und die Handhabung der Materialien bis hin zur Anwendung von Werk-Techniken. Mit seinem wachsenden Vorstellungsvermögen beginnt es abstrakter zu planen und komplexere Handlungsstrategien zu entwickeln, die es abspeichert und flexibel abrufen und kombiniert einsetzen kann. Im Konstruktionsspiel zeichnet sich die kognitive Dimension der räumlich analytischen und konstruktiven Fähigkeiten ab – eine neuronale hemisphärenspezifische Repräsentation und Verarbeitung.

Phasenbezogene Spielthemen und Entwicklungsaufgaben

Das Konstruktionsspiel kann in unterschiedliche Bereiche unterteilt werden: das klassische Bauen, das Gestalten mit amorphen Materialien, das Malen und Zeichnen sowie das Zuordnen und Puzzeln. Innerhalb dieser Bereiche tauchen phasenbezogene Spielthemen auf, die das Spielentwicklungsniveau des Kindes widerspiegeln. Im Spielverhalten, wie das Kind spielt und sich mit anderen abstimmt, drücken sich die sozial-emotionalen Kompetenzen aus. So ermöglicht die gezielte Spielbeobachtung eine Einschätzung des Kindes.

Die folgende Kurzübersicht liefert einen spieldiagnostischen Beitrag für die Praxis. Im Sinne eines Inventars erfolgt eine Auflistung der sich ausdifferenzierenden Entwicklungsschritte. Bei jedem Punkt kann angemerkt werden, ob das Kind diese Spieltätigkeit initiiert und eigenständig ausführen kann (ja), ob das Kind diesen Schritt mit Hilfe gehen kann (ZNE) oder ob das Kind diese Spielhandlung noch nicht bewältigt (nein). So gibt die Übersicht insbesondere Aufschluss über die »Zone nächster Entwicklung« (Wygotski 1978), aus der sich die Fein-/Lernziele für die heilpädagogische Förderung und Begleitung ableiten lassen. Hier handelt es sich um eine überarbeitete Zusammenfassung vom »Spiel-Beobachtungsbogen der Heilpädagogischen Übungsbehandlung« (von Oy/Sagi/Biene-Deißler/Schroer 2011, kostenloser Download unter www.winter-verlag.de und Largo 2015, 322–342; Zollinger 2008, 137–143).

Für die praktische Anwendung kann eine Kopie der folgenden Seiten als spieldiagnostischer Arbeitsbogen dienen.

Bauen

Spielthema: »Werke schaffen, Gegenstände mit stilistischen Übertreibungen und in neuen Variationen nachbauen, eigene Welten kreieren«

4 Spielentwicklung in ihren typischen Grundformen und Ausprägungen

	»Destruktionsspiel«: Das Kind wirft lustvoll und in Wiederholung den gebauten Turm um und zerlegt gern Gegenstände.	um 9–18 Monate
	vertikale Dimension: Das Kind stapelt Klötze und baut einen Turm, der immer höher und in sich stabiler wird.	ab 18 Monaten
	horizontale Dimension: Das Kind legt Klötze nebeneinander, baut eine Reihe aus Klötzen, gestaltet so einen Zug oder legt Schienen aneinander.	ab 21/24 Monaten
	vertikale und horizontale Dimension: Das Kind baut eine Brücke oder eine Mauer.	ab 30 Monaten
	Das Kind baut eine Treppe.	ab 36 Monaten
	dreidimensionale Bauwerke: Das Kind baut einfache, dreidimensionale Gebilde, benennt diese und verwendet die Bauwerke für seine Spiele.	ab 3–4 Jahren

4.3 Konstruktionsspiel

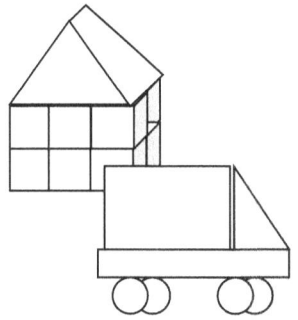

differenzierte Konstruktionen: Das Kind konstruiert aus verschiedenen Baumaterialien Häuser, Flugzeuge oder Autos. Es baut eine Vorlage nach, kann längere Zeit an einer Sache bauen und über mehrere Stunden mit anderen Kindern bauen.

ab 4–5 Jahren

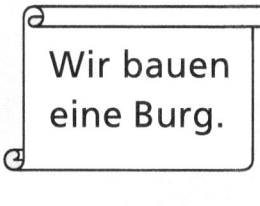

werkschaffendes Konstruktionsspiel: Das Kind setzt beim Bauen folgende Schritte – in Abstimmung mit anderen Kindern – um. Das Vorhaben wird meist über Tage hinweg fortgesetzt:

ab 5–6 Jahren

1. Plan, Benennung des Produktes
2. Ausführung
3. Erkennbarkeit des benannten Produktes

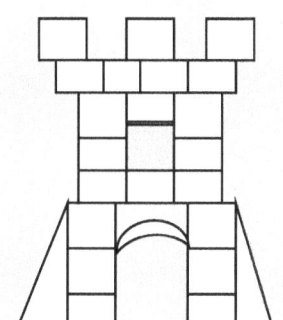

Gestalten mit amorphen Materialien

Spielthema: »In eine schöpferische Aktivität versinken, unbegrenzt damit verschmolzen sein und sinnlich spürbare Gestalten formen«

Das Kind spielt mit Sand, Knete, Ton usw., indem es mit den Händen hineingreift, wischende Spuren hinterlässt und die Substanz verteilt.

ab 9–18 Monate

Das Kind genießt das Destruktionsspiel, indem es den von den Eltern gebauten Sandkuchen zerstört und den Sand wieder plättet und in die ursprüngliche Form bringt.

99

Das Kind unterscheidet Wasser und Sand in ihrer verschiedenartigen Beschaffenheit und begreift Knete/Ton als formbares Material.	ab 18–24 Monate
Das Kind rollt eine Walze/Schlange aus Knete.	um 36 Monate
Das Kind formt eine Kugel aus Knete.	
Das Kind setzt Werkzeuge ein (Förmchen, Teigrolle, Presse usw.).	
Das Kind beherrscht die zur Arbeit mit Knete/Ton nötigen Techniken, kennt das jeweils zum Arbeitsvorgang passende Werkzeug und kann mit Material und Werkzeug adäquat umgehen.	
Das Kind formt plastische Gebilde, die eine kreative Gestalt aufweisen oder einen erkennbaren Gegenstand darstellen (Schale mit Obst, Schildkröte usw.).	

Zeichnen und Malen

Spielthema: »Über die nicht endenden Kritzelbewegungen hinaus die Lebenswelt bildnerisch darstellen und eigene emotionale Befindlichkeiten ausdrücken«

Das Kind kritzelt ausgiebig in einem flüssigen Rhythmus der Endlosbewegung hin und her.	um 12–18 Monate
Das Kind malt eine flache Spirale immer runder und kritzelt kreisförmig.	
Beim »Spuren hinterlassen« erfreut sich das Kind an den produzierten Strichen.	
Das Kind imitiert abgesetzte waagerechte und dann senkrechte Striche.	ab 24 Monate
Beim »sinnunterlegten Kritzeln« benennt das Kind, was es gemalt hat, und gibt seinem Bild eine Bedeutung.	um 2–3 Jahre
Das Kind imitiert Schreibbewegungen.	
Das Kind zeichnet einen geschlossenen Kreis.	um 3 Jahre
Das Kind malt einen Kopffüßler (Kopf als Rundform mit angedeutetem Gesicht und Beinen, dargestellt als zwei Striche).	ab 3 Jahre

Das Kind zeichnet ein Kreuz ab.	um 4 Jahre
Das Kind malt eine schematisch korrekte Menschenzeichnung (Kopf mit Augen, Nase und Mund, Oberkörper, Arme mit Händen und Beine mit Füßen).	ab 4 Jahre
Das Kind malt Bilder mit mehreren Objekten, z. B. Haus, Baum, Mensch und Blumen.	ab 5 Jahre

Zuordnen und Puzzeln

Spielthema: »Details erkennen, unterscheiden und nach Merkmalen zuordnen, einzelne Teile zu einem sinnvollen Ganzen zusammenfügen und kreative Muster aus geometrischen Formen legen«

	Das Kind setzt einen großen und einen kleinen Kreis in das Formbrett.	ab 18–20 Monate
	Das Kind setzt einen Kreis, ein Quadrat und ein Dreieck richtig platziert in das Formbrett.	ab 21–24 Monate
	Das Kind kann bei Steckpuzzeln die Form der Vorlage im Brett anpassen.	ab 24 Monate
	Das Kind ordnet drei bis vier Farben zu.	ab 20–26 Monate
	Das Kind kann nach Bildern sortieren.	
	Das Kind steckt unterschiedliche Formen in die Form-Box.	
	Das Kind begreift die Zuordnung von Teilen zum Ganzen und fügt Teile sinnvoll zum Ganzen zusammen; es puzzelt systematisch (Strategie des Ausprobierens, nach Versuch und Irrtum, zum Teil noch nicht mit Erfolg).	ab 24–30 Monate
	Das Kind setzt einfache Puzzle mit zwei bis drei Teilen zusammen.	

Das Kind fügt Puzzleteile anhand von Form, Farbe und Schnittstelle zusammen (erkennt und beachtet visuelle Details).	ab 36 Monate
Das Kind sortiert von sich aus nach Farben und benennt diese.	ab 3½ Jahre
Das Kind sortiert Objekte nach mehreren Merkmalen: Größe, Form und Farbe.	
Das Kind legt Puzzle mit mehreren Teilen und zunehmender Komplexität der Bilder.	ab 4–5 Jahre
Das Kind legt aus geometrischen Formen Muster nach eigenen Vorstellungen oder entsprechend der Vorlage.	

Bio-psycho-soziale Reflexion

Das erworbene Symbolverständnis ermöglicht es dem Kind, innere Vorstellungen zu entwickeln. Ein bedeutender kognitiver Entwicklungsschritt, der im Konstruktionsspiel und parallel dazu im Rollenspiel zum Ausdruck kommt. Es sind sowohl kognitive als auch emotionale Prozesse, die sich gegenseitig bedingen und – sich ergänzend – die Handlungen im Spiel steuern. Durch die Spielhandlungen wiederum werden emotionale Grundbefindlichkeiten und kognitive Kompetenzen aufgebaut. Die neuen Erfahrungen überlagern und erweitern die im Spiel aktivierten Erregungsmuster auf neuronaler Ebene. Über die unterschiedlichen Kanäle dieser ganzheitlichen Wahrnehmung werden innere Bilder ausgelöst, in das Gehirn weitergeleitet und zentral verarbeitet. Je häufiger die Nervenverbindungen angeregt werden, desto besser werden diese Aktivierungsmuster gebahnt und stabilisiert. Der Prozess der Hirnentwicklung als Interaktion mit der Außenwelt spiegelt sich in der Dynamik der Handlung als Ich-Umwelt-Bezug wider (vgl. Höfer 2014, 24 f.; Oerter 1999, 183). Die nach außen gerichtete Komponente der Handlung ist im Konstruktionsspiel das produktive Ergebnis. Die Vergegenständlichung bewirkt dabei »die emotionale Grunderfahrung von Macht und Kontrolle über die Umwelt und führt gleichzeitig zur Erfahrung der umweltzentrierten Selbsterweiterung (Selbstvergrößerung). Gegenstände, die man selbst hergestellt hat, bilden gewissermaßen entfernte Bestandteile des Selbst, man trägt ein Stück von sich in die Umwelt hinein« (Oerter 1999, 183).

Beim *Bauen* erschließt sich das Kind schrittweise die Vorstellung des Raumes in seinen drei Dimensionen: Höhe, Breite und Tiefe. Die Raumdimensionen werden zunächst nacheinander umgesetzt: Das Kind baut vertikal einen Turm, dann in horizontaler Ausrichtung einen Zug. Anschließend kombiniert es diese

Dimensionen miteinander und baut eine Brücke, Mauer oder Treppe, um schließlich immer komplexere und dreidimensionale Bauwerke zu schaffen, wie z. B. eine Garage, einen Stall oder ein Haus. Kriterien für das Bauspiel sind nach Hauser die Übertreibung, die Wiederholung und die Variation: Das Kind baut in Miniaturform mit stilistisch übertriebenen Akzenten, wobei Elemente mitunter fehlen oder kreativ kombiniert werden, ohne dem Bezug zur Realität standhalten zu müssen. Es wiederholt seine Spielhandlungen und gestaltet mehrere Bauwerke, Zeichnungen oder Puzzle in Folge. Bei jedem neuen Versuch variiert es seine Strategie und verändert die Gestalt in Form und Farbe (vgl. Hauser 2013, 116).

In der Auseinandersetzung mit dem Material verfeinert das Kind seine feinmotorische Bewegungssteuerung und übt sich in der Balance der Klötze: Es setzt eine abgestimmte Auge-Hand-Koordination und eine angepasste Tonusregulation ein, um in einem kontrollierten Tempo die Bausteine gezielt zu platzieren. Beim Bauen kann es Erfahrungen mit der Stabilität und Plastizität, mit den Raum-, Form- und Mengenverhältnissen sammeln und diese immer sicherer den Anforderungen entsprechend einsetzen, anordnen und gestalten. So erwirbt das Kind eine Sachkompetenz in der Handhabung unterschiedlicher Baumaterialien (Baufix, Lego usw.) und bei der Anwendung von Techniken (vgl. von Oy/Sagi/Biene-Deißler/Schroer 2011, 139).

In dem Prozess der Material-Erprobung und des Konstruierens sind Fehler erlaubt und sie gehören zum Lernen dazu. Diese frühe Form des Lernprozesses beschreibt Wygotski mit der »Zone nächster Entwicklung« (1978), in der das Kind mit Hilfe eines Erwachsenen Anforderungen bewältigen kann und sich in dieser Phase mit Unterstützung den nächsten Leistungsbereich aneignet (vgl. Oerter 1999, 147f.).

Mit wachsendem Vorstellungsvermögen differenzieren sich die inneren Bilder des Kindes, die sich nach außen hin in den Bauwerken widerspiegeln: Es gestaltet ganze Feuerwehrwachen oder Schlösser und ist in der Lage, eigene Baupläne zielgerichtet umzusetzen oder ein Modell entsprechend der Vorlage nachzubauen. Dazu bedarf es einer Fülle von ineinandergreifenden Kompetenzen, die im Folgenden stichpunktartig aufgelistet werden (vgl. von Oy/Sagi/Biene-Deißler/Schroer 2011, 139):

- eine Zielvorstellung haben/Absichten verwirklichen (intentionale Leistung)
- Planungskompetenz, die einzelnen Schritte vorausschauend gedanklich durchgehen
- Material und Bauplatz/Spielort wählen
- anfangen, sich trauen und den ersten Schritt wagen
- Bauplan analysieren und das Muster/die Form in deren Einzelteile zerlegt erkennen können
- Raum-Lage-Bezüge herstellen
- Handlungsstrategie im Prozess, um die Schritte der Reihe nach umzusetzen (seriale Leistung)
- Einzelteile in ein Ganzes integrieren
- das Vorgehen ggf. den veränderten Bedingungen anpassen und modellieren
- Ausdauer, bis zum Abschluss durchhalten.

Das Kind entwickelt beim Bauen Konzentrationsfähigkeit und Ausdauer. Es erfährt, mit Misserfolgen umzugehen, bildet eine Frustrationstoleranz aus und lernt, sich erreichbare Ziele zu stecken. In der Betrachtung des eigens geschaffenen Werkes fließen auch Leistungsbewertungen ein, die emotional eingefärbt sind und ein Gefühl von Zufriedenheit oder Unzufriedenheit auslösen. Dies hängt auch von der Reaktion des Umfeldes, z. B. der Eltern ab: »Eine einseitige Bestätigung des Produkts durch die Bezugsperson führt jedoch zu einer allein am Erfolg orientierten Leistungsabhängigkeit des Kindes« (von Oy/Sagi/Biene-Deißler/Schroer 2011, 139). Im Konstruktionsspiel sollte weniger der Leistungsanspruch als vielmehr die neu entdeckte Schaffenslust im Vordergrund stehen: die Freude des Kindes, ein Werk zu produzieren. Bei dieser Spielform kann bei einigen Kindern ein objektorientiertes Spielverhalten beobachtet werden und sie sind in ihrem Schaffensprozess weniger auf andere Kinder hin ausgerichtet. Andere planen und bauen gemeinsam, stimmen sich im Spielprozess ab und ergänzen sich gegenseitig (vgl. von Oy/Sagi/Biene-Deißler/Schroer 2011, 139; Hauser 2013, 122).

Das Werk ist immer eine Selbstdarstellung des Kindes, mit dem es seine emotionale Befindlichkeit ausdrückt. Das Bauen ist nach Oerter eine existentielle Erfahrung des Wachsens und des sich Ausweitens. Dieses Verhältnis von Selbst und Umwelt wird in den gebauten Türmen, Häusern, Ställen, Burgen dargestellt. So schafft das Kind sich im Spiel einen Rückzugsort, um sich abzuschirmen und Zuflucht zu finden, auch einen Besitz, den es kontrollieren kann – oder es setzt ein Zeichen, um die eigene Größe in die Welt hinauszutragen (vgl. Oerter 1999, 200).

»Die im Konstruktionsspiel erworbene Werkreife ist gleichbedeutend mit einem wesentlichen Teil der Schulfähigkeit. Wenn das Kind dazu bereit ist, eine selbstgestellte Aufgabe planmäßig und über längere Zeit hinweg durchzuführen, dann ist es auch bereit, fremdgestellte Aufgaben zu erfüllen.« (von Oy/Sagi/Biene-Deißler/Schroer 2011, 140)

Zum Konstruktionsspiel gehört die gestalterische Handlung mit den formlosen Gegenständen, den Elementen aus der Natur: Sand, Wasser und Ton. Diese *amorphen Materialien* haben einen taktil-kinästhetischen Aufforderungscharakter, die Substanz zu berühren, zu spüren und in der Hand zu formen. Sie lädt über die Erprobung zum freien und kreativen Gestalten ein, so dass sich ein individueller Ausdruck formt. Dieser mitunter meditative Gestaltungsprozess ist eine intensive Erfahrung – sinnlich-emotionaler Art – sich zu spüren, mitzuteilen und loszulassen. Dabei sind Kind und Gegenstand eng miteinander verbunden, geradezu verschmolzen. Die schöpferische Aktivität hat, wie das Malen, eine kompensatorische Kraft. Im Dialog mit einem anderen, der den Sand, den Ton formt und mitgestaltet, kann sich ein non-verbaler Abstimmungsprozess auf der Handlungsebene entwickeln. Gemeinsamen Vorstellungen eine Gestalt geben, etwas zusammen schaffen und sich mit dem anderen darin identifizieren und verbunden fühlen, ist ein inniges Erlebnis (vgl. Oerter 1999, 187, 193; Zollinger 2008, 143).

Ergänzend zum freien Gestalten kreativer Gebilde werden klar bestimmte Formen gebildet und Werkzeuge sowie Verarbeitungstechniken eingesetzt, um erkennbare Gegenstände zu produzieren:

»Zunächst werden der Ton und die Knete gerollt, geknetet, gedrückt und zu Kugeln oder Würstchen geformt. [...] Dann werden die geformten Gegenstände, wie z. B. eine Schnecke, die aus einer eingedrehten Wurst entstanden ist, auf einer begrifflich-semantischen Ebene benannt. Mit Zunahme der feinmotorischen Fertigkeiten kann das Kind die Knete immer differenzierter bearbeiten und detailliertere Produkte erstellen. Es eignet sich die Technik zum Verarbeiten der Knete an, die es ihm ermöglicht, planvoll, also werkgerecht, das Material einzusetzen. Im Spiel mit amorphen Materialien lernt es auch den Werkzeuggebrauch, indem es die Knete beispielsweise mit dem Nudelholz ausrollt, mit Förmchen aussticht oder mit dem Messer zurechtschneidet.« (von Oy/Sagi/Biene-Deißler/Schroer 2011, 137)

Beim *Zeichnen und Malen* folgt das Kind bei seinen ersten Schöpfungen einem inneren Bewegungsimpuls: Es hinterlässt mit rhythmischen Schwingungen Spuren auf dem Blatt – kreisende Spiralen bis hin zum geschlossenen Kreis, horizontale und vertikale Hin- und Her-Bewegungen bis hin zu abgesetzten Linien und zu einem Kreuz, schlängelnde und zackige Kritzeleien sowie Punktierungen in kleineren Stricheln. Aus den ursprünglichen Kritzelbewegungen heraus leiten sich die Grundformen ab. Die großräumigen Bewegungen werden immer kleinräumiger, gesteuerter und abgesetzter: Das Kind erfährt, dass es seinen schwingenden Rhythmus unterbrechen kann, um den Stift ab- und wieder anzusetzen. So entstehen zielgerichtete und dosierte Bewegungsausführungen, die es ermöglichen, klar abgegrenzte und geschlossene Formen zeichnen zu können (vgl. Zollinger 2008, 137–143). »Beim Zeichnen und Malen sind auch die Stifthaltung (Palmargriff, Pfötchenhaltung, Quergriff oder Drei-Punkte-Griff) des Kindes sowie der Krafteinsatz (Druck und Tonus) deutlich zu beobachten« (von Oy/Sagi/Biene-Deißler/Schroer 2011, 140). Mit dem Erwerb dieser visuo-motorischen Fähigkeiten ist das Kind in der Lage, »seine figuralen Vorstellungen von Gegenständen und Lebewesen konkret umzusetzen« (Largo 2015, 340). Dabei verhält es sich, wie bei der Sprachentwicklung, dass das Kind weit mehr versteht bzw. auf der kognitiven Ebene erfasst, als es selber auszudrücken und bildnerisch darzustellen vermag. Das »sinnunterlegte Kritzeln« tritt im Übergang vom Spuren-Hinterlassen zum gegenständlich erkennbaren Zeichnen und Malen auf: Das Kind benennt sein Gekritzel und gibt dem Bild eine Bedeutung. Es tut so, als ob es schreiben würde. »In der Übergangsphase vom funktionalen zum werkschaffenden Spiel entdeckt das Kind, dass es beim Malen etwas dargestellt hat, das es anschließend benennt. Erst damit beginnt allmählich das zielgerichtete Zeichnen, indem das Kind sich etwas Bestimmtes vornimmt, das es abbilden möchte« (von Oy/Sagi/Biene-Deißler/Schroer 2011, 140).

Bei der Entwicklung der Menschenzeichnung hat das Kind bereits im dritten Lebensjahr eine Vorstellung vom menschlichen Körper erworben, kann diese »aber frühestens ein bis zwei Jahre später und dann in noch sehr rudimentärer Form zeichnen« (Largo 2015, 340). Aus dem anfänglichen Tastkörper der Sonne wird mit der Differenzierung ein Kopffüßler, mit tastenden Strichen Richtung Boden und in weiteren Etappen eine menschliche Gestalt mit allen wesentlichen Körperteilen. Die in der Heilpädagogik so bedeutende Menschenzeichnung erfasst sowohl den Entwicklungsstand des Kindes als auch seine emotionale Ich-Befindlichkeit. Der symbolische Ausdrucksgehalt der Selbstdarstellung drückt die Gefühle des Kindes aus und spiegelt sein So-in-der-Welt-Sein wider.

»Auch Weinberger hebt diesen Aspekt hervor, wobei sie diesen in zwei Punkte unterteilt: Zum einen zeichnet das Kind das, von dem es weiß, dass es da ist, z. B. Materialien, die in einer Kiste sind, auch wenn man sie nicht sehen kann (Objektkonstanz), oder ein Gesicht von der Seite mit zwei Augen, weil das Kind weiß, dass da zwei Augen sind (Körperschema). Zum anderen wird die Größe des gemalten Objektes, wie auch das Verhältnis von Menschen und Dingen, nicht von den tatsächlichen Gegebenheiten bestimmt, sondern von emotionalen Faktoren.« (von Oy/Sagi/Biene-Deißler/Schroer 2011, 140)

Das Zuordnen und Puzzeln beginnt mit dem Impuls des Kindes, Spielsachen und Gegenstände nach bestimmten Eigenschaften zu gruppieren. Es sortiert nach Form, Farbe, Größe oder nach Zugehörigkeit zu einem bestimmten Bereich oder Verwendungszweck: Die Formen in das Formbrett, die gelben Autos in die eine Reihe und die Lastwagen in die andere, die Kochutensilien in die Puppenküche, die Puppenhausmöbel nach Stühlen und Tischen, das Einrichten von Spielhäusern. Diese Fähigkeit zu kategorisieren ermöglicht es dem Kind, aufgrund bestimmter Merkmale zu unterscheiden und zuzuordnen. Das Spiel orientiert sich auf der Handlungsebene an visuellen Kriterien. Dahinter liegen sprachlich-semantische Kategorien.

Das Einordnen nach Kategorien ermöglicht es dem Kind, seine Welt zu ordnen und eine Struktur zu schaffen, die einen Überblick gewährt und Sicherheit vermittelt. Über die anfänglichen Steckpuzzles hinaus differenzieren sich die konstruktiven Fähigkeiten immer weiter und das Kind »lernt, Teile sinnvoll zu einem Ganzen zusammenzusetzen und immer komplexere Puzzle zu legen« (ebd., 139). Beim Puzzeln, beim Malen und Zeichnen sowie beim Bauen sind visuelle, räumlich-analytische und konstruktive Fähigkeiten gefragt, die einen aussagekräftigen kognitiven Leistungsbereich abdecken, der neuropsychologisch begründet ist. Ab dem Kleinkindalter entwickeln sich diese Fähigkeiten, die im Zusammenhang mit der Hirnreifung und -entwicklung eine Veränderung und Differenzierung erfahren. Beim Musternachlegen und Abzeichnen treten bei jüngeren Kindern typischerweise Rotationsfehler auf, die entwicklungsneuropsychologisch begründet sind. Auch die Organisations- und Planungsstrategie entwickelt sich erst im weiteren Verlauf (vgl. Kaufmann 2007, 40, 249, 257).

Die Musteranalyse ist Aufgabe des visuellen Systems. Für die räumliche Verarbeitung ist ein gutes Zusammenspiel komplexer neuronaler Netzwerke erforderlich. Kinder zeigen charakteristische zerebrale Aktivierungsmuster, die anders sind als bei Erwachsenen. Die in diesem Netzwerk aktivierten Areale überlappen sich anatomisch mit den für die Augensteuerung zuständigen Hirngebiete, die mit den Aufmerksamkeitsprozessen verknüpft werden. Hemisphärenspezifische Unterschiede zeichnen sich für die globale und die lokale Informationsverarbeitung ab. Diese können wie folgt inhaltlich ausgeführt werden (vgl. Kaufmann 2007, 40, 249, 257–260; Bellebaum 2012, 55, 57):

Die *linke Hemisphäre* segmentiert die Form in deren Einzelteile und ermöglicht es, die einzelnen Teile eines Ganzen zu erkennen. In diesem räumlich analytischen Prozess wird eine Segmentierung des Musters in dessen Einzelteile vorgenommen im Sinne einer lokalen Verarbeitung. Die linke Hemisphäre repräsentiert nur die rechte Raumhälfte bzw. Seite einer Form. Hirnschädigungen führen zu Problemen in der visuell analytischen Fähigkeit und zeigen sich u. a. darin, dass bei der Reproduktion eines Modells Muster vereinfacht oder beim Abzeichnen von Formen Details ausgelassen werden. Bei Kindern ist der Schweregrad der Beeinträchtigung geringer, da sie über bessere Kompensationsmechanismen verfügen (vgl. Kaufmann 2007, 257–261; Bellebaum 2012, 57). Die *rechte Hemisphäre* integriert die einzelnen Teile in ein zusammenhängendes Ganzes und ermöglicht die Zusammenführung der Einzelteile zu einer sinnvollen Einheit. Dieser räumlich konstruktive Prozess erfolgt im Sinne einer globalen Verarbeitung. Die rechte Hemisphäre repräsentiert beide Hälften des visuellen Raumes. Bei Hirnschädigungen kommt es zu Störungen der räumlichen Anordnung, die sich u. a. darin zeigen, dass das Gesamtmuster nicht erfasst wird und eine Detailorientiertheit überwiegt. Auch hier sind die hohen Kompensationsmöglichkeit im Kindesalter bei der Genese auf neuronaler Ebene zu berücksichtigen (vgl. Kaufmann 2007, 257–262; Bellebaum 2012, 57).

4.4 Regelspiel

Das Regelspiel erwächst aus den Erfahrungen im Funktions-, Rollen- und Konstruktionsspiel, dass alle Spielabläufe einer bestimmten Ordnung unterliegen und folgen. Es gibt eine immanente Spielordnung nicht eindeutig festgelegter Regeln: Das Kind erlebt ein »richtiges« Spielverhalten, das den Erfordernissen entspricht und gewünscht ist sowie ein »falsches« Spielverhalten, das den Spielablauf behindert oder erfolglos bleibt. Auf der Handlungsebene werden wiederkehrende Regeln und Gesetzmäßigkeiten im Spiel erfahren. Gleichzeitig hat das Kind ein zunehmendes Bedürfnis daran, die sozialen Beziehungen im Spiel zu regulieren. So entwickelt sich ein Regelverständnis, das im Regelspiel zum Tragen kommt: nach vorher festgelegten Vorgaben mit anderen agieren und gewinnen wollen. Im englischen Sprachgebrauch wird diese Spielform mit der Bezeichnung »game-with-rules« von den anderen »plays« abgegrenzt und charakterisiert. Hierzu gehören alle Spielarten, bei denen vor Spielbeginn mit allen Mitspielern bestimmte Spielregeln verbindlich vereinbart und klar formuliert werden. Der Handlungsspielraum wird begrenzt festgesteckt und die Verhaltensweisen schreiben vor, in welcher Reihenfolge und unter welchen Bedingungen wer was zu tun hat. Das gemeinsame Spiel kann nur gelingen, wenn sich alle an diese Regeln halten. Das Regelspiel bietet eine sozial-emotionale Sicherheit. Die Situation, das Spielgeschehen ist berechenbar. Das Kind kennt den Ablauf, es kann sich an klare Vorgaben halten und die anderen Mitspieler agieren vorhersehbar (vgl. Hauser 2013, 123 f.; Heimlich 2001, 38 f.; von Oy/Sagi/Biene-Deißler/Schroer 2011, 125 u. 140 f.).

Beispiel

Lasse denkt sich ein Spiel aus, legt die Abläufe vorher fest und erklärt seiner Mutter die Regeln. Die Plastikflaschen aus der Küche stellt er im Flur nach einem bestimmten Muster auf den Boden und wirft sie mit dem Ball um. Bleibt eine bestimmte Flasche stehen, wird er in die Papprröhre flöten als Zeichen dafür, gewonnen zu haben. Als ihm dies beim zweiten Durchgang gelingt, fordert er sie mit einem strahlenden Lächeln auf: »Jetzt muss du jubeln, Mama!«.

Zunächst gestaltet das Kind sein Spiel nach individuellen und selbsterfundenen Regeln: Eine Phase der Vorläuferkompetenzen. Dann kommen erste Regelspiele im Sinne von einfachen Gesellschafts- und Bewegungsspielen hinzu, die von kurzer Dauer sind und von einem Erwachsenen begleitet und regelorientiert angeleitet werden. Mit zunehmenden Sozialspielkompetenzen kann das Kind mit anderen Kindern eine Gruppe bilden, sich gruppenspezifischen Spielordnungen anpassen und gemeinsam Regelspiele durchführen. Mit der charakteristischen Wettbewerbssituation werden die eigenen Fähigkeiten erprobt und am anderen gemessen. Die spielerischen Anforderungen werden immer komplexer in ihrer sozialen und kognitiven Dimension (vgl. von Oy/Sagi/Biene-Deißler/Schroer 2011, 125 u. 140 f.; Schenk-Danzinger 1983, 380 ff.; Senckel 2002, 300).

Phasenbezogene Spielthemen und Entwicklungsaufgaben

Im Sinne eines Inventars erfolgt eine Auflistung der sich ausdifferenzierenden Entwicklungsschritte im Regelspiel. Die folgende Kurzübersicht liefert einen spieldiagnostischen Beitrag für die Praxis. Bei jedem Punkt kann angemerkt werden, ob das Kind diese Spieltätigkeit initiiert und eigenständig ausführen kann (ja), ob das Kind diesen Schritt mit Hilfe gehen kann (ZNE) oder ob das Kind diese Spielhandlung noch nicht bewältigt (nein). So gibt die Übersicht Aufschluss über die »Zone nächster Entwicklung« (Wygotski 1978), aus der sich die Fein-/Lernziele für die heilpädagogische Förderung und Begleitung ableiten lassen. Hier handelt sich um eine überarbeitete Zusammenfassung vom »Spiel-Beobachtungsbogen der Heilpädagogischen Übungsbehandlung« (von Oy/Sagi/Biene-Deißler/Schroer 2011, kostenloser Download unter www.winter-verlag.de).

Für die praktische Anwendung kann eine Kopie des folgenden Kastens als spieldiagnostischer Arbeitsbogen dienen.

Entwicklungsschritte im Regelspiel

☐ um 2–3 Jahre Vorläufer
  – denkt sich selbst Regeln aus
  – kann im Sozialspiel die Regel »einmal ich – einmal du« einhalten

- um 3–4 Jahre Beginn des Regelspiels
  - nimmt an einfachen Gesellschaftsspielen/Brett-/Kartenspielen teil, z. B. Lotto, Bilderdomino, Quips, Tempo kleine Schnecke, Obstgarten, u. a.
  - Bewegungsspiele mit Regelcharakter, z. B. Versteckspiele, »Fischer, wie tief ist das Wasser?«, »Der Plumpsack geht um!« usw.
  - verändert Regeln nach Belieben
  - hört auf, wenn es keine Lust mehr hat
- um 4–5 Jahre
  - spielt einfache Gesellschaftsspiele/Karten- und Brettspiele, z. B. Memory, Schwarzer Peter, Lotti-Karotti, Zicke-Zacke Hühnerkacke, u. a.
  - Bewegungsspiele mit Regelcharakter zum Sich-Erproben und Sich-mit-anderen-Messen, z. B. Wettrennen, Fangen usw.
  - entwickelt Regelverständnis, d. h. versteht die Regel, hält sie aber nur kurz ein
  - versteht die Bedeutung des Gewinnens, kann noch nicht verlieren
- um 5–6 Jahre
  - komplexere Karten- und Brettspiele, z. B. UNO, Mensch-ärgere-dich-nicht, Vier gewinnt, u. a.
  - sportliche Gruppenspiele beginnen
  - gutes Regelverständnis vorhanden
  - will gut spielen und gewinnen
  - achtet auf Regeleinhaltung bei anderen
  - schummelt, weil es nur schwer verlieren kann
- um 6–7 Jahre
  - erste strategische Spiele, wie z. B. »Das verrückte Labyrinth«, Halma, Malefiz, u. a.
  - sportliche Gruppenspiele mit Wettkampfcharakter
  - lernt zu verlieren

Bio-psycho-soziale Reflexion

Das Regelspiel setzt eine gewisse kognitive und sozial-emotionale Reife voraus und tritt erst im Verlauf der Spielentwicklung als letzte Form auf. Die Vorläufer sind selbstbezogene Regeln, die vom Kind ausgehend den Spielablauf regulieren. Auf die anderen Kinder hin werden im Sozialspiel erste Regeln im Umgang eingehalten. Mit Beginn des Regelspiels hat das Kind noch keinen Sinn für Gewinnen und Verlieren, es verändert die Regeln nach Belieben und beendet das Spiel, wenn es das Interesse daran verloren hat. Die Konzentrationsfähigkeit und Ausdauer sind noch begrenzt und werden im Spiel angeregt und weiter ausgebaut. Mit zunehmendem Regelverständnis versteht das Kind die Bedeutung des Gewinnens. Jedoch hält es die Regeln meist nur kurz ein und noch nicht konsequent über die Dauer des Spiels hinweg durch. Das Kind kann in dem Alter noch nicht verlieren, da es die Spielsituation kognitiv noch nicht erfasst. Sie ist lediglich emotional besetzt. Einerseits nimmt es die Herausforderung an und will sich messen. Andererseits bedeutet eine Niederlage eine große Kränkung und Verletzung des Selbst. Das Kind bezieht das Gefühl der Niederlage zunächst noch ganz auf sich selbst und ist noch nicht dazu in der Lage, die Niederlage von der eigenen Person zu trennen.

Im Spiel erlebt es eine Bandbreite an Emotionen sowohl positiver als auch negativer Art: Die Freude über einen Sieg sowie Missmut oder Zorn beim Verlieren. Es lernt, mit diesen Emotionen aktiv umzugehen, sie zu beherrschen und seine Affektausbrüche zu regulieren. Das Kind mit einem schwachen Ich verkraftet nur schwer oder gar nicht den Verlierer-Status, der sich generalisierend negativ auf seinen eher schon geringen Selbstwert auswirkt. Mit zunehmender Frustrationstoleranz wird der Misserfolg leichter hingenommen. In diesem Prozess lernt das Kind zu verlieren, was je nach Situation und Befindlichkeit immer besser gelingt. Im sozialen Vergleich bleibt der erwünschte Gewinner-Status existent. Der Gewinner ist besser und in seiner ganzen Persönlichkeit erhebt er sich über den Verlierer und kostet diesen mit dem spielverbundenen Status aus.

Das Kind achtet auf die Regeln, die für alle Mitspieler gleich sind. Alle haben die gleichen Chancen und auch die älteren Kinder in der Gruppe, die Geschwister oder die Erwachsenen müssen sich an die Regeln halten. Im Spiel hat es die Möglichkeit, die Erwachsenen, die Eltern zu besiegen. Die Verbote gelten für alle, und bei regelwidrigem Verhalten treten entsprechende Sanktionen in Kraft, die vom Kind ausgesprochen und umgesetzt werden können. Einerseits kann es auf die Regeleinhaltung bei den anderen achten, andererseits muss es sich daran anpassen. So übt das Kind die soziale Anpassungsfähigkeit und stellt seine eigenen Impulse zugunsten des gemeinsamen Spiels zurück. Dabei sammelt es eine wesentliche Erfahrung, dass dieses soziale Geschehen nur aufrechterhalten werden kann, wenn sich alle Beteiligten an die vereinbarten Regeln halten. Das Kind erlebt im Regelspiel Inklusions- und Exklusionsprozesse, dazugehören und teilnehmen zu dürfen oder ausgeschlossen zu werden. In dieser Spielform kommt die soziale Gruppenfähigkeit zum Tragen (vgl. Mogel 1994, 59 f., 110; Senckel 2002, 300 f.; Oerter 2002, 228 f.; Oerter 1999, 100 f.; von Oy/Sagi/Biene-Deißler/Schroer 2011, 125 u. 140 f.; Heimlich 2001, 38 f.; Hauser 2013, 123 f.).

Im Laufe der Spielentwicklung werden höhere kognitive Anforderungen erwartet und entfaltet. Die Bewältigung komplexer Herausforderungen kann neuropsychologisch mit dem Modell der Exekutivfunktion erklärt werden. Dabei handelt es sich um mentale Prozesse höherer Ordnung zur Handlungsregulation. Diese umfasst eine gezielte Handlungsplanung über mehrere Schritte hinweg, unter Einbezug möglicher Konsequenzen und die Handlungsumsetzung mit Fokussierung auf das beabsichtigte Ziel sowie erfolgreicher Anpassung an neuartige und unerwartete Situationen. So gelingt eine unmittelbare und beständige Verhaltensoptimierung. Das zielgerichtete, situativ flexible und optimierte Verhalten wird durch die exekutive Kontrolle ermöglicht. Die Exekutivfunktion ist ein multidimensionales Konstrukt mit mehreren Bestandteilen:

- phonologisches und visuell-räumliches Arbeitsgedächtnis
- kognitive Flexibilität

- Reaktionsunterdrückung
- Koordination von Mehrfachtätigkeiten
- vorausschauendes Denken und Planen
- divergentes Denken (entgegengesetzte Lösungen finden).

Die Entwicklung der exekutiven Funktionen erfolgt im Verlauf der kindlichen Entwicklung über eine längere Spanne bis in die Pubertät, da die Hirnareale für die höheren kognitiven Prozesse später reifen als die Hirnregionen der basalen sensomotorischen Prozesse. Das Hirnaktivierungsmuster bei der Bewältigung exekutiver Aufgaben verändert sich. Kinder aktivieren ein noch größeres und diffuseres Netzwerk, das sich im Laufe der Zeit im Erwachsenenalter fokalisiert (vgl. Kaufmann 2007, 301 f., 304 f. u. 310; Bellebaum 2012, 65 f. u. 69 f.).

4.5 Spiel unter erschwerten Bedingungen: Besonderheiten in der Spielentwicklung von Kindern mit Entwicklungsbeeinträchtigungen

Im heilpädagogischen Tätigkeitsfeld wird das Spiel auf den Personenkreis von Kindern mit Entwicklungsbeeinträchtigungen bezogen. Die Spielentwicklung und das Spielverhalten dieser Kinder zu verstehen und ganzheitliche Förderangebote mit individuellen Anregungen zu geben ist Ziel und Aufgabe heilpädagogischer Arbeit. Sie vollzieht sich unter erschwerten Bedingungen und bedarf besonderer methodischer Vorgehensweisen. Die diagnostische Einschätzung geht der pädagogischen Impulsgebung voraus und beides verläuft Hand in Hand im förderdiagnostischen Prozess.

Die spieldiagnostischen Beobachtungen in der heilpädagogischen Begleitung werden im Rahmen der Eingangs-, Verlaufs- und Abschlussdiagnostik mit anamnestischen Daten, standardisierten entwicklungsdiagnostischen Verfahren und spezifischen Fremdbefunden ergänzt. Um die diagnostischen Erhebungen zusammengefasst einordnen zu können, brauchen wir ein übergeordnetes System, einen vergleichbaren Hintergrund, der allgemein gültig und verbindlich ist. Für die interdisziplinäre Zusammenarbeit wird so ein gemeinsamer Sprachraum geschaffen, den wir als Heilpädagogen in der Kenntnis der beruflichen Prägung anderer Professionen mitgestalten können.

Die WHO liefert hierfür zwei komplementäre Klassifikationen, die sich ergänzen und in der Praxis gemeinsam verwendet werden sollten (vgl. ICF-CY 2011, 9): die Internationale Klassifikation der Funktionsfähigkeit, Behinderung und Gesundheit bei Kindern und Jugendlichen (ICF-CY) und die internationale statistische Klassifikation der Krankheiten und verwandter Gesundheitsprobleme (ICD-10).

Die *ICF-CY* ist ein aktuelles und fundiertes Modell, dem ein übergreifendes biopsycho-soziales Verständnis von Behinderung zugrunde liegt und das die medizinische und die soziale Sichtweise verbindet (vgl. Bigger 2005, 247). Dem Modell entsprechend werden alle Informationen zum Kind und seiner Lebenswelt gesammelt. Sowohl die positiv als auch die negativ wirkenden Faktoren werden zu einem Mosaik mit vielen Facetten zusammengesetzt, das den Ist-Zustand abbilden soll und modellierbar bleibt. Das Kind mit seinen Teilhabe-Chancen wird in den Mittelpunkt gestellt und die Besonderheiten in der jeweiligen Entwicklung werden berücksichtigt. Mit der ICF-CY-Klassifikation sind eine differenzierte und mehrdimensionale Beschreibung von Schädigungen und Verzögerungen und deren prägende Auswirkungen auf die körperliche Funktionsfähigkeit, die Aktivität und Partizipation des Kindes möglich. Das elementare Lernen und die frühe Bildung im Spiel werden als Aktivitäten beschrieben, die eine soziale Teilhabe erlauben oder diese bei Schwierigkeiten und negativ wirkenden Faktoren erschweren. Abhängig von seinen Körperfunktionen und -strukturen kann das Kind Spielhandlungen sinnvoll durchführen (Aktivität), so dass es sich an alterstypischen Spielen beteiligt und in seine Lebenssituation einbezogen ist (Teilhabe/Partizipation). Diese wird wiederum von den äußeren und inneren Umweltfaktoren (Kontext) beeinflusst (vgl. ICF-CY 2011).

Die ICD-10 ist das in der Medizin und Psychologie verwurzelte Klassifikationssystem für Entwicklungs- und Verhaltensstörungen. Über ein Ausschlussverfahren wird eine zunächst unspezifische Problematik auf die Kernsymptomatik reduziert und eine Diagnose vergeben. Diese ist auch im heilpädagogischen Tätigkeitsfeld – insbesondere für die Kostenübernahme – von Bedeutung, beispielsweise in der interdisziplinären Frühförderung. Schauen wir in die Sozialpädiatrie, bietet das »Altöttinger Papier zur Qualität in der Sozialpädiatrie« eine mehrdimensionale Bereichsdiagnostik (MBS) an. Die nach den Kriterien der ICD-10 gestellten Diagnosen lassen sich auf mehreren Ebenen in eine Gesamtschau fassen: Entwicklungsstand/Intelligenz, körperlich-neurologische Befunde, psychische Befunde, soziale Begleitumstände und Abklärung der Ätiologie. Erweitert wird diese Auflistung mittels einer Ressourcenanalyse zur Erstellung eines Behandlungsplans. Die aus heilpädagogischer Sicht defizitär anmutenden Beschreibungen von Symptomen mit Krankheits-/Störungswert erfahren durch die erhobenen Ressourcen des Kindes und seiner Familie sowie die Kontextfaktoren eine notwendige Ergänzung. Hier können die Stärken des Kindes benannt und die Spielkompetenzen in Bezug auf das Lernen und die Freizeitgestaltung aufgezeigt werden. Die Teilhabebedingungen, Chancen und Begrenzungen werden aktuell als ein zusätzlicher Punkt in der Diagnoseübersicht aufgenommen, so dass in der Sozialpädiatrie die ICD-10 um einen Aspekt der ICF erweitert wird.

Von beiden o.g. Klassifikationen ausgehend verläuft der Entwicklungsprozess je nach Art und Schwere möglicher Schädigungen und Beeinträchtigungen unterschiedlich – je nach Kind individuell. Die jeweiligen Kontextfaktoren wirken auf ihn positiv und/oder negativ ein. Dementsprechend ist die Spielentwicklung betroffen und das Spielverhalten geprägt. Das Kind zeigt im Spiel seine Fähigkeiten, aber auch seine Begrenzungen und drückt seine aktuellen Lebensthemen aus.

Der zentrale diagnostische Zugangsweg in der Heilpädagogik ist die Spielbeobachtung, mit der einschlägige Daten für die ICF-CY und die ICD-10 erhoben und darin eingebracht werden. Über die Beobachtung kann das Spielentwicklungsniveau erhoben werden. Was das Kind spielt, bezieht sich auf die Ausdifferenzierungen in den Spielformen und gibt Aufschluss über den aktuellen Entwicklungsstand. Die von Heilpädagogen erhobenen Daten zum Spielverhalten lassen eine Annäherung an das subjektive Erleben des Kindes zu. Der Beobachtung wird also eine Bedeutung gegeben in Form hypothetischer Annahmen. Sie eröffnen einen verstehenden Zugangsweg zur Lebenswelt des Kindes. Wie das Kind spielt, ist Ausdruck seiner Befindlichkeit und seiner Begegnung mit der Umwelt: wie es Kontakt aufnimmt und sich in Auseinandersetzung begibt (von Oy/Sagi/Biene-Deißler/Schroer 2011, 209, 442 f.).

Für die praktische Anwendung kann eine Kopie der folgenden Fragen als spieldiagnostischer Arbeitsbogen dienen.

Leitende Fragestellungen für die diagnostisch orientierte Spielbeobachtung

- Wie bewegt sich das Kind? Welche Körperhaltung nimmt es ein? Wie ist die Körperspannung, das Ausdrucksverhalten?
- Wie erkundet und nutzt das Kind den Raum?
- Wie reagiert das Kind auf die unterschiedlichen Spielmaterialien?
- Welche Spielzeuge haben einen Aufforderungscharakter? Welche wählt das Kind aus? Sind Vorlieben zu erkennen?
- Wie hantiert das Kind mit den Spielzeugen und kann es diese funktionsgerecht einsetzen?
- Welche Spielhandlungen initiiert das Kind von sich aus?
- Welche Bedeutung hat diese Spielhandlung für das Kind? Worin liegt der Anreiz dieses Spiels?
- Was drückt das Kind über seine Spielhandlungen aus, was teilt es mit und welche Themen setzt es in Szene?
- Wie setzt das Kind sich mit den im Spiel liegenden Anforderungen auseinander?
- Wie vertieft ist das Kind in seinem Tun? Wie ausdauernd bleibt es dabei?
- Geht das Kind in die Wiederholung oder bringt es Variationen ein?
- Wie ist die Grundstimmung des Kindes? Welche Gefühle äußert es im Spielgeschehen? Welche emotionalen Befindlichkeiten drückt es aus?
- Wie geht das Kind über das Spiel in den Kontakt mit dem Heilpädagogen/der Heilpädagogin, mit den Eltern, mit vertrauten/fremden Erwachsenen und mit anderen Kindern? Wie entwickeln sich gemeinsame Spielhandlungen?
- Wie kann das Kind sich im Spieldialog abstimmen, nonverbal und verbal? Hält es den sozialen Bezug aufrecht und bleibt es im wir?
- Kann das Kind sich auf der Metaebene über den Spielverlauf, die Inhalte und Absichten austauschen?
- Über welche Stärken und Ressourcen verfügt das Kind im Spiel?

Aus der Fülle an Spielbeobachtungen im heilpädagogischen Tätigkeitsfeld lassen sich repräsentative Besonderheiten im Spiel ableiten, die eine grundsätzliche Orientierung liefern können, aber keine Festschreibung plakativer Zuordnungen darstellen sollen. Sowohl quantitative Auswertungen in Form statistischer Erhebungen als auch qualitative Auswertungen des Spielverhaltens in Einzelfallstudien ergänzen sich dann im Gesamtbild. Die Besonderheiten in der Spielentwicklung können auf bestimmte Erscheinungsformen der Entwicklungsbeeinträchtigung und des Behinderungszustandes hin reflektiert werden. Eine Systematik dafür liefern die WHO-Klassifikationen (dimdi.de), um die heilpädagogische Befunderhebung einordnen zu können. Die ICD-10 weist klare inhaltliche Beschreibungen zu den unterschiedlichen Entwicklungsbeeinträchtigungen auf und ermöglicht es, die differenzierten Spielbeobachtungen mit diesen Kriterien abzugleichen. Die ICF-CY greift umfassender und stellt Kategorien bereit, mit denen die gesamte Lebensgestaltung eines Kindes beschrieben werden kann: seine Handlungskompetenzen, um am Leben teilhaben zu können, förderliche Faktoren oder Barrieren, die es in seiner Umwelt erlebt. Bei allen folgenden Versuchen, übergeordnete Gesetzmäßigkeiten zusammenzufassen, bleibt die individuelle Ausgestaltung im Einzelfall entscheidend. Dazu eine schematische Übersicht:

- Beeinträchtigungen in der Wahrnehmungsverarbeitung
  - taktil-kinästhetische und vestibuläre Wahrnehmung
  - auditive Wahrnehmung
  - visuelle Wahrnehmung
- körperliche und motorische Beeinträchtigungen
  - umschriebene Entwicklungsstörung motorischer Funktionen
  - zerebrale Lähmungen und neuromuskuläre Erkrankungen
- Schädigung der Sinnesfunktionen
  - Sehbeeinträchtigung
  - Hörbeeinträchtigung
- Sprachentwicklungsauffälligkeiten
- kombinierte umschriebene Entwicklungsstörungen
- eingeschränkte kognitive Leistungsfähigkeit
- Autismus-Spektrum-Störung
- sozial-emotionale Beeinträchtigungen
  - frühe Regulationsstörungen und Bindungsstörungen
  - emotionale Störungen des Kindesalters
  - hyperkinetische Störungen
  - Störungen des Sozialverhaltens

Beeinträchtigungen in der Wahrnehmungsverarbeitung

In der ICD-10 werden bisher noch keine Beeinträchtigungen in der Wahrnehmung diagnostisch klassifiziert. Um diese im Sinne einer umschriebenen Entwicklungsstörung aufzunehmen, wurde für die Sozialpädiatrie ein entsprechendes Qualitätspapier entwickelt, das in der mehrdimensionalen Bereichsdiagnostik eine Anwendung findet (vgl. Deutsche Gesellschaft für Sozialpädiatrie und Jugendmedizin e. V 2007 – Qualitätspapier unter: dgspj.de). Unter Wahrnehmung werden die sinngebende Verarbeitung und damit die Erkennung von Reizeindrücken verstanden, bei ungestörten Sinnesfunktionen und durchschnittlicher Intelligenz.

Die *taktil-kinästhetische und vestibuläre Wahrnehmung* beschreibt die Körpereigenwahrnehmung differenziert in den drei bekannten Basis-Bereichen: Die taktile Wahrnehmungsverarbeitung über die Hautsinne ermöglicht ein Temperatur- und Schmerzempfinden und gibt dem Kind Informationen zur Materialbeschaffenheit der Gegenstände, die es in seinem Spiel erkundet. Das kinästhetische System gibt über die Muskeln, Sehnen und die Stellung der Gelenke dem Kind Aufschluss über die Körperposition/Haltung, den Körpertonus und die Kraftdosierung. Es bekommt darüber Informationen zur Eigenbewegung und kann so Abläufe besser speichern und automatisieren. Über diese Eindrücke entwickelt es ein Körperschema (Körperorientierung). Die vestibuläre Wahrnehmung bestimmt die Lage des Kopfes im Raum, informiert über Drehbewegungen und gibt die Beschleunigungen an. Dieses System ist für die Gleichgewichtsregulation verantwortlich. Hier werden die Verbindungen und Überschneidungen mit der Körperkoordination, also der motorischen Entwicklung deutlich. Über das Spiel- und Bewegungsverhalten des Kindes können inadäquate Abwehrreaktionen oder eine gesteigerte Reizsuche beobachtet werden. Die mit den Missempfindungen einhergehenden, oft unverständlichen Verhaltensweisen treten im Kontakt mit anderen Personen und in der alltäglichen Versorgung auf, so dass die Bindungsgestaltung und die sozial-emotionale Entwicklung davon beeinflusst werden (vgl. Deutsche Gesellschaft für Sozialpädiatrie und Jugendmedizin e. V. 2007 – Qualitätspapier unter: dgspj.de).

Im Bereich der *auditiven Wahrnehmung* wird eine auditive Verarbeitungs- und Wahrnehmungsstörung (AVWS) u. a. von Fachärzten für Phoniatrie und Pädaudiologie medizinisch abgeklärt und diagnostiziert. Zur anamnestischen Erfassung liegt ein standardisierter Fragebogen vor, um Angaben zur Ausprägung im Verhalten des Kindes im Alltag zu bekommen: wie das Kind akustische Signale aufnehmen und analysieren kann, diese als Geräusche, Töne und Laute verarbeitet und die sprachlichen Anteile, also die einzelnen Silben und ganzen Wörter im Sinne einer phonologischen Bewusstheit herausfiltert. Unterteilt werden kann die auditive Wahrnehmung in die Geräuschempfindlichkeit, die Selektionsfähigkeit, das Richtungshören, die Diskriminationsfähigkeit und die Gedächtnisleistung. Ist bei einem normalen Hörvermögen der komplexe Prozess der auditiven Reizverarbeitung beeinträchtigt, gehen meist Probleme in der Sprachentwicklung und im Schriftspracherwerb damit einher (vgl. Deutsche Gesellschaft für Sozialpädiatrie und Jugendmedizin e. V. 2007 – Qualitätspapier unter: dgspj.de; AG AVWS 2002).

Die *visuelle Wahrnehmung* kann bei einem normalen Sehvermögen beeinträchtigt sein, so dass die visuellen Reize in ihrem Informationsgehalt nicht richtig verarbeitet und eingeordnet werden können. Der visuelle Wahrnehmungsbereich hat in seiner neuropsychologischen Funktion eine zentrale Bedeutung für die menschliche Entwicklung. Gegenstände und Bilder in ihren räumlichen Bezügen zu erkennen und einzuordnen, bestimmen viele Lernprozesse. Angefangen beim visuellen Erkunden der Gegenstände im Funktionsspiel bis hin zu den (vor-)schulischen Lernspielen und Arbeitsblättern. Die einströmenden visuellen Reize zu selektieren und das Wesentliche als Figur in den Vordergrund zu holen, ist eine grundlegende und notwendige Leistung. Die Formen als einen unveränderlichen Rahmen in verschiedener Größe und Farbe zu erkennen und die Ausrichtung, die Lage im Raum einzuschätzen sowie die räumliche Beziehung zwischen den Formen auszumachen, sind weitere Fähigkeiten. Hinzu kommt die visuo-motorische Koordination, wenn die visuellen Eindrücke mit den Bewegungen integriert werden. Wie bei der auditiven Wahrnehmung kann hier auch die Gedächtnisleistung genannt werden. Basierend auf der Einteilung der visuellen Wahrnehmung nach M. Frostig liefert der Pertra-Spielsatz ein handhabbares Material zur Förderung in diesem Bereich (vgl. Deutsche Gesellschaft für Sozialpädiatrie und Jugendmedizin e. V. 2007 – Qualitätspapier unter: dgspj.de, Pertra-Fördermaterial info@pertra.de).

Für die praktische Anwendung kann eine Kopie der folgenden Fragen als spieldiagnostischer Arbeitsbogen dienen.

Gezielte Fragestellungen für die Spielbeobachtung bei Wahrnehmungsbeeinträchtigungen

- Zeigt das Kind im Kontakt mit bestimmten Materialien eine taktile Über- oder Unterempfindlichkeit?
- Kann das Kind Berührungen lokalisieren und die Intensität spüren?
- Gelingt dem Kind eine taktile Form- und Größenunterscheidung?
- Zeigt das Kind ein adäquates Temperatur- und Schmerzempfinden?
- Wie reagiert das Kind auf Berührungen?
- Kann das Kind eine bestimmte Körperhaltung einnehmen?
- Kann das Kind Kraft angemessen dosieren und die Bewegungen anpassen?
- Wie gelingt es dem Kind, Bewegungsabläufe zu planen, umzusetzen und diese zu automatisieren?
- Hat das Kind eine Vorstellung von seinem Körper gewonnen? Kann es seine Körperausmaße und seine Bewegungen in Bezug auf die räumlichen und sozialen Gegebenheiten anpassen?
- Wie reagiert das Kind auf eine Lageveränderung?
- Wie reagiert das Kind auf beschleunigende Bewegungen (vor und zurück, hin und her)? Wie reagiert das Kind auf Drehbewegungen?
- Wie kann das Kind sich in statischen Positionen und in der Bewegung ausbalancieren?
- Wie reagiert das Kind auf unterschiedliche Geräusche? Zeigt es bei bestimmten Tonhöhen und Lautstärken eine besondere Reaktion? Wie verhält es sich bei vielen, gleichzeitigen Geräuschen im Raum?
- Wie gelingt es dem Kind, die auditiven Reize zu selektieren? Kann es aus der Fülle an Geräuschen das Wesentliche herausfiltern und als Figur in den Vordergrund nehmen und die anderen als Hintergrund ausblenden?

- Kann das Kind die Richtung, aus der der akustische Reiz kommt, lokalisieren?
- Wie gelingt es dem Kind, sich die auditiv wahrgenommenen Informationen zu merken?
- Kann das Kind visuelle Reize selektieren und das Wesentliche als Figur in den Vordergrund holen?
- Hat das Kind eine Formkonstanz entwickelt?
- Kann das Kind die Lage der Gegenstände/Formen im Raum ausmachen und die räumliche Beziehung zwischen den Gegenständen/Formen?
- Wie gelingt dem Kind die visuo-motorische Koordination?
- Kann sich das Kind visuell dargebotene Informationen merken?

Körperliche und motorische Beeinträchtigungen

Treten bei Schädigungen der Körperfunktionen und -strukturen motorische Funktionseinschränkungen auf, beeinträchtigen diese nicht nur die Mobilität des Kindes, sondern seine gesamte Entwicklung. Die sensomotorischen Handlungen im frühen körperbezogenen Funktionsspiel sowie im späteren Bewegungsspiel sind eingeschränkt und die Handhabung der Spielmaterialien ist durch alle Spielformen hindurch erschwert.

Im Kontext einer umschriebenen *Entwicklungsstörung motorischer Funktionen* der Grob-, Fein- und Graphomotorik (ICD-10) ist häufig zu beobachten, dass die betroffenen Kinder entsprechende Spielbereiche und -materialien meiden, den Schwierigkeiten ausweichen oder um Hilfe bitten und mitunter ein Störungsbewusstsein entwickeln.

Im Kindergartenalter können diese Kinder beispielsweise die Freispielzeiten für sich nutzen, ihre eigenen Spielideen im Rahmen ihrer Möglichkeiten umsetzen und sich in ihr Tun ausdauernd vertiefen. Es gibt Kinder, die am liebsten draußen spielen oder Bilderbücher und Regelspiele lieben, jedoch von sich aus nicht die Mal- und Bastelangebote am Tisch nutzen. Andere Kinder wiederum gehen eigenaktiv nicht in die Turnhalle oder auf den Spielplatz im Außengelände. Vermeiden Kinder diese Angebote, fehlt es ihnen an Übung und Erfahrung, die für die Optimierung von Bewegungsabläufen notwendig sind. Werden gezielte Spielangebote mit grob- und feinmotorischen Anforderungen eingebracht, fallen die Probleme auf. Meist ab dem Vorschulalter beginnen viele Kinder, sich und die eigenen Leistungen mit anderen zu vergleichen. So können die eigenen Schwierigkeiten schmerzlich bewusst werden und je nach Temperament und Persönlichkeit sowie der Reaktion von außen kann sich ein problembehafteter Umgang mit den eigenen Schwächen entwickeln und selbstwertschädigende Ausmaße annehmen.

Bei einer *zerebralen Lähmung* (ICD-10) in ihren unterschiedlichen Formen handelt es sich um eine Krankheit des Nervensystems, die mit pathologischen Haltungs- und Bewegungsmustern sowie zentral ausgelösten Störungen in der Tonusregulation und Kraftdosierung einhergeht. Die Ausprägungen sind verschieden und werden meist am Level der Mobilität (GMFCS – Gross Motor Function Classification System) gemessen und angegeben.

So brauchen Kinder mit einer spastischen tetraplegischen Zerebralparese, die in ihren grobmotorischen Fortbewegungsmöglichkeiten erheblich eingeschränkt sind und im Rollstuhl sitzen, einen Spielraum sowohl zu Hause als auch in der Kindertagesstätte, der nach ihren individuellen Bedürfnissen gerichtet ist. Bei diesen Kindern sind orthopädietechnische Hilfsmittel (Lagerungselemente, Therapiestuhl, Rollstuhl, Silikon-Hand-Orthesen usw.) wichtig, um aus stabilen Positionen heraus die Aufmerksamkeit auf die Umgebung lenken zu können. Eine reflexhemmende Stellung und ein sicherer Haltungshintergrund verbessern das Hantieren mit den Spielmaterialien. Die Verwendung gängiger Spielzeuge mit kleinen und beweglichen Teilen stellt für diese Kinder mitunter eine unüberwindbare Hürde dar. Die eingeschränkten Möglichkeiten, mit den Gegenständen zu hantieren, diese haptisch-manuell zu erkunden, erschwert, eine klare Vorstellung der Eigenschaften aufzubauen und Begriffe mit sinnlichen Erfahrungen zu füllen – also zu begreifen. Geraten die Kinder bei der Handhabung der Materialien in eine Überforderungssituation, kann diese mit erheblicher Frustration und/oder Hilflosigkeit einhergehen. Aus den andauernden Erfahrungen heraus, auf Unterstützung angewiesen zu sein, entwickelt sich häufig ein Muster gelernter Hilflosigkeit: eine Haltung, es nicht zu können, die sich im Selbstbild verfestigt, aber auch ein Verhalten, das über Zuwendung positiv verstärkt wird und in eine negative Form, Aufmerksamkeit zu erfahren, umschwenken kann. Dieses Muster bestimmt das Spielgeschehen. So ist es ihnen mitunter verwehrt, die eigenen Absichten und Ideen im Spiel auf der Handlungsebene umzusetzen und sich als selbstwirksam zu erleben. Gelingt die Ausführung des Spiels, erfüllt sie das Kind mit Freude und Stolz. Die emotionale Befindlichkeit wirkt sich bei vielen betroffenen Kindern auch auf den Muskeltonus und die Bewegungskontrolle aus (z. B. nimmt unter emotionalen Druck die Spastik zu und die Bewegungsausführung kann noch schwerer kontrolliert werden).

Beispiele

- Ein vierjähriger Kindergartenjunge liebt das Spiel mit der Duplo-Eisenbahn. In Bauchlage auf dem Keilkissen kann er die angereichten Schienen mit gezielter Hilfestellung aneinander legen. Wird die Lok auf die Schienen gestellt, gelingt es ihm unter erheblicher Anstrengung, mit dem Zeigefinger auf den Knopf zu drücken und wieder loszulassen, damit die Lok fährt. Mit großer Freude wiederholt er unermüdlich diese Spielhandlung, die er verbal in Mehrwortsätzen begleitet und kommentiert.
- Ein anderer vierjähriger Junge im Kindergarten löst Effekte aus, indem er mit der ganzen Hand auf den Button an der Armlehne drückt oder mit dem Kopf den Button an der Kopfstütze seines Rollstuhls berührt. So setzt er den Ventilator in Bewegung oder stellt die Musik, die er gern mag, an. Er erfährt den Zusammenhang zwischen seiner Aktion und dem ausgelösten Effekt und kann sich als selbstwirksam erleben. Er beginnt dann zu lächeln und lautiert in unterschiedlichen Tonhöhen.

Bei einer hemiplegischen Zerebralparese ist das beidhändige Agieren, das Hand-Hand-Zusammenspiel, im Spiel erschwert. Im Einzelfall ist zu schauen, wie schwer die Hand betroffen ist: überwiegend gefaustet mit innen liegendem Daumen oder geöffnet, unbeteiligt – nicht im Bewusstsein des Kindes oder noch nicht im Körperschema integriert; ist ein gezieltes Öffnen, Greifen und Loslassen möglich, wird sie als Halte-Hand eingesetzt. Die Kinder sind meist motiviert, eigene Lösungen zu finden, und entwickeln Kompensationsstrategien. Im Bewältigungsprozess mit der eigenen Behinderung kann auch ein Störungsbewusstsein mit Selbstwertproblematik auftauchen, bei dem die betroffene Hand als »böse Hand« erlebt und abgelehnt wird.

Beispiele

- Emma sitzt im Langsitz auf dem Boden und erkundet neugierig die Flaschen, die mit unterschiedlichen Kleinteilen gefüllt sind. Sie betrachtet den Inhalt und klemmt sich die Flasche zwischen die Knie, um den Verschluss mit einer Hand aufzuschrauben. Dann schüttet sie den Inhalt aus.
- Paula wählt in der Kindergartengruppe ihr Lieblingsspiel, die Ankleide-Puppen aus laminiertem Papier, aus und bittet die Heilpädagogin darum, die Spielkiste aus dem Schrank zu nehmen und auf den Tisch zu stellen. Sie setzt sich auf den Stuhl und kleidet die Puppe mit ausgewählten Kleidungsstücken und passenden Accessoires ein, wobei die daran befestigten Magnete ein Wegrutschen der einzelnen Teile verhindern. Danach setzt sie sich an den Maltisch zu den anderen Kindern. Sie wählt gezielt eine Farbe aus, nimmt den Stift mit einer Hand aus der Halterung und klemmt sich diesen zwischen Bauch und Tischkante, um die Stiftkappe abzuziehen. Sie malt mit differenzierter Stifthaltung einen Kopffüßler und tut so, als ob sie ihren Namen schreiben würde.

Ziel und Aufgabe der heilpädagogischen Begleitung ist es, den motorischen Begrenzungen einer Körperbehinderung nachzuspüren, sich in das Körpererleben des Kindes einzufühlen und zu sehen, was das Kind kann und wo es Hilfe braucht, damit es die alltäglichen Anforderungen bewältigen lernt und seinen eigenen Weg findet. Hier klingt das Thema sozialer Teilhabe-Chancen an. Mit gezielt ausgewählten Spielmaterialien und eingesetzten Hilfen (rutschfeste Unterlage, Magnete, Griffe usw.) können die Schwierigkeiten isoliert und ausgegrenzt werden, um das eigenaktive Handling einzuüben. Bei erheblichen motorischen Funktionseinschränkungen eröffnen elektronische Medien und Spielgeräte Spielräume, in denen die betroffenen Kinder mit minimaler motorischer Aktivität eigenständig Spielhandlungen ausüben können. So gelingt es ihnen, Effekte auszulösen, mit unterschiedlichen Elementen visuell zu gestalten oder ein komplexeres Spielgeschehen am Rechner/der Spielkonsole auszuführen.

Körperbehinderungen sind im Kontext der gesamten Entwicklung zu sehen und zu verstehen. Sie beeinflussen damit in Wechselwirkung aller Faktoren den gesamten Entwicklungsverlauf. Das Spielentwicklungsniveau variiert und ist von der kognitiven Entwicklung abhängig. Kinder mit schwerstmehrfacher Behinderung zeigen eine andere Spielentwicklung als Kinder mit einer körperlichen Behinderung, die sich sprachlich-kognitiv altersgerecht entwickeln. Bei diesen Kindern führen erfahrungsgemäß diese Diskrepanzen zu sozial-emotionalen Schwierigkeiten in der Bewältigung der eigenen Lebenssituation. Psychische Probleme ergeben sich häufig im Zusammenhang progredienter *Krankheiten im neuromuskulären Bereich,* wie beispielsweise der Muskeldystrophie des Duchenne-Typus (ICD-10).

Der Bewältigungsprozess hängt von der Persönlichkeit des Kindes und den Kontextbedingungen ab. Dies gilt nicht nur bei körperlichen Funktionseinschränkungen, sondern für alle Behinderungsbilder. In der ICF-CY werden neben den Schädigungen der Körperfunktionen/-strukturen und den Aktivitäten/der Partizipation die Umweltfaktoren und die personenbezogenen Faktoren einbezogen, um den Behinderungszustand zu beschreiben: Was bringt das Kind in seiner Persönlichkeit mit – an Stärken und Schutzfaktoren (Resilienzen) und Verwundbarkeiten (Vulnerabilitäten)? Wie kann das Kind in seiner ureigenen Art, auf die Welt zuzugehen, mit seiner Behinderung leben und Dasein gestalten? Die Umweltfaktoren werden aus der Sicht des Kindes heraus klassifiziert: Welche förderlichen Faktoren erlebt das Kind? Wo erfährt es Barrieren? In Bezug auf die materielle, soziale und einstellungsbezogene Umwelt.

Für die praktische Anwendung kann eine Kopie der folgenden Fragen als spieldiagnostischer Arbeitsbogen dienen.

Gezielte Fragestellungen für die Spielbeobachtung bei motorischen Beeinträchtigungen

- Welche Fortbewegungsmöglichkeiten zeigt das Kind im Spiel?
- Welche Positionen nimmt das Kind beim Spielen ein und in welchen Körperstellungen ist es so stabil, dass es seine Aufmerksamkeit besser fokussieren kann?
- Nutzt das Kind alle Spielbereiche oder meidet es bestimmte Spielangebote?
- Kann das Kind eigenaktiv auf Spielmaterialien, die bereitgestellt sind (in Kisten, im Regal, in den Schränken), zugehen, diese erreichen und herausnehmen?
- Wie hantiert das Kind feinmotorisch mit den Spielmaterialien, welche Handfunktionen kann es ausführen, welche Tätigkeiten kann es eigenständig umsetzen? Wann treten Schwierigkeiten bei der Handhabung auf?
- Wie setzt das Kind seine betroffene Hand (bei einer Hemiparese) im Spiel mit ein?
- Wie reagiert das Kind, wenn es auf Schwierigkeiten stößt und die Umsetzung der Spielabsicht aufgrund der motorischen Funktionseinschränkung erschwert ist?
- Kann das Kind selbst eine Lösung finden und Kompensationsstrategien einsetzen? Welche Bewegungsmuster setzt es zur eigenen Entlastung ein?
- Wie ist die eigene subjektive Wahrnehmung des Kindes hinsichtlich seiner motorischen Funktionseinschränkungen? Wie erlebt es diese auf der emotionalen Ebene? Wie bewertet es diese auf der kognitiven Ebene?

- Wird die Behinderung im Spiel thematisiert und bearbeitet das Kind im Spiel seine eigene besondere Lebenssituation?
- Wie verhält sich das Kind im Spiel mit anderen Kindern, die auch oder keine motorischen Funktionseinschränkungen aufweisen?
- Welche Reaktionen erfährt es in seinem Spielumfeld, welche Erfahrungen kann es im sozialen Kontext machen?

Schädigung der Sinnesfunktionen

Bei Schädigungen der Sinnesfunktionen sind insbesondere das Sehvermögen und/oder das Hörvermögen gemindert.

Die *Sehbeeinträchtigung* (ICD-10) wird nach Schweregraden eingeteilt bis hin zu einer hochgradigen Sehbehinderung und Blindheit. Bei dieser Beeinträchtigung ist ein Sinneskanal von zentraler Bedeutung eingeschränkt. Auch wenn mit allen Sinnen die Umwelt erfahren und diese ganzheitlich wahrgenommen wird, nehmen wir einen Großteil der Informationen über die Augen auf. Von der Netzhaut im Auge über den Sehnerv führen komplizierte Projektionswege zum Gehirn, zur Sehrinde im Hinterhauptslappen in der hinteren Region jeder Gehirnhälfte. Hier kommt es zu einer komplexen und spezialisierten Verarbeitung der Seheindrücke in höheren Hirnzentren. An dieser neuronalen Verschaltung und Bearbeitung visueller Eindrücke bis hin zu immer höheren Integrationsebenen sind 40–50 % des menschlichen Gehirns beteiligt. Aufgrund dessen treten im Kontext von Erkrankungen des Zentralnervensystems (ZNS) häufig auch Sehbeeinträchtigungen auf. Schwere beidseitige Sehbeeinträchtigungen wirken sich erschwerend auf die gesamte Entwicklung aus.

Das visuelle Abtasten der Umwelt beginnt bereits unmittelbar nach der Geburt. Betroffene Kinder lernen die Welt nicht anders kennen als in ihrer subjektiven Bildgebung, die sie für normal halten und nicht als störendes Erleben kundtun. Für die Früherkennung sind indirekte Anzeichen wie die Augenbewegungen und die Augenstellung hinweisend. Bei schweren beidseitigen Sehbeeinträchtigungen und Blindheit ist ein auffälliges Verhalten zu beobachten. Das Erkunden der Umwelt sowie der Erwerb motorischer und lebenspraktischer Fähigkeiten stellt für diese Kinder eine schwierigere Aufgabe dar, da motorische Leistungen andere Anforderungen an sie stellen, die mangelnde Raumorientierung Unsicherheit auslöst und die visuelle Kontrolle für feindosierte und zielgerichtete feinmotorische Tätigkeiten unzureichend ist. Die Möglichkeiten der visuellen Erfassung sind unterschiedlich stark ausgeprägt und im besonderen Maße von der Größe, den Details und den Kontrasten der Spielgegenstände und der Bilder, aber auch von der räumlichen Ausrichtung und den Lichtbedingungen abhängig. Wenn das Sehvermögen gemindert ist, tritt das Kind im Spiel über andere »Kanäle« in Beziehung zu seiner personellen und materiellen Umwelt. Es lernt verstärkt, den Riech-, Tast- und den Gehörsinn einzusetzen. Diese »Kanäle« werden im Spiel sensibilisiert. Das orale und haptisch-manuelle Erkunden ist für blinde Kinder elementar, um die Welt zu begreifen und über das Abtasten eine innere Vorstellung aufzubauen.

Das betroffene Kind braucht vielfältige Tasteindrücke. Spielzeuge sind hilfreiche Modelle, die die Wirklichkeit abbilden. Sie muss jedoch auch konkret erfahren werden. Im gemeinsamen Spiel sind sie elementar darauf angewiesen, dass die Eltern die Gegenstände, Tiere und Menschen sowie die Handlungen beschreiben und den Höreindrücken eine Bedeutung geben. Blinde Kinder erwerben in einer anderen Reihenfolge zunächst eine Personpermanenz und dann eine Objektpermanenz, die es gezielt anzuregen gilt (vgl. Sterkenburg 2013). Da die sprachliche Entwicklung meist Stärken aufweist, zeichnet sich auf dieser Ebene ein guter Zugangsweg zum Kind ab. Der Spieldialog, der Spielraum und die Spielmaterialien sind an die speziellen Bedürfnisse anzupassen. Für die betroffenen Kinder gibt es besondere Spielzeuge (Schwarz-Weiß-Bücher oder Fühlbücher, »littleroom« von Nielsen 2000) sowie Sehhilfen und technische Hilfsmittel mit einer Schulung zur Anwendung spezifischer Techniken. Im Rahmen der inklusiven Bildung ist eine spezielle sonderpädagogische Beratung und Begleitung durch die Sehfrühförderung/Förderschule mit dem Schwerpunkt Sehen sinnvoll, um die soziale Teilhabe des Kindes vor Ort anzubahnen (vgl. Sarimski 2009, 50 ff.; vgl. Ehrt 2005, 261 ff.; vgl. Hülshoff 2000, 135 ff.; vgl. Thompson 2001; vgl. Bellebaum: 2012; vgl. Siegler 2011, 175 ff.).

Für die praktische Anwendung kann eine Kopie der folgenden Fragen als spieldiagnostischer Arbeitsbogen dienen.

Gezielte Fragestellungen für die Spielbeobachtung bei Sehbeeinträchtigung

- Welche Auffälligkeiten der Augen, der Augenbewegung sowie der Augenstellung (Augenzittern, Schielen usw.) und im Sehverhalten (Blickkontakt, Auge-Hand-Koordination usw.) sind zu beobachten?
- Wie bewegt und orientiert sich das Kind beim Spielen im Raum?
- Wie hantiert das Kind mit den Spielzeugen?
- Welche visuellen Informationen kann das Kind aufnehmen und verarbeiten?
- Wie setzt das Kind das Tasten im Spiel ein und inwieweit kann es über den Tastsinn Informationen gewinnen und sich orientieren?
- Welche Tast-Spiele führt es gern aus?
- Wie nutzt das Kind die Höreindrücke im Spiel, um Informationen zu gewinnen und sich zu orientieren?
- Welche akustischen Spiele führt es gern aus?
- Wie nimmt das Kind Kontakt auf, wie stimmt es sich (bei Blindheit mit einem fehlenden Gesichtssinn) im Dialog ab? Wie gelingt eine gemeinsame Aufmerksamkeitslenkung und wie gestaltet es ein gemeinsames Spiel?
- Können stereotype Bewegungsmuster und Verhaltensweisen im Sinne von Blindismen (Schaukeln des Kopfes, des Oberkörpers oder das Bohren mit den Händen in den Augen) beobachtet werden?

Bei einem *Hörverlust* durch Schalleitungs- oder Schallempfindungsstörung (ICD-10) ist die Prognose abhängig vom Zeitpunkt der Diagnosestellung, von der Art der Schädigung und dem Ausprägungsgrad sowie der Versorgung mit Hilfsmitteln (Hörgerät, Cochlea Implantat).

Eine frühzeitige gerätetechnische Standard-Untersuchung bei allen Kindern wird von den Fachärzten postuliert, da die Symptomatik oft nicht sichtbar ist und die zentrale Hörbahnreifung im kritischen Zeitfenster der ersten zwei bis drei Lebensjahre durch akustische Reizeindrücke geprägt wird: Das Kind braucht akustische Sinneseindrücke, um diese auf neuronaler Ebene zu vernetzen und eine Verarbeitung der Höreindrücke auszubilden. Hörstörungen in dieser Phase führen somit zu Beeinträchtigungen in der Hörbahnreifung. Das Alter bei der Diagnosestellung korreliert hoch mit dem Grad der Schwerhörigkeit, d. h. je stärker ausgeprägt die Schwerhörigkeit ist, desto früher wird diese erkannt. Im Früherkennungs-Stadium fallen im Säuglingsalter mangelnde Reaktionen auf akustische Stimulationen auf. Im späteren Stadium wird eine Schwerhörigkeit erst aufgrund der resultierenden Auffälligkeiten in der rezeptiven und expressiven Sprachentwicklung erkannt. So wird mitunter eine leichtgradige Schwerhörigkeit erst bei der Schuleingangsuntersuchung diagnostiziert. Wie ausgeprägt die Sprachentwicklungsauffälligkeit ist, hängt eng mit der Ausprägung der Schwerhörigkeit zusammen: Bei hochgradig schwerhörigen Kindern zeichnet sich eine schwere mehrdimensionale Störung in der Sprachentwicklung ab (vgl. Zwirner 2005, 247 ff., 251).

Hören und Sprechen gehören als Kommunikationsform unmittelbar zusammen. Beide werden im Dialog eingesetzt und haben für die Beziehungsgestaltung eine grundlegende Bedeutung. Aus diesen Beziehungserfahrungen heraus entwickeln sich sozial-emotionale Kompetenzen. Unter den Bedingungen einer Hörstörung ist diese Entwicklung erschwert.

In den frühen Eltern-Kind-Spielen setzt das Kind non-verbale Ausdrucksformen ein, es ahmt Gesichter im Spiegelkontakt nach, zeigt ein soziales Lächeln, freut sich bei Kitzel-Spielen und sucht den sozialen Abgleich beim Ab- und Wieder-Auftauchen im Guck-Guck-Spiel. Im Zeitraum der ersten sechs Monate weisen Kinder mit Hörstörungen eine alterstypische non-verbale Dialogbereitschaft im Spiel auf (vgl. Sarimski 2009, 37). Ein wachsendes Interesse an sprachlichen Lauten in den Lall- und Plapperdialogen mit Silbenketten ist häufig nicht oder eingeschränkt zu beobachten. Auch ist die Reaktion auf eine Ansprache verzögert oder ausbleibend. Den betroffenen Kindern fällt es meist schwer, bei Geräuschen, Musik und Sprache auditiv aufzumerken, innezuhalten und zu lauschen, darauf zu reagieren, indem es sich der Schallquelle zuwendet.

Ab dem sechsten bis neunten Lebensmonat verändert sich das sozial-interaktive Verhalten hörgeschädigter Kinder, wenn Eltern auf das intuitive Eingehen verzichten: Dann sucht das Kind zwar den Blickkontakt, es versucht jedoch weniger über die Bewegung auf sich aufmerksam zu machen und antwortet schnell mit Rückzug, indem es am Daumen lutscht oder hin und her schaukelt – d. h. auf auf sich bezogene körperliche Stimulationen zurückgreift. Bei den betroffenen Kindern nimmt also die kommunikative Initiative und Reaktionsbereitschaft ab. Mitunter geht das Gegenüber auf einen kontrollierten Interaktionsstil über und reduziert sprachliche Informationen/sprachlichen Input, bei einer gleichbleibenden emotionalen Verfügbarkeit und Bindung (vgl. Sarimski 2009, 37 f.).

Im gemeinsamen Spiel kommt es darauf an, die Aufmerksamkeit auf den Dialog und den gegenseitigen Austausch zu lenken, das Ausgerichtetsein aufeinander abzustimmen und auszubalancieren im Führen und Folgen. Dem Kind muss Raum gegeben werden, Sprache in ihrer Mächtigkeit zu erfahren, zu verstehen und einzusetzen, indem es Bedürfnisse mitteilt, Absichten verfolgt und sich über eine Sache austauscht. Es lernt die geteilte Aufmerksamkeit und die Fokussierung auf sprachliche Mitteilungen. Von der Qualität in der Interaktion, der Feinfühligkeit und der Resonanz hängen die weiteren Entwicklungsfortschritte in der Entfaltung der Spielfähigkeit und der Sprache ab. Beide Fähigkeiten sind für die soziale Teilhabe von zentraler Bedeutung (vgl. ebd., 36 f.).

In der Auseinandersetzung mit der materiellen Umwelt, den Gegenständen unterscheidet sich das orale, manuell-haptische und visuelle Erkunden der Spielzeuge eines Kindes mit Hörminderung im ersten Lebensjahr nicht von dem Spielverhalten anderer Kinder. Jedoch werden die akustischen Effekte der Spielzeuge nur bedingt aufgenommen und verarbeitet. Die Schwächen in der einen Sinnesmodalität können über eine andere kompensiert werden. Der visuelle Kanal ermöglicht es den betroffenen Kindern, sich im Spiel zu orientieren und über die Beobachtung Handlungen nachzuahmen. Wobei sich auch hier zeigt, dass hörende Kinder viel aufmerksamer das Geschehen um sich herum wahrnehmen und sie sich die Situation aufgrund der Kommentare vielfach leichter erschließen. Über Gestik und Mimik teilen sich die Kinder gegen Ende des ersten Lebensjahres spontan mit und auch Kinder mit Hörminderung zeigen hier eine kindertypische Kommunikationsbereitschaft und setzen von sich aus ihre Hände zum zeigenden Sprechen ein, sie sind jedoch auf Hilfe angewiesen (vgl. Sarimski 2009, 36, 39).

Zur Optimierung der kommunikativen Verständigung bei Hörschädigung werden je nach fachlicher Überzeugung und Region unterschiedliche Methoden zur Sprachförderung angewandt. Bei einer bimodalen Förderung wird die Lautsprache mit Gebärden kombiniert (vgl. Sarimski 2009, 47). Die Deutsche Gebärdensprache ist eine eigenständige Sprache. Bei der sprachunterstützten Kommunikation werden einzelne Gebärden daraus entnommen, um bei sprachlichen Mitteilungen die Signalworte mit passender Gebärde zu begleiten und ggf. mit bildlichen Symbolen zu unterlegen. Indem der visuell-manuelle Kanal angesprochen wird, lässt sich eine höhere Aufmerksamkeitsfokussierung erreichen und das so mit den Händen gesprochene Wort bleibt länger präsent. Das Kind erschließt sich den Zusammenhang zwischen dem gesprochenen Wort und der Gebärde, dem Gegenstand und der Tätigkeit. Dieser heilpädagogische Ansatz, Sprache mehrdimensional einzusetzen, hat sich bei Kindern mit Entwicklungsstörung unabhängig vom Hörvermögen in der Praxis bewährt. Im Sinne der Unterstützten Kommunikation sind im Einzelfall auch elektronische Sprachausgabegeräte (z. B. Talker) als Hilfsmittel eine Bereicherung.

Zusammengefasst lassen sich im Kontext einer Hörminderung für den weiteren Sprachentwicklungsverlauf folgende Einflussfaktoren bestimmen: frühzeitige Erkennung und Versorgung, Qualität der Interaktion, Beteiligung der Eltern an der Förderung, gezielte Intervention sowie die kognitive Leistungsfähigkeit des Kindes (vgl. Sarimski 2009, 45 f.).

4.5 Spiel unter erschwerten Bedingungen

Für die praktische Anwendung kann eine Kopie der folgenden Fragen als spieldiagnostischer Arbeitsbogen dienen.

> **Gezielte Fragestellungen für die Spielbeobachtung bei Hörverlust**
>
> - Wie gestaltet das Kind im (frühen) Sozialspiel den Dialog mit den Eltern?
> - Kann das Kind sich non-verbal abstimmen, den mimischen Gesichtsausdruck nachahmen und über Blickkontakte kommunizieren?
> - Kann ein wachsendes Interesse an sprachlichen Mitteilungen beobachtet werden? Führt das Kind Lalldialoge mit Silbenkombinationen und beginnt es zu lautieren?
> - Wie reagiert das Kind auf eine Ansprache und verbale Mitteilungen?
> - Kann das Kind auditiv aufmerken, innehalten und lauschen?
> - Kann das Kind eine Geräuschquelle lokalisieren und sich über akustische Signale im Raum orientieren?
> - Wie reagiert das Kind auf Geräusche im Alltag, Musik und akustische Effekte der Spielzeuge?
> - Versucht das Kind, über Bewegung auf sich aufmerksam zu machen, setzt es Zeige-Gesten ein und kann es sich über eine Sache austauschen, triangulieren?
> - Kann das Kind seine Bedürfnisse ausdrücken, Absichten verfolgen, sich durchsetzen und auch abgrenzen?
> - (Wie) Kann das Kind sich im Spiel mit anderen Kindern sprachlich verständigen?
> - Setzt das Kind Gebärden und/oder Symbolbilder unterstützend ein oder steht ein elektronisches Sprachausgabegerät zur Unterstützten Kommunikation zur Verfügung?

Sprachentwicklungsauffälligkeiten

Entwicklungsstörungen des Sprechens und der Sprache (ICD-10) werden unterschieden in Artikulationsstörungen, expressive und rezeptive Sprachstörungen. Bei Artikulationsstörungen werden einige Laute nicht richtig gebildet, ausgelassen oder ersetzt, so dass die Aussprache schwer zu verstehen ist. Die rezeptive Sprache erfasst das Sprachverstehen und die expressive Sprache die Sprachproduktion. In der frühen Sprachentwicklung sind folgende Meilensteine benannt: auf der vorsprachlichen Ebene das Lallen (ab 6 Monaten), das Wortverständnis (8–10 Monate), die intentionale Kommunikation (ab 9 Monaten), die Wort- und Gestenproduktion (10–13 Monate) und auf der sprachlichen Ebene der Wortschatzspurt (18–20 Monate) und die Wortkombination (20–24 Monate) mit der sich daran anschließenden Grammatik (vgl. Grimm 2003).

Beeinträchtigungen im Spracherwerb können von einer breiten entwicklungspsychologischen Sichtweise aus betrachtet und verstanden werden – so Zollinger: Die Verbindung von Person und Gegenstand steht in der frühen Kindheit im

Vordergrund. Diese Verknüpfung beginnt mit dem triangulären Blickkontakt ab dem 8.–12. Lebensmonat, wenn das Kind abwechselnd von einer Person zu einem Spielzeug schaut und den anderen so darauf aufmerksam macht. Hier lernt das Kind, sich mit einer anderen Person über eine Sache auszutauschen: etwas zu zeigen, zu geben und sich auszudrücken. Sprache entspringt einem Mitteilungs-Bedürfnis, sie ist Ausdruck der emotionalen Befindlichkeit und ein soziales Bindeglied. Sie dient der kognitiven Informationsverarbeitung.

Das Kind lernt bereits auf der vorsprachlichen Ebene Zusammenhänge kennen und beginnt mit der intentionalen Phase (ab 9 Monaten), absichtsvoll Gesten und Worte zu einzusetzen. Die Intentionalität lässt die mächtige Wirkung von Sprache erfahren, wie mit sprachlichen Äußerungen eigene Wünsche erreicht werden können. Zunächst werden die Worte auf die unmittelbare Tätigkeit bzw. die vorliegenden Dinge bezogen gebraucht. Über die sinnliche Erfahrung, die Handlung, begreift das Kind und es gelangt zu einem Vorstellungsvermögen. In der Ablösung vom konkret Anschaulichen formt es »innere Bilder« und erwirbt ein Symbolverständnis. Diese Symbolfunktion ist eine wichtige kognitive Voraussetzung für die Sprachentwicklung. Den Entwicklungsschritt in das abstrakte Denken macht das Kind nach Piaget zwischen Ende des zweiten und dem vierten Lebensjahr (Ginsburg 1993, 96). Beobachtet werden kann diese Veränderung in der aufgeschobenen Nachahmung, in symbolischen Spielhandlungen und im symbolischen Sprachgebrauch: Das Kind ist in der Lage, Dinge durch andere zu ersetzen bzw. zu repräsentieren. Im Spiel »tut es so, als ob«, es verleiht Gegenständen eine veränderte Bedeutung und es verwendet Wörter für abwesende Dinge oder vorausgegangene Ereignisse. Das Kind kann Wörter mit Inhalt füllen und mit Sprache etwas beschreiben.

Im Kontext von Sprachentwicklungsauffälligkeiten ist die Kommunikation im Spiel weniger variationsreich, stärker an die situativen Kontexte gebunden und durch wiederholte Abbrüche bestimmt. Diese besonderen Verhaltensweisen fallen ab dem Vorschulalter auf. In diesem Alter werden auch im Spiel mit anderen Kindern die verbalen Absprachen immer bedeutender, um den Spielverlauf, die Rollen und die Regeln abzusprechen. Kann das Kind einerseits die Mitspieler in ihren Interessen nicht ausreichend verstehen und andererseits seine eigenen Spielwünsche und Absichten nicht verständlich mitteilen, kommt es zu Frustrationserleben und Konflikten. Wo die Sprache fehlt, werden die Anliegen mitunter tätlich ausagiert oder das Kind isoliert sich im sozialen Rückzug (vgl. z. B. Zollinger 2008, 10 f., 226; Ginsburg 1993, 96–106).

Um ein Störungsbewusstsein und sekundäre Folgeprobleme im sozial-emotionalen Bereich zu vermeiden, ist es entscheidend, dass das Kind sich in seinen Mitteilungsmöglichkeiten verstanden fühlt: angefangen beim Spiegeln und Imitieren in den frühen Eltern-Kind-Spieldialogen. Indem die Handlungen, das, was das Kind tut, kommentiert werden, die Absichten und Gefühle verbalisiert und die sprachlichen Äußerungen aufgegriffen und sprachlich korrekt wiederholt werden, erlebt es eine feinfühlige Resonanz und ein sprachliches Vorbild. Fingerspiele, Rhythmik, Lieder singen, Bilderbücher vorlesen und gemeinsame Rollenspiele bieten die Möglichkeit, sprachliche Anregungen zu geben. Wie bei allen Formen einer Entwicklungsstörung sind medizinisch-therapeutische Untersuchungen und Behandlungen in die ganzheitlich ausgerichteten heilpädagogischen Förderkonzepte notwendigerweise einzubeziehen. Ziel der inklusiven Bildung sind kommunikative Kompetenzen zur sozialen Teilhabe.

Für die praktische Anwendung kann eine Kopie der folgenden Fragen als spieldiagnostischer Arbeitsbogen dienen.

Gezielte Fragestellungen für die Spielbeobachtung bei Sprachentwicklungsauffälligkeiten

- Wie gestaltet das Kind die soziale Kommunikation im gemeinsamen Spiel?
- Wie bezieht das Kind Gegenstände im Spiel mit ein, kann es triangulieren?
- Äußert das Kind über Laute Absichten? Will es etwas mittels Sprache beim anderen bewirken?
- Hat das Kind ein inneres Vorstellungsvermögen entwickelt und kann es symbolische Handlungen im Spiel darstellen?
- Kann das Kind sprachliche Mitteilungen im Spiel verstehen, situativ aus dem Kontext erschließen und die Wort-/Satzbedeutungen entschlüsseln?
- Kann das Kind sprachliche Aufforderungen auf der Handlungsebene im Spiel umsetzen?
- Welche sprachlichen Äußerungen teilt das Kind im Spiel auf der Wort- und Satzebene mit?
- Kann das Kind Gegenstände, Tiere und Bilder benennen?
- Kann das Kind sich sprachlich verständlich ausdrücken?
- Kann das Kind sein Spiel sprachlich begleiten, Absichten ausdrücken und Situationen beschreiben?
- Wie gelingt es dem Kind, sich über den Spielinhalt/-ablauf sprachlich mit den anderen Kindern auf der Metaebene abzustimmen?
- Wie reagiert das Kind, wenn es sich in seinen sprachlichen Äußerungen nicht verstanden fühlt?

Entwicklung gestaltet sich in einem komplexen Geschehen, in dem alle Bereiche miteinander verknüpft sind und aufeinander einwirken. Dieser gegenseitige Bezug spiegelt sich in der mehrdimensionalen Diagnostik auf den unterschiedlichen Ebenen der ICD-10 und zwischen den Komponenten der ICF (vgl. WHO 2012, 46) wider. Probleme in der Entwicklung sind im Kontext der Umweltfaktoren und den Möglichkeiten der Teilhabe zu sehen. Im Einzelfall ist zu klären, wie ausgeprägt die Schädigung der Körperfunktionen und -strukturen, die Einschränkung der Leistungsfähigkeit und die Begrenzungen in der Partizipation sind. In der Kindheit treten Entwicklungsauffälligkeiten häufig übergreifend im motorischen und sprachlichen Bereich auf und sind meist mit Verzögerungen in der kognitiven Entwicklung im Sinne einer Lernschwäche verbunden. Ein solches Entwicklungsprofil mit leicht bis mäßig ausgeprägten Symptomen in mehreren Bereichen wird in der ICD-10 als *kombinierte umschriebene Entwicklungsstörungen* klassifiziert. Zeichnet sich im Entwicklungsprofil in allen Bereichen bei weit unterdurchschnittlichen Werten eine erheblich schwere Ausprägung ab, wird diese als globale

Entwicklungsstörung in der ICD-10 umschrieben. Diese Kategorie beinhaltet im Kindesalter eine drohende geistige Behinderung, die im nächsten Punkt eine Betrachtung erfährt.

Eingeschränkte kognitive Leistungsfähigkeit

In der ICD-10 wird eine weit unterdurchschnittliche kognitive Leistungsfähigkeit ab dem Schulalter als *Intelligenzminderung* gefasst – im Sinne einer geistigen Behinderung. Anamnestisch zeigen sich bereits ab der frühen Kindheit in allen die mentalen Fähigkeiten betreffenden Bereichen der motorischen, sprachlichen und sozial-emotionalen Entwicklung deutliche Retardierungen und abweichende Verläufe. Mit zunehmendem Alter kristallisiert sich immer klarer eine dauerhafte Störung der kognitiven Verarbeitungsfähigkeit heraus, die sich u. a. in der schulischen Bildung und im Erwerb der Kulturtechniken zeigt. Die Ausprägung der Intelligenzminderung (IQ < 70) wird nicht nur über den Intelligenzquotienten mittels eines standardisierten Testverfahrens erhoben. Die Erscheinungsform orientiert sich auch an den sozial-adaptiven und kommunikativen Kompetenzen, an der Selbstständigkeit bei Alltagshandlungen und am Grad der Unterstützung, d. h. in welchem Ausmaß begleitende Hilfen in der Lebensführung notwendig sind.

Für Kinder mit einer globalen Entwicklungsstörung (im Sinne einer drohenden geistigen Behinderung) ist die Spielentwicklung in ihren typischen Formen maßgeblich – wie für alle Kinder. Der Veränderungsprozess folgt den gleichen Prinzipien. Studien belegen, dass diese Kinder die gleichen Schritte in der Ausdifferenzierung der Spielformen durchlaufen – jedoch verzögert. Im Funktionsspiel werden sensomotorische Entwicklungsschritte vollzogen. Vom einfachen konkreten Erkunden der Gegenstände über das Entdecken von Effekten in ihren kausalen Zusammenhängen bis hin zu koordinierten, intentionalen und komplexen Handlungsmustern baut das Kind innere Bilder der Welt auf. Es entwickelt symbolische Vorstellungen, die sich in der aufgeschobenen Nachahmung im So-tun-als-ob-Spiel (Symbolisierungsfähigkeit) abzeichnen. Im Rollenspiel werden erst die Handlungen auf Figuren übertragen (Dezentralisierung), dann wird den Gegenständen eine symbolische Bedeutung verliehen (Dekontextualisierung) und später werden einzelne aufeinander abgestimmte Handlungssequenzen miteinander verbunden und in ein zunehmend komplexer werdendes Spielgeschehen eingebunden (Integration) (vgl. Sarimski 2003, 217). Im Konstruktionsspiel erschließt sich das Kind beim Bauen zunächst die vertikale Raumdimension (Turmbau), dann die horizontale Dimension (Reihen legen/Zug bauen) und in einem weiteren Schritt kombiniert es die Raumausrichtungen und beginnt, dreidimensionale Gebilde zu gestalten (vgl. Largo 2015, 339 f.).

Es ist davon auszugehen, dass bei Kindern mit kognitiven Einschränkungen das Entwicklungstempo verlangsamt ist und das Spielverhalten einem jüngeren Entwicklungsalter entspricht. Das Entwicklungsalter beschreibt in Bezug zum Lebensalter den Entwicklungsstand mittels Referenzwerten, d. h. das Alter, in dem dieses Verhalten typisch ist. Die Bestimmung eines Entwicklungsalters wird in Fachkreisen auch kritisch betrachtet und diskutiert, da sie zu der Schlussfolgerung, die Verzögerung könne aufgeholt werden, verleiten kann. In eigenen Fallstudien werden im Entwicklungsverlauf bleibende Begrenzungen im Spielentwicklungsniveau deutlich und die Ausprägung der geistigen Behinderung wird eindrücklicher.

Beispiel

Sophie – eine 16-jährige Jugendliche mit geistiger Behinderung – gestaltet über Jahre hinweg mit freudiger Begeisterung Rollenspiele zusammen mit ihrer jüngeren Schwester oder der Heilpädagogin in den Spielstunden. Wiederholt greift sie das Thema »Kochen« auf, indem sie Essen auf dem Spielherd im Topf zubereitet, den Tisch deckt und die Puppe füttert. Sie variiert und erweitert zunehmend ihre Spielhandlung. So inszeniert Sophie in der Spielstunde mit anleitender Begleitung eine Geburtstagsfeier im Rollenspiel. Die Puppe wird frisiert und hübsch angezogen. Es werden Plätzchen und Kuchen aus Knete gebacken. Feinmotorisch geschickt knetet und rollt sie den Teig und nutzt die Ausstechförmchen. Liebevoll wird der Tisch dekoriert und aus Papier werden Servietten gemalt und gefaltet. Fehlen noch Tassen oder Löffel, fällt es ihr schwer, die Mengen zu erfassen, die Gegenstände abzuzählen und auszurechnen, welche Anzahl noch benötigt wird. Auf Anregung der Heilpädagogin bastelt Sophie Einladungskarten, tut so, als ob sie schreiben würde, und setzt den Anfangsbuchstaben ihres Namens darunter. Dann kommen alle Stofftiere zur Geburtstagsfeier, es werden imaginäre Geschenke ausgepackt und Lieder gesungen.

Die aus dem Alltag bekannten Abläufe sind als Skript gespeichert, können abgerufen und auf der Handlungsebene im Spiel dargestellt werden. Werden unbekannte Situationen im Rollenspiel inszeniert, die ihr aus dem Alltag nicht vertraut sind, oder phantasievolle Inhalte als Impuls gegeben, stößt sie an ihre Grenzen, da sie ihr in den Alltagshandlungen gelerntes und geübtes Skript nicht einsetzen kann. Als Sophie die Tierfiguren im Regal betrachtet, regt die Heilpädagogin an, mit den Einhörnern einen Ausflug in das Elfenland zu machen. Daraufhin hält sie inne, schaut die Heilpädagogin an und setzt sich mit der Frage »Wollen wir nicht kochen?« an den Spielherd. In der Überforderungssituation greift sie auf ihr altes, sicher erworbenes Muster zurück, im Sinne einer Assimilationsleistung.

In dieser Spielszene wird deutlich, dass das in übender Wiederholung Gelernte stabilisiert wurde, es abgerufen und ausgeführt werden kann, die Bearbeitung ungeübter kognitiver Anteile jedoch erschwert ist und die für sie noch abstrakten Inhalte langsamer oder lückenhaft oder noch gar nicht erschlossen werden. Brüchig erworbene Spielhandlungen können nicht sicher abgerufen werden, der Zugang dazu scheint in einigen Situationen verschlossen. Die Transferleistung, die Übertragung in neue Bezüge stellt eine deutliche Herausforderung dar.

Beispiel

Peter – ein neunjähriger Junge mit geistiger Behinderung – hat seit Jahren eine Vorliebe für Bälle, für alles, was rund ist. Die Heilpädagogin greift sein Spielthema auf und findet so einen Zugang, der es ihr ermöglicht, Impulse für Variationen in seinen Spielhandlungen zu geben. Peter genießt es, die Kiste mit den unterschiedlichen Bällen zusammen mit der Heilpädagogin auszuräumen, die Bälle in den Raum zu werfen, rollen zu lassen und aufzuprallen, so dass bei einigen Bällen ein Licht-Effekt ausgelöst wird, auf den er freudig aufmerksam macht, und dann die Spielsequenz absichtsvoll wiederholt. Es entwickelt sich ein gemeinsames Ballspiel, der Ball wird im Wechsel immer wieder hin und her gerollt: Er greift den zugerollten Ball auf und rollt ihn zurück. Im Verlauf bezieht Peter auf Anregung weitere Spielgegenstände ein, beobachtet die vorgemachte Spielhandlung und imitiert: Er lässt dann die kleinen Bälle über die Kugelbahn laufen und die Murmeln den Klangbaum hinunterklackern. Die Murmel legt er gezielt ab und verfolgt visuell die Bewegungsbahn, bis sie unten ankommt. Dann schaut er zu, wie die kleine Kugel in die Röhre gesteckt wird, runterrollt und im Kästchen verschwindet, wo die Kugel hinter dem Klapptürchen wieder herausgeholt wird. Mit Anleitung führt er die Spielhandlung aus, sucht die Kugel und entdeckt, wie das Klapptürchen aufgemacht werden muss, um an die Kugel zu gelangen und sie wieder in die Röhre zu stecken. In der Spielstunde klettert Peter auf die zweite Ebene im Bewegungsraum und steckt die Bälle in die am äußeren Rand angebrachten Röhren, in eine dicke und in eine dünne. Die Heilpädagogin fängt unten die Bälle in einer Kiste auf und macht ihn darauf aufmerksam. So baut er eine Erwartungshaltung auf und schaut hinunter, ob die Bälle angekommen sind.

Er steckt die unterschiedlichen Bälle in die dünne Röhre und merkt irritiert auf, als der große Ball nicht hineinpasst. Erneut versucht er es und wirft dann den Ball über die Balustrade in den Raum. Er nutzt nicht die dicke Röhre, durch die der Ball passen würde. Stößt er auf Schwierigkeiten in der Handlungsumsetzung, findet er keine alternative Strategie, im Sinne einer Problemlösung und Anpassung an die veränderte Situation, sondern greift auf seine vertraute Spielweise, die Bälle wegzuwerfen, zurück. Die unterschiedlichen Größen der Röhren beachtet er in seinem Spiel nicht und ordnet die Bälle nicht entsprechend zu.

In dieser Spielszene wird deutlich, dass es dem Kind schwerfällt zu erkennen, worin in der Situation die Schwierigkeit besteht, und daraus zu schlussfolgern, wie es das Vorgehen variieren kann. Kognitiv flexibel in Problemsituationen zu reagieren ist eine Aufgabe für dieses Kind. Es braucht klare, eindeutig abgespeicherte Erfahrungen, die zu einer stabilen Vernetzung auf neuronaler Ebene führen. Dann würde das Kind in solchen Situationen in der Lage sein, diese abzurufen, in der Anwendung zu kontrollieren und neu zu kombinieren.

Im Prozess der heilpädagogischen Förderung wird deutlich, dass sich Kinder mit geistiger Behinderung im Rahmen ihrer Möglichkeiten weiterentwickeln und in kleinen Schritten ihr Spielrepertoire erweitern.

Auch wenn das Spielentwicklungsniveau nicht dem kalendarischen Alter entspricht, zeichnen sich erfahrungsgemäß im Spielverhalten die Entwicklungsaufgaben ab, die für das Lebensalter bezeichnend sind. Mit dem Übergang in eine neue Lebenssituation – beispielsweise in den Kindergarten oder in die Schule – verändert sich das Spielverhalten. Das Spielniveau im Kontext einer schweren geistigen Behinderung bleibt jedoch basal ausgerichtet.

Beispiel

Caro – ein Mädchen mit geistiger Behinderung – besucht seit einigen Monaten die Montessori-Schule. In den Stunden mit der Heilpädagogin schickt sie seitdem ihre Mutter aus dem Spielzimmer und gibt deutlich zu verstehen, allein in die Schule und zur Spielstunde gehen zu wollen. Ein selbstbestimmteres Handeln in der Trennungssituation mutet wie ein Wachsen ihrer Persönlichkeit an. Die Veränderungen in der Körperhaltung, im Auftreten sind sichtbar und intuitiv für ein Gegenüber spürbar. In der Stunde braucht sie nicht mehr das ganze Spielzimmer und eine Vielfalt an Spielzeugen für sich. Sie wählt gezielt ein Spiel aus, setzt sich damit an den Tisch, nimmt eine aufrechte Haltung ein und sortiert die Spielkarten, bevor sie damit beginnt, das Spiel Schritt für Schritt mit Fehlerkontrolle auszuführen. Es sind einfache Lernspiele, bei denen Karten nach einem Merkmal (z. B. Größe) zugeordnet angelegt werden müssen. Ihr Spielverhalten weist seit dem Schulbesuch ein strukturierteres Vorgehen auf – mit höherer Aufmerksamkeitslenkung und hinzugewonnener Selbstorganisation.

Die Reifungsprozesse in der Persönlichkeitsentwicklung werden über das Spiel ausgedrückt und verarbeitet. Vor allem im Jugendalter sind hormonelle Veränderungen und die damit einhergehende Neuorganisation auf neuronaler Ebene wirksam. Die pubertären Themen der Identitätsfindung über Abgrenzung, Selbstreflexion und Anerkennung in der Peergroup werden ausagiert.

Beispiel

Felix – ein Jugendlicher mit geistiger Behinderung – ist in den Einzelkontakten mit dem Heilpädagogen in seiner Haltung einerseits emotional bedürftig zugewandt, andererseits genervt ablehnend oder provozierend-aggressiv. Seine Stimmungen schwanken plötzlich und unvorhergesehen ohne ersichtlichen Anlass. Er wählt jedes Mal das Jenga-Spiel aus mit dem Kommentar, gewinnen und den Heilpädagogen schlagen zu wollen. Felix legt die Regeln fest und wandelt diese im Spielverlauf immer so ab, dass er neue Grenzen und Rekorde aufstellt und gewinnt. Er betont sein Können, definiert sich über die Abgrenzung und erfährt auf der Handlungsebene – im Spiel –, sich neu auszuprobieren und erleben zu können.

Das Spielverhalten von Kindern mit geistiger Behinderung weist eine spezifische Qualität auf: Es können besondere Spielweisen beobachtet werden. Die Neugierde, der innere Antrieb und die intrinsische Motivation, Neues entdecken zu wollen und sich weitere Spiele zu erschließen, sind häufig gemindert. Sie zeigen weniger Eigeninitiative zum Spielen. Es fällt ihnen mitunter schwer, sich eigenständig mit den im Spiel liegenden Anforderungen auseinanderzusetzen, sich ausdauernd darin zu vertiefen und weitere Möglichkeiten zu ergründen. Erfolgserlebnisse bleiben aus oder die erzielten Fortschritte sind den Kindern nicht bewusst. Sie erfahren wenig Selbstwirksamkeit und positive Bestätigung der eigenen Handlung. Gelingt die Umsetzung nicht, reagieren sie stärker mit Frustration, geben bei Schwierigkeiten schneller auf und zeigen ein ausweichendes Verhalten, um den Misserfolg zu vermeiden. Diese Kinder brauchen darum gezielte Anregungen von außen und eine anleitende Begleitung, um sich der Spielwelt in ihrer Vielfalt anzunähern.

In der heilpädagogischen Praxis ist zu beobachten, dass Kinder mit geistiger Behinderung häufig auf ein bestimmtes Spielzeug, eine spezifische Spielhandlung oder ein umschriebenes Spielthema fixiert sind und darin verhaftet bleiben. Es kommt zu einer Wiederholung der Spielweise, die den Kindern vertraut ist, die einen hohen Anreiz und eine ureigene Bedeutung hat. Sie halten an dem, was sie als lustvoll und haltgebend erleben, fest. Das bekannte Schema wird assimiliert, d. h. die gelernte und darum beherrschte Handlungssequenz wird auf das neue Objekt, das neue Ereignis unverändert angewendet. Der Prozess der Akkommodation, in dem die Diskrepanzerfahrung dazu führt, die Aktion zu verändern und an die neue Situation anzupassen, ist meist erschwert. So gilt: Stößt das betroffene Kind in neuen Situationen auf Veränderungen und andersartigen Anforderungen im Spielgeschehen, so reagiert es weniger flexibel in seinen Handlungsmöglichkeiten, ihm fehlt es an zielgerichteten Problemlösestrategien und der Fähigkeit zu kombinieren (vgl. Sarimski 2009, 76 ff.; Ginsburg 1993, 81 f.).

Beispiele zur Assimilationsleistung in den unterschiedlichen Spielformen

Im Funktionsspiel schüttelt das Kind jeden Gegenstand, um ein Geräusch zu erzeugen (Schema: schütteln ergibt Lärm) ohne selbstinitiierte Variationen. Kann es auf diese Weise beim Quietsche-Tier keinen Effekt auslösen, verliert es meist rasch sein Interesse. Wird ihm demonstriert, wie das Tier zusammengedrückt werden kann, damit es quietscht, ahmt das Kind die vorgemachte Handlung meist nicht unmittelbar nach, sondern es schüttelt das Tier erneut. Im Rollenspiel werden vorwiegend funktional ausgerichtete Handlungen dargestellt und alltagsbezogene Skripte auf die Spielebene übertragen. Das Kind bleibt konkret und anschaulich in den Spielhandlungen, die Sicherheit geben. Abweichungen im Spielgeschehen führen mitunter zur Irritation: Es kann einem anderen Spielskript nicht folgen und aktiv mitgestalten. So hat beim Arztspiel der Teddy immer Bauchschmerzen und bekommt Spritzen. Klagt der Teddy über ein gebrochenes Bein, wird er nicht weiter behandelt. Im Konstruktionsspiel baut das Kind in Wiederholung die gleichen Gebilde. Es füllt erst die Bauplatte mit Duplo-Steinen auf, bis keine Lücke mehr existiert, und baut dann mehrere Türme nebeneinander. Oder es legt die gebogenen Schienen der Eisenbahn immer zu einem Kreis zusammen und spart die Weichen, Bahnübergänge o. ä. aus.

Die stereotyp anmutenden Spielweisen können unterschiedliche Auslöser und Beweggründe haben. Hypothesen dazu ermöglichen eine Annäherung zum Verstehen der Stereotypien:

- eingeschränktes Handlungsrepertoire
- Komplexität der Welt/Spielwelt kann nicht entschlüsselt werden und wird so reduziert
- ausweichendes Verhalten, um Misserfolge zu vermeiden
- Überforderungssituation bei zu hohen Anforderungen, in der auf das Bekannte und Vertraute zurückgegriffen wird, um sich sozial-emotional zu stabilisieren
- Entlastung nach Anforderung
- gelerntes Verhaltensmuster, um Aufmerksamkeit zu erhalten
- Ausdruck von Unsicherheit und Angst
- Fixierung auf eine selbstbezogene Handlung als Ausdruck sozialer Isolation
- Ausdruck einer Deprivationssymptomatik nach mangelnden Umweltreizen und Erfahrungsmöglichkeiten (Hospitalismus).

Stereotyp anmutende Spielweisen sind ein typisches Phänomen bei Kindern mit geistiger Behinderung und lassen nicht unmittelbar auf eine Autismus-Spektrum-Störung schließen. In der Differentialdiagnostik müssen die sozial-interaktiven und kommunikativen Fähigkeiten abgegrenzt werden. Kinder mit einer eingeschränkten kognitiven Leistungsfähigkeit sind grundsätzlich in ihren besonderen Spielweisen sozial bezogen, auf das Du ausgerichtet und sie genießen die ungeteilte Aufmerksamkeit im gemeinsamen Spiel. Sie zeigen spontan Freude im Miteinander, können emotional mitschwingen und eine intensive Nähe, Verbundenheit und Vertrautheit in der Begegnung eingehen und aufbauen. Wie bei allen Kindern ist die Beziehungsgestaltung individuell verschieden und von der Persönlichkeit des Kindes geprägt.

Für die praktische Anwendung kann eine Kopie der folgenden Fragen als spieldiagnostischer Arbeitsbogen dienen.

Gezielte Fragestellungen für die Spielbeobachtung bei einer eingeschränkten kognitiven Leistungsfähigkeit

- Zeigt das Kind Neugierde und Eigeninitiative im Spiel?
- Wie intensiv und ausdauernd geht das Kind in die Auseinandersetzung mit den im Spiel liegenden Anforderungen?
- Wie reagiert das Kind auf Erfolge und Misserfolge im Spiel?
- Zeigt das Kind im Spiel ein aktives Suchverhalten und hat es eine Objektpermanenz erworben?
- Kann das Kind im Spiel ein Mittel zum Zweck einsetzen?
- Hat das Kind den Zusammenhang seiner Spielhandlung und den dadurch ausgelösten Effekt verstanden und handelt es absichtsvoll?
- Kann das Kind Objekte im Spiel kombinieren und räumliche Bezüge herstellen?
- Zeigt das Kind zielgerichtete Problemlösestrategien, wenn es auf Schwierigkeiten/Diskrepanzen im Spielgeschehen stößt?
- Ist das Kind in der Lage, vorgemachte Handlungen unmittelbar nachzuahmen und ein Modell zu imitieren?
- Kann das Kind im Spiel so tun, als ob, und hat es eine symbolische Vorstellung entwickelt?

- Kann das Kind funktional ausgerichtete Spielhandlungen auf Figuren oder Tiere übertragen?
- Kann das Kind im Spiel den Gegenständen eine andere – symbolische – Bedeutung verleihen?
- Kann das Kind ein komplexes Spielgeschehen darstellen, hat es Handlungsabläufe gespeichert und kann es diese skriptgeleitet im Rollenspiel abrufen?
- Kann das Kind sich von konkreten, alltagsbezogenen Themen im Rollenspiel lösen und phantasievolle Inhalte inszenieren?
- In welchen Dimensionen baut das Kind und kann es seine Bauwerke verändert gestalten und neue kreieren, auch mit anderen Baumaterialien?
- In welcher Differenzierung kann das Kind bildnerisch gestalten?
- Kann das Kind Gegenstände nach einem/mehreren Merkmalen (Farbe, Form, Größe) unterscheiden und zuordnen und Symbolbilder nach bestimmten Kategorien sortieren?
- Kann das Kind zwei oder mehrere Teile zu einem sinnvollen Ganzen zusammenfügen und einfache oder komplexe Puzzle legen?
- Kann das Kind sich im Regelspiel mit anderen Personen abwechseln?
- Kann das Kind erste Regelspiele verstehen und umsetzen, einen Farb- oder Zahlenwürfel nutzen?
- Kann das Kind abstraktere Regelspiele erfassen, zielgerichtet dem Spielverlauf folgen und strategisch vorgehen?
- Wie variationsreich und flexibel ist das Spielverhalten des Kindes?
- Können stereotyp anmutende Spielweisen beobachtet werden?

Autismus-Spektrum-Störung

Bei einer Autismus-Spektrum-Störung handelt es sich um eine *tiefgreifende Entwicklungsstörung* (ICD-10). Kennzeichnend sind qualitative Beeinträchtigungen in der wechselseitigen sozialen Interaktion, in den Kommunikationsmustern und ein stereotypes Repertoire an Interessen und Aktivitäten.

Diese Kinder sind im Spiel vorwiegend auf sich, bestimmte Materialien und Funktionen ausgerichtet und weniger auf das Du. Sie suchen von sich aus selten den Kontakt, weichen einem Blickkontakt aus oder zeigen eine fremd anmutende Reaktion. Es fällt ihnen schwer, einen sozial-emotionalen Bezug herzustellen, auch wenn die Initiative vom anderen ausgeht. Sie haben ein geringes Interesse an sozialinteraktiven Spielen und imitieren kaum. Beziehen sie den anderen in ihre Spielhandlung ein, dann meist funktionalisiert, indem die Hand des anderen geführt wird zur Ausführung einer bestimmten Tätigkeit.

Beispiel

Jakup gestaltet mit den Materialien in der Kindergartengruppe und im Spielzimmer des Heilpädagogen nach seinen eigenen Vorstellungen einen Spielablauf – für sich und ungestört von den Geschehnissen um ihn herum. Die Puzzleteile aus Plastik nimmt er aus dem Formbrett, lässt diese Wasserfall-ähnlich vom Regal auf den Boden plätschern, schiebt sie über den Boden weiter zu den Matratzen in der anderen Ecke des Raumes und lässt die Teile der Reihe nach von der Kante in den Spalt rutschen. Dann nimmt er sie wieder, trägt sie zum Therapie-Kreisel und legt die Teile der Reihe nach in ein für ihn sinnvolles Muster hinein. Dann wählt Jakup andere Kleinteile aus, mit denen er in ähnlicher Art und Weise eine Spur durch den Raum zieht; diese bleiben abschließend zu einem Muster angeordnet liegen. Während Jakup die Teile bewegt, setzt sich der Heilpädagoge in seine Nähe, pustet einen Luftballon auf, hält diesen hoch und lässt die Luft geräuschvoll entweichen. Der Heilpädagoge hält inne, schaut zu Jakup und pustet den Luftballon erneut auf. Der Junge hält in seinem Spiel inne, merkt auf, richtet seinen Blick auf den Luftballon und verfolgt visuell, wie dieser aufgeblasen wird. Er reagiert freudig auf die ausweichende Luft und das zischend-prustende Geräusch. Ist diese Aktion vorbei, ergreift er die Hände des Heilpädagogen mit dem Luftballon und führt diesen an dessen Mund zurück: eine Aufforderung, weiterzumachen.

Die gemeinsame Aufmerksamkeitslenkung, eine wechselnde Handlung zwischen dem Kind und einer anderen Person und eine spontane, geteilte Freude im Miteinander entwickeln sich nur bedingt im Spielgeschehen. Diesen Kindern fällt es schwer, emotionale Signale zu verarbeiten und mitzuschwingen, Empathie zu empfinden und die Perspektive oder die Absichten des anderen nachzuvollziehen. Die Schwierigkeiten in der verbalen Kommunikation werden selten durch Gestik oder Mimik, also non-verbale Ausdrucksformen, kompensiert. Verwenden diese Kinder Sprache, dann meist in einer stereotypen und eigentümlichen Weise. Es kommt zu Wortneuschöpfungen und zum Vertauschen von Pronomen. Die sozialen Regeln in der Kommunikation, das Führen eines Gesprächs, sind ihnen eher fremd.

Typisch für Kinder mit einer Autismus-Spektrum-Störung sind ungewöhnliche Körperhaltungen und motorische Stereotypien in Form von Manierismen, das meint eigentümlich erscheinende, verschnörkelte Bewegungsabfolgen der Finger und Hände. Auch das Flattern der Hände und Arme sowie der Zehenspitzengang kommen vor. Besondere sensorische Interessen können vielfach beobachtet werden, wie beispielsweise das Anticken von Gegenständen, das Zwirbeln von Kordeln bzw. Drähten, das Rieseln mit Sand oder das Beobachten von glitzernden Lichtreflexen.

Beispiel

In der Spielstunde zeigt Kevin auf eine bestimmte Kiste im Regal und führt die Heilpädagogin an der Hand dorthin mit der Aufforderung, diese herauszuholen. Dann beobachtet er – visuell fokussiert auf die Hände der Heilpädagogin – wie sie die kleinen, glitzernden Plastik-Stäbe aus der Kiste nimmt und in das Lochbrett steckt. Lässt die Heilpädagogin den Stab los, ergreift er diesen. Dieser Ablauf wiederholt sich bis die Kiste leer ist. Ohne die Heilpädagogin weiter zu beachten, trägt er die gesammelten Stäbe in eine andere Ecke des Raumes. Kevin streckt die Arme nach oben aus, lässt die Stäbe wie einen Duschstrahl auf dem

Boden klingend aufprallen. Kevin hüpft zwischen den Stäben auf der Stelle, solange bis alle klackernd am Boden zum Liegen kommen. Tritt Stille ein, sammelt er flink alle Stäbe wieder auf und führt sein Spiel erneut aus.

Das Spielverhalten ist durch stereotype Muster, spezielle Interessen und ungewöhnliche Beschäftigungen geprägt. So kommt typischerweise das Riechen an den Spielzeugen vor. Häufig erfolgt eine intensive Beschäftigung mit Teilstücken der Gegenstände: Diese Kinder sind in ihren Spielhandlungen auf bestimmte Details fokussiert, wie z. B. das Drehen der Räder des Spielzeugautos oder das Drücken von Knöpfen. Oft erfolgt eine Aufreihung von Spielgegenständen oder die Sortierung nach einem selbstkreierten Ordnungssystem, das nicht verändert werden darf. Diese Kinder haben ein starkes Bedürfnis nach Gleichhaltung der Umwelt und sie reagieren in der Regel widerständig auf Veränderungen. Sie halten an ihren Ritualen und gleichbleibenden Abläufen fest.

Beispiele

Sowohl in der Kindergartengruppe als auch im Spielzimmer der heilpädagogischen Ambulanz hat Deria ihre Laufwege – einen unsichtbaren Pfad, den sie kennt und den sie für sich abgesteckt hat als eine orientierende, haltgebende Straße. Stellt die Heilpädagogin ein Spielzeug auf den Tisch, das für Deria einen Aufforderungscharakter hat, merkt sie auf, hält in ihrem Lauf inne und kommt – visuell auf das Spielzeug fokussiert – an den Tisch. Es sind die Steckspiele mit geometrischen Formen, die sie immer wieder in gleicher Art und Weise ausführt: Deria nimmt die einzelnen Teile der Reihe nach heraus, legt diese in einer bestimmten, sich wiederholenden Anordnung in einem Halbkreis um das Brett aufgereiht auf den Tisch und legt die Teile in ihrem eigenen Rhythmus, passend zugeordnet zurück in das Formbrett. Wird ihre Ausführung von außen gestört oder unterbrochen, reagiert sie unmittelbar mit heftiger Abwehr darauf, beginnt laut zu schreien und ihren Unmut so lange kundzutun, bis die alte Ordnung wieder hergestellt ist.

Auch Sarah hat ihre ganz bestimmten Laufwege. Im Bewegungsraum wählt sie die Bananen-Wippe als Anlaufstelle für sich aus: ihr Start- und Zielpunkt, von wo aus sie den Raum und die Spielmaterialien auf ihrem Laufweg für sich erkundet. Den Heilpädagogen umläuft sie in einem größeren Radius. Aus der Distanz heraus hält sie in ihrem Lauf inne und beobachtet, was er macht: Immer wenn sie in seine Richtung schaut, stellt er einen weiteren Becher auf den Stapelturm und – verbunden mit einem Signalwort, das er an sie richtet – wirft den Turm mit Wucht um, so dass die Becher laut polternd zu Boden scheppern. Sarah reagiert freudig auf diesen Effekt und als der Heilpädagoge seinen Platz wechselt, erkundet sie interessiert die Becher. Dieser Spielablauf wiederholt sich über lange Zeit.

Die Spielhandlungen werden vielfach in monotoner und rigider Art wiederholt. Studien belegen, dass Kinder mit einem frühkindlichen Autismus insbesondere in freien Spielsituationen mit ziellosen und selbststimulierenden Verhaltensweisen beschäftigt sind und in strukturierten Spielangeboten in ein einfaches funktionales Spiel kommen. Auch wenn das Kind über höhere sprachlich-kognitive Fähigkeiten verfügt, ist das Symbolspiel eingeschränkt und es gestaltet spontan kein So-tun-als-ob-Spiel: das Eingießen von Tee aus einer imaginären Kanne in eine Tasse, aus der im Spiel getrunken wird, oder dass aus Knete Essen gekocht wird, um die Puppe damit zu füttern. Ein fantasievolles, von den Gegenständen und der funktionalen Handlung losgelöstes Rollenspiel mit eigenen neuen Einfällen ist oftmals nicht zu erkennen. Eine wechselseitige und aufeinander bezogene soziale Rolle im Spiel einzunehmen, ein kooperatives Rollenspiel zu gestalten und sich über die Metakommunikation mit den anderen über den Spielverlauf abzustimmen, stellen erfahrungsgemäß eine Überforderung dar (vgl. Noterdaeme 2005, 81).

Die Beschreibungen einer Autismus-Spektrum-Störung nach den ICD-10-Kriterien haben einen negativ-defizitären Anklang, zeigen aber eindrücklich die Unterschiede in der Qualität des Kontakt- und Spielverhaltens auf. Aufgabe und Ziel der heilpädagogischen Bemühungen ist es, einen verstehenden Zugang zur Spielwelt dieser Kinder herzustellen – auch wenn uns diese mitunter fremdartig erscheint. Es geht darum, die sinnhafte Bedeutung der Spielhandlung für dieses Kind zu entschlüsseln und eine Vorstellung davon zu entwickeln, wie sie Welt wahrnehmen und die Reize verarbeiten. In ihrer Welt werden besondere Aspekte und gewisse Details fokussiert, die für sie einen ureigenen Anreiz haben. Spielgegenstände und Spielweisen, die mit steigendem Alter für andere Kinder an Aufforderung verlieren, bleiben für diese Kinder faszinierend. Sie tauchen in Handlungswiederholungen ein und scheinen in ihrer Versunkenheit alles andere auszublenden. Das funktionale Manipulieren und die selbststimulierenden Effekte haben in ihrem Spiel eine zentrale Bedeutung. Es ist wohl eine Art und Weise, sich über die Gegenstanderfahrung Strukturen zu schaffen, und eine besondere Form der Selbstorganisation.

Beispiel

In den Spielstunden setzt sich Alina immer wieder im Langsitz vor den Kreisel, schaukelt rhythmisch mit dem Oberkörper vor und zurück und hält dabei ihre Arme in U-Haltung mit abgespreizten Händen und führt tippende Fingerbewegungen in der Luft aus. Sie untermalt ihre Bewegungen mit Geräuschen, hohen Tonleitern oder tiefen brummend-vibrierenden Lauten. Die Heilpädagogin setzt sich dazu und greift ihre Geräusche imitierend antwortend auf. Dann legt sie eine blaue Holzkugel in den roten Therapie-Kreisel und setzt diesen so in Bewegung, dass sich die Kugel darin dreht und Geräusche erzeugt. Alina hält inne und lauscht und verfolgt dann gespannt die sich im Kreisel bewegende Kugel. Reicht die Heilpädagogin Alina eine weitere Kugel an, führt diese die Hand der Heilpädagogin zum Kreisel und setzt mit erwartungsvollen Schaukelbewegungen des Oberkörpers ein.

Für die praktische Anwendung kann eine Kopie der folgenden Fragen als spieldiagnostischer Arbeitsbogen dienen.

Gezielte Fragestellungen für die Spielbeobachtung bei Autismus-Spektrum-Störung

- Nimmt das Kind im Spiel Kontakt auf und ist es auf das Du bezogen?
- Wie gestaltet das Kind die soziale Interaktion im Spiel?
- Wie kommuniziert es im Spiel?
- Entsteht eine geteilte Aufmerksamkeit, macht das Kind über Zeige-Gesten auf bestimmte Dinge aufmerksam und fordert es zum weiteren Spiel auf?
- Zeigt das Kind spontan Freude im Miteinander, drückt es seine Gefühle gestisch-mimisch aus und kann es auf emotionale Signale eingehen?
- Wie beschäftigt sich das Kind mit den Spielzeugen?
- Können besondere sensorische Interessen und ein ungewöhnliches Hantieren mit den Gegenständen beobachtet werden?
- Hat das Kind spezielle Interessen, besondere Begabungen?
- Wie variationsreich ist das Spielverhalten?
- Wie reagiert das Kind auf Veränderungen?
- Zeigt das Kind symbolische Spielhandlungen und »tut es so, als ob«?
- Können besondere, eigentümlich erscheinende Bewegungen in gleichbleibender Weise (Manierismen) beobachtet werden?

Sozial-emotionale Beeinträchtigungen

Die *Verhaltens- und emotionalen Störungen mit Beginn in der Kindheit* (ICD-10) werden in einem Kapitel zusammengefasst. Die sozialen Interaktionen und Beziehungen sind erschwert, so dass die Aktivitäten und die Partizipation im Kontext der Umweltfaktoren im Sinne der ICF-CY beeinträchtigt sind. Im Spiel mit anderen fällt es dem Kind schwer, in sozial angemessener Weise zu interagieren, Gefühle und Impulse zu steuern, Ängste zu überwinden, Aggressionen zu kontrollieren und in Übereinstimmung mit sozialen Regeln zu handeln. Die materielle, soziale und einstellungsbezogene Umwelt, in der das Kind lebt und sein Dasein entfaltet, weist positive Förderfaktoren oder negative Bedingungen im Sinne von Barrieren auf (vgl. ICF-CY 2012, 210 ff., 228 ff.).

Das Kind kommt als ein soziales Wesen zur Welt und ist auf das Du in der Interaktion ausgerichtet. In der Beziehungsgestaltung werden Emotionen erlebt, ausgedrückt und reguliert. Die emotionale Befindlichkeit prägt das Verhalten, das über die Rückmeldungen im Kontakt verstärkt, aufrechterhalten oder modelliert wird. Im Laufe der sozialen und emotionalen Entwicklung tauchen phasenbezogene Aufgaben und Krisen auf, die jedes Kind zu bewältigen hat. So lernt es, eine immer differenziertere und komplexere Gefühlswelt zu verarbeiten und sein Befinden non-verbal und verbal mitzuteilen. Es erwirbt Fähigkeiten in der Perspektivübernahme und im Einfühlungsvermögen, die ein besseres Verstehen der Situation ermöglichen. Um sein Verhalten dazu in Beziehung setzen zu können, entwickelt es seine Handlungsstrategien weiter (vgl. Pfeffer 2012, 16 f.). Abhängig vom Temperament, den individuellen Bedürfnissen und Eigenheiten des Kindes und dem Verständnis sowie den Reaktionen des Umfeldes gelingen die Emotionsregulation und die soziale Anpassung.

Es gibt Kinder, die im Spiel eine abwartende und beobachtende Rolle einnehmen, unsicher und zurückhaltend sind und eine soziale Rückzugstendenz haben. Sie brauchen Zeit, um sich den Spielraum für sich zu erschließen, und gehen zögerlich und vorsichtig auf neue Spielanregungen ein. Sie wirken gehemmt und trauen sich wenig zu. Es gibt Kinder, die eigenaktiv und selbstbestimmt ihre Spielwelt erkunden, ihre Bedürfnisse einfordern und in einer präsenten, dominanten Rolle sozial bezogen sind. Sie gestalten das Spielgeschehen nach ihren eigenen Ideen und können sich durchsetzen und behaupten. Es fällt ihnen mitunter schwer, abzuwarten, sich an die Regeln zu halten, und sie reagieren schnell trotzig-verweigernd.

Im Spiel zeigen Kinder vielfältige sozial-emotionale Ausdrucks- und Verhaltensweisen, die auf einer Achse zwischen einem internalisierenden und externalisierenden Pol eingeordnet werden können. Der internalisierende Typ ist auf das eigene Selbst ausgerichtet und agiert nach außen hin eher unsicher gehemmt. Der externalisierende Typ zeigt ein nach außen gerichtetes Bewältigungsverhalten (vgl. Klauß 2013, 12 f.). Beide Tendenzen in der Persönlichkeit des Kindes sind berechtigte Handlungsstrategien mit fließenden Grenzen bis hin zu pathologischen Mustern, weil sie sich hinderlich auf die weitere Entwicklung auswirken.

Beispiel

Sonja – im 2. Schuljahr – wirkte über Wochen in ihrem Spiel massiv gehemmt. Sie setzte sich gleich zu Beginn der Spielstunde auf ein Sitzkissen und verharrte dort. Ihr Blick wanderte müde-resigniert durch den Raum. Auf Ansprache der Heilpädagogin reagierte sie mit kurzen, abwehrenden Antworten. Gegen Ende der Stunde hantierte sie mal hier mal dort mit Materialien.

Überraschend für die Heilpädagogin begann sie eines Tages ein Rollenspiel mit den Puppen und Tierfiguren. Die Kinder-Figuren werden harsch behandelt: Abrupt setzt sie ein Kind nach dem anderen auf einen Stuhl und befiehlt jedem, dort sitzen zu bleiben, »bis ich wieder nach Hause komme«. Sie geht einmal schlendernd durch den Raum, kommt zurück zu den Puppen und befiehlt einer: »Du kochst uns jetzt Nudeln mit Spinat und lässt nichts anbrennen!«. Die übrigen Kinder werden angeraunzt und mit heftigen Strafen belegt. Sonja schreit sie an: »Wie oft habe ich euch gesagt ... Nichts könnt ihr richtig machen!«. Dann verlässt sie die Spielszene und setzt sich wieder – in sich verschlossen wirkend – auf ihr Sitzkissen. Die Heilpädagogin reflektiert laut vor sich hin das Geschehen.

Unterscheiden sich die Verhaltensweisen des Kindes von der Normvariante durch eine unüblich starke Ausprägung und eine untypisch lange Dauer, so dass sie zu Problemen führen, können Verhaltensauffälligkeiten und emotionale Störungen diagnostiziert werden. Die Behandlungsbedürftigkeit ist abhängig vom Leidensdruck des Kindes und den Bewertungen des sozialen Bezugsfeldes. Die Symptome können isoliert, aber auch im Kontext von kombiniert umschriebenen oder globalen Entwicklungsstörungen und körperlich motorischen Einschränkungen auftreten.

Frühe Regulationsstörungen und Bindungsstörungen (ICD-10) gelten als ein früher Marker für emotionale Störungen. Im ersten Lebensjahr entwickelt sich eine grundlegende Bindungsqualität, die von der Feinfühligkeit der Bezugspersonen hinsichtlich der kindlichen Bedürfnisse bestimmt ist. Inwieweit die Bezugsperson in ihrer Haltung, Handlung und Stimme angemessen emotional auf das Kind hin ausgerichtet sein kann, hängt von der eigenen Bindungsrepräsentation der Mutter/des Vaters ab (vgl. Brisch 2005, 23–43). Bringt das Kind Schwierigkeiten in der Eigenregulation mit, schreit es viel und andauernd, ohne sich beruhigen zu lassen, zeigt es eine Übererregbarkeit und Überempfindlichkeit gegenüber Sinneseindrücken oder ist die Nahrungsaufnahme sowie das Schlafverhalten problematisch, erfordert das eine erhöhte elterliche Kompetenz. Die intuitiven Fähigkeiten der Eltern in der Interaktion mit ihrem Kind in alltäglichen Pflege- und Spielsituationen werden rasch beeinträchtigt und sie erleben mitunter eine hohe Verunsicherung im Umgang mit ihrem Kind. So »entstehen negative Rückkoppelungsmechanismen mit Teufelskreisen negativer Gegenseitigkeit« (Brandau 2006, 57). Werden frühe Bedürfnisse nach Nähe und Schutz in bedrohlich-ängstlichen Situationen in einem ausgeprägten Maße nicht stimmig, unzureichend oder widersprüchlich beantwortet – im Sinne von abrupten Trennungs- und Deprivationserfahrungen –, können sich psychopathologisch auffällige Bindungsmuster herausbilden, die keine Ähnlichkeit mehr mit dem sicher oder unsicher gebundenen Bindungsverhalten haben. Die extremen Formen werden nach der ICD-10 als reaktive Bindungsstörung mit oder ohne Enthemmung klassifiziert und gehen häufig mit psychosomatischen Störungen einher (vgl. Brisch 2005, 23–43).

Emotionale Störungen des Kindesalters (ICD-10) können mit Trennungsangst, sozialer Ängstlichkeit und Phobien einhergehen. Die Angstsymptome zeigen sich auf der körperlich-leiblichen Ebene (z. B. Schwitzen, Zittern, Herzklopfen), auf der kognitiven Ebene (z. B. Gedanken wie »Das schaffe ich nicht«, »Ich werde ausgelacht«, »Der Hund wird mich beißen«) und auf der Verhaltensebene (z. B. Weinen, Anklammern, Wegschauen, Schweigen, Erstarren). Angst gehört zum Leben dazu und jeder Mensch, jedes Kind erlebt Angst. Das Angstgefühl hat eine Warnfunktion bei Gefahren und ermöglicht es, bedrohlich empfundene Situationen zu bewältigen und aus diesen Erfahrungen heraus handlungsfähig zu bleiben (vgl. Pfeffer 2012, 59 ff.). Die frühen Angsterfahrungen im sozialen Bezug sind abhängig vom Verhalten der Bezugspersonen. Beginnend mit der Acht-Monats-Angst fängt das Kind an zu fremdeln, da es ab diesem Alter in der Lage ist, fremde und vertraute Personen zu unterscheiden. In den Fort-da-Spielen kann es die Loslösung/Trennung selbstbestimmt gestalten und die damit einhergehenden Ängste spielerisch bewältigen. Die Trennungssituationen im Alltag nimmt das Kind immer bewusster wahr, es versucht, diese mit Beginn der Trotzphase zu verhindern, und lernt mit Hilfe der emotional verfügbaren Bezugsperson, die es als Bild verinnerlicht, Trennung positiv zu gestalten. Die gesammelten Erfahrungen erleichtern oder erschweren weitere Trennungssituationen. Die Angstbewältigung bleibt in der weiteren Entwicklung ein wiederkehrendes Thema (vgl. Senckel 2002, 209 ff.; Pfeffer 2012, 60 ff.)

Beispiel

In der Spielgruppe bleibt Marie die Stunde über bei ihrer Mutter auf dem Schoß sitzen und beobachtet die anderen Kinder aus der sicheren Distanz heraus. Bietet die Mutter ihr Spielzeuge an, geht sie darauf ein und erkundet diese mit ihr zusammen. Wird Marie von anderen Müttern angesprochen oder kommt die Kursleitung und bietet ihr ein Spielzeug an, wendet sie sich ab und drückt das Gesicht an die Schulter ihrer Mutter.

Nach einer längeren Eingewöhnungsphase im Kindergarten kann sich Marie schwer von ihrer Mutter trennen und bleibt, ihren Kuschel-Hasen in der Hand haltend, mit der Erzieherin am Fenster stehen, um der Mutter nachzuschauen. Zögerlich wendet sie sich ab und setzt sich wie jeden Morgen an den Mal- und Basteltisch und gestaltet mehrere Bilder in Folge.

Im Spielzimmer der heilpädagogischen Praxis verweilt Marie im Eingangsbereich, tritt vorsichtig vor den Schrank und betrachtet die unterschiedlichen Spielmaterialien. Sie verharrt inaktiv in der einmal eingenommenen Haltung, wirkt gehemmt und äußert keinen Spielwunsch. Zögerlich kann sie sich überwinden und holt vorsichtig die Kiste mit dem Playmobil heraus. In ihrem eigenen Tempo wählt Marie einzelne Teile aus, baut den Zaun auf und stellt die Pferde und alle weiteren Tiere in das Gatter. Daneben reiht sie das Zaumzeug, die Sattel, die Eimer und das Fressen auf. Sie gestaltet eine Sitzgruppe aus Tischen und Stühlen, deckt den Tisch mit Geschirr und setzt die Figuren hin. Diese Szene gleicht der der vorherigen Spielstunden. Sie hat keine weiteren Spielideen und initiiert keine Spielhandlung mit den Tieren und Figuren.

Hyperkinetische Störungen (ICD-10) gehen mit einem impulsiven Verhalten, Aufmerksamkeitsproblemen und häufig mit einer mangelhaft regulierten und überschießenden Aktivität einher, die kontextübergreifend auftreten.

ADHS ist ein theoretischer Begriff für ein Sammelbecken bestimmter entwicklungsabweichender Verhaltensweisen, die multifaktoriell bedingt sind und bei typischen Erscheinungsformen im Kleinkindalter erst ab dem Schulalter sicher diagnostiziert werden können (vgl. Brandau 2006, 16, 52). Diese Kinder haben erhebliche Schwierigkeiten, sich zu regulieren, zu fokussieren und sich zu organisieren, so dass die Strukturierung von Spielhandlungen erschwert ist.

Beispiel

Moritz kommt in das Spielzimmer, fragt nach den Lego-Steinen und geht dabei aber direkt auf ein Regal zu. Dort nimmt er ein Auto heraus, derweil fallen weitere Autos scheppernd hinunter. Ohne es weiter zu beachten, erkundet Moritz kurz sein Auto und stellt es auf den Spieltisch. Nun nimmt er die Flaschen aus dem Regal, schaut sich den jeweiligen Inhalt an und kommentiert diesen. Moritz schüttet die Flummis raus und lässt diese durch den Raum springen. Er läuft zum Schrank, öffnet die Türen und entdeckt weitere Spielzeuge. Er überlegt laut, mit der Ritterburg, die er entdeckt hat, spielen zu wollen, und versucht, an das obere Fach zu gelangen. Dann stellt Moritz sein Vorhaben ein und nimmt stattdessen die Kiste mit Bauklötzen aus dem Schrank. Er formuliert seine Spielabsicht, selbst eine Burg zu bauen, und beginnt, die Klötze aus der Kiste zu räumen. Nun legt er einen Grundriss, beginnt, die Mauer zu stapeln, und bezeichnet sein Bauwerk als Krankenhaus. Dafür holt Moritz sich die Figuren aus dem Regal, legt die Rolle des Arztes fest und gestaltet eine kurze Spielszene, in der er als Arzt das Kind untersucht. Die Figuren lässt Moritz unbeachtet auf dem Boden liegen und geht erneut zum Schrank, aus dem er ein Regelspiel holt. Mit der Kiste in der Hand läuft Moritz zum Tisch und tritt auf die Bausteine. Er setzt sich hin, baut das Brettspiel auf, wählt eine Figur und führt einige Spielzüge aus. Dann beendet Moritz vorzeitig das Spiel und steht auf.

Störungen des Sozialverhaltens (ICD-10) sind durch ein sich wiederholendes und anhaltendes Muster dissozialen, aggressiven und oppositionellen Verhaltens charakterisiert und können sich auf den familiären Rahmen beschränken oder auf die sozialen Beziehungen zu Gleichaltrigen und andere bezogen sein.

Aggressives Verhalten hat unterschiedliche Formen verbaler und nonverbaler Art in Bezug auf Materialien, Tiere, Personen und auf sich selbst. Wut ist ein normaler Gefühlsausdruck, der Wachstums- und Durchsetzungsimpulse gibt. Im positiven Sinne geben Aggressionen dem Kind Impulse, sich an Neues heranzuwagen und sich zu behaupten. Mit Beginn der Trotzphase entstehen frühe Konflikte – zum Beispiel um den Besitz eines Spielzeuges. Alles, was meins ist, wird als zu sich selbst gehörend erlebt und bestimmt das Ich des Kindes. Es kann sich nur als eigene Person definieren in deutlicher Abgrenzung zu anderen. Die Autonomiebestrebungen, den eigenen Willen durchzusetzen und es allein machen zu wollen, gehen oft mit Wutanfällen einher. Die Lernerfahrungen sind abhängig von den Reaktionen der Bezugspersonen. Ein emotional warmes und feinfühliges Erziehungsklima fördert die Entwicklung von compliance, also die situationsabhängige Regeleinhaltung und Kooperation des Kindes (vgl. Kasten 2008, 90 ff.).

Beispiel

Julius kommt in den Bewegungsraum und geht zu den anderen Kindern, die der Reihe nach vom Kasten auf die Matte springen. Er stellt sich zwischen die anderen, nimmt sich den kleinen Kasten und äußert dabei lautstark, dass er daraus ein Schiff bauen wolle und der Kapitän sei. Den Kasten stellt er umgedreht auf das Rollbrett und kniet sich hinein. Ein Holzbrett dient als Ruder. Ein anderes Kind, das sein Tun beobachtet, kann Julius dazu ermuntern, das Rollbrett-Schiff durch den Raum zu schieben. Kommt ein weiterer Junge dazu, der auch mit im Schiff sitzen möchte und ihn darum bittet, weist er ihn verbal ab und schubst ihn weg.

In einer anderen Situation sitzt Julius mit anderen Kindern am Maltisch und gestaltet ein Bild mit einem Piratenschiff, das er ausführlich kommentiert, ohne die Reaktionen der anderen Kinder zu beachten. Als das Kind neben ihm aufsteht, um einen Anspitzer zu holen, übermalt er dessen Bild mit dicken braunen Strichen und wirft es zerknüllt auf den Boden. Dann malt Julius unbekümmert sein Bild weiter. Auch schaut er nicht auf, als das andere Kind wiederkommt, das eigene Bild zunächst nicht findet und es dann mit Tränen in den Augen vom Boden aufhebt.

Eine andere Szene ist im Spielzimmer der Heilpädagogin zu beobachten. Julius wählt die Piraten-Insel und gestaltet ein Rollenspiel mit den Figuren. Die Piraten erobern ein Schiff und erbeuten die Schatzkisten. Wiederholt greifen die Piraten an, kämpfen die Besatzung nieder und beschießen das Schiff mit Kanonen. Die Kampfszenen werden immer brutaler/aggressiver, der Junge steigert sich in das Spiel hinein, verliert sich darin und reagiert bei einer Ansprache durch die Heilpädagogin weder auf der konkreten Spielebene noch auf der Metaebene.

Für die praktische Anwendung kann eine Kopie der folgenden Fragen als spieldiagnostischer Arbeitsbogen dienen.

Gezielte Fragestellungen für die Spielbeobachtung bei sozial-emotionalen Beeinträchtigungen

- Was für eine Grundstimmung zeigt das Kind, was sind seine Eigenheiten und wie ist sein Temperament?
- Wie ist die Qualität in den frühen Eltern-Kind-Interaktionsspielen, wie feinfühlig gehen die Eltern auf die Bedürfnisse des Kindes ein und wie gelingt es dem Kind, seine Befindlichkeit auszudrücken und sich selbst zu regulieren?
- Kann das Kind im Spiel seine Emotionen wahrnehmen und regulieren sowie seine Gefühle non-verbal und sprachlich mitteilen?
- Kann das Kind die Perspektive einer anderen Person übernehmen, sich in andere einfühlen und das Verhalten der anderen in der Spielsituation verstehen?
- Kann das Kind im Spiel seine Impulse steuern und sein Verhalten kontrollieren?
- Kann das Kind sich im Spiel mit anderen anpassen, sich angemessen behaupten und die sozialen Regeln einhalten?
- Zeigt das Kind ein zurückhaltendes, unsicher-ängstliches und gehemmtes Verhalten im Spiel?
- Zeigt das Kind ein reizoffenes und sprunghaftes Spielverhalten, fällt es ihm schwer, abzuwarten, seine Aufmerksamkeit zu fokussieren sowie über die Spieldauer hinweg aufrechtzuerhalten, und ist es motorisch unruhig oder innerlich getrieben?
- Zeigt das Kind oppositionelle und verweigernde Verhaltensweisen in der Spielsituation oder wütend-aggressive Ausbrüche bezogen auf die Spielzeuge, gegenüber anderen Mitspielern in verbaler oder tätlicher Art oder auf die eigene Person gerichtet?

Die aus den spieldiagnostischen Einschätzungen abgeleitete heilpädagogische Frage, was das Kind braucht, ist für die Förderziele und Inhalte bestimmend. Die Spielformen weisen bestimmte Lerninhalte auf, die in der heilpädagogischen Förderung relevant sind. Spiel ist die erste und entscheidende Bildungsform im Kindesalter: Dieser Grundsatz gilt auch bzw. im besonderen Maße für Kinder mit Entwicklungsbeeinträchtigungen im heilpädagogischen Tätigkeitsfeld.

5 Spiel: Das zentrale Medium in heilpädagogischen Tätigkeitsfeldern

Ortheil (2015, 6) beschreibt Glücksmomente als Momente einer besonders intensiv erlebten Gegenwart, in die Erinnerungen an die Vergangenheit und Hoffnungen auf die Zukunft eingehen:

> »Das […] Leben nimmt eine Form an, es zeigt sich als räumliches und zeitliches Bild und damit als ein Portrait des Selbst: Jetzt, in diesem Moment, befinde ich mich genau *hier* und erlebe *diesen* Moment als einen, den *ich* gestalte und in dem ich mich aufgehoben fühle. Genau der oder die *bin* ich. Und genau der oder die *will* ich sein. Solche Glücksmomente verdrängen die allgegenwärtigen Formen der Entfremdung für eine bestimmte Zeit.«

Die bisherigen Ausführungen machen deutlich: Insbesondere das Spiel löst beim Kind das beschriebene Erleben aus. Die Heilpädagogin nutzt diese tiefe Bedeutung in einem methodisch strukturierten Leitkonzept von Entwicklungshilfe. In der Begegnung mit dem Kind bietet sie ihm einen Raum, in dem es sich selbst erleben und (wieder-)finden kann – in seinem ihm eigenen Rhythmus und Tempo.

5.1 Zwei Förderkonzepte: Heilpädagogische Übungsbehandlung (HPÜ) und Heilpädagogische Spieltherapie (HPS)

Das Medium Spiel wird zentral eingesetzt, um zu einer diagnostischen Einschätzung zu finden und sie im Prozess immer wieder zu überprüfen: Was braucht das Kind und (i. d. R.) seine Familie jetzt sofort bzw. zu einem späteren Zeitpunkt? Die Antwort auf diese Leitfrage führt zur Formulierung von Richtzielen, die im nächsten Arbeitsschritt zu Teilzielen und weiter in Feinziele operationalisiert werden. Die Zielvorstellungen weisen auf die zu wählende methodische Ausrichtung hin. Sie begründen die getroffene Auswahl der Schwerpunkte. Die heilpädagogisch relevante Leitfrage kann so beantwortet werden:

Das Kind braucht ein gezieltes Angebot, das systematisch Spielkompetenzen aufbauen will, damit es lernt, seine Subjekt- und Objektwahrnehmung zu ermöglichen, zu verbessern und zu stabilisieren, seine Handlungsplanung aufzubauen und so umzusetzen, dass Kommunikation gelingt. Das entsprechende heilpädagogische Angebot konzentriert sich auf das Spielenlernen und orientiert sich am Ansatz der *Heilpädagogischen Übungsbehandlung* (HPÜ).

Die Heilpädagogische Übungsbehandlung

Die HPÜ hat ihren Ursprung in der praktischen Arbeit der Heilpädagogin Clara Maria von Oy in einer stationären Einrichtung der Behindertenhilfe. Grundlegend wichtig blieb ihr das Erleben von Begegnung und Beziehung für das Kind – auch mit schwerer Beeinträchtigung. Sie konzentrierte sich auf die Vermittlung und Differenzierung seiner Ausdrucksmöglichkeiten. Aus entwicklungspsychologischen Spieltheorien und pädagogischen Prinzipien (z. B. Fröbel, Montessori, Morgenstern) entwickelte die ehemalige Professorin im Fachbereich Heilpädagogik der Katholischen Fachhochschule Freiburg gemeinsam mit Alexander Sagi, ihrem Kollegen, diesen ersten genuin heilpädagogischen Arbeitsansatz in den frühen 1970er Jahren. Die HPÜ versteht sich als ganzheitlich orientiertes Förderkonzept. Sie betont die gezielte Entwicklung von Wahrnehmungs- und Handlungskompetenzen. Über den Aufbau von sensomotorischen Schemata, emotional-sozialen Fähigkeiten und kognitiven Fertigkeiten soll sich der Subjekt- und Objektbezug entfalten können; Handlungselemente sollen sich zu Handlungseinheiten formieren, so dass das Kind sich im sozialen Bezug konstruktiv seiner selbst vergewissern kann. Die Heilpädagogin wird sich am Entwicklungsalter des Kindes orientieren, seine vorhandenen Kompetenzen wahrnehmen, Erfahrungen des Kindes von Selbstwirksamkeit begrüßen und Hilfen anbieten, die zum nächst höheren Entwicklungsniveau führen wollen. Das didaktische Prinzip des wiederholenden Tuns geschieht im spielerisch gestalteten Dialog; es soll anregend wirken und Lernen ermöglichen. Biene-Deißler und Schroer legten 2011 eine aktualisierte Konzeption vor.

Planvoll und aufeinander aufbauend werden dem Kind Übungen angeboten, die die vorhandenen Fähigkeiten des Kindes aufnehmen, seine Selbsttätigkeit locken und ausbauen wollen, um Selbstwirksamkeit lustvoll erlebbar zu machen. Über das Berührt- und Bewegtwerden, über die gezielte Ansprache all seiner Sinne und das systematisch aufgebaute Einüben der Spielformen soll das Kind schrittweise sich selbst und seine Lebenswelt so erkennen können, dass es handelnd eine Auseinandersetzung wagen und bestehen kann. Die Heilpädagogin setzt dort mit gezielten Angeboten Akzente, wo das Kind Anregungen zum Tätigwerden braucht.

Die Inhalte werden Fertigkeiten des Kindes aufnehmen und mit noch nicht beherrschten Anteilen kombinieren – entsprechend der »Zone nächster Entwicklung« (Wygotski 1978). Die Anstrengungen des Kindes werden unmittelbar bestätigt; Hilfestellungen werden kontrolliert in dem Maß gegeben, die ein Gelingen der Handlung ermöglichen, ohne das Kind zu beschämen. Teilaufgaben werden in die übende Wiederholung genommen, so dass das Kind die Inhalte internalisieren kann. Handlungsideen und Eigenaktivitäten – jede Selbsttätigkeit des Kindes muss Raum und Zeit finden.

Die Leitfrage kann aber auch so beantwortet werden: Das Kind braucht ein Angebot, um seine beeinträchtigten, oft gestörten sozialen Beziehungen, in denen es sich primär ohnmächtig und schutzlos fühlt, in denen es Mechanismen entwickelt hat, die es zusätzlich einschnüren, so zu bearbeiten, dass eine Umorientierung und eine neue Lebensqualität wachsen kann. Das entsprechende heilpädagogische Angebot konzentriert sich auf das Spiel als Sprache, als vorhandene Kommunikationsform des Kindes und orientiert sich am Ansatz der *Heilpädagogischen Spieltherapie* (HPS).

> **Die Heilpädagogische Spieltherapie**
>
> Auf der Basis der Literatur von A. Freud, Klein und Zulliger und ergänzt durch Ausführungen von Axline zur nichtdirektiven Spieltherapie sowie der Nutzung von Bausteinen aus der Verhaltensmodifikation entwickelte Hildegard Just, ehemalige Professorin im Fachbereich Heilpädagogik der Katholischen Fachhochschule Freiburg, ab 1968 die HPS. Im Prozess der Weiterentwicklung bezog sie Schmidtchen (1974, 2001) und Goetze (1974, 2002) mit ihrem personzentrierten Ansatz der Kinderpsychotherapie in ihre Überlegungen zur Konzeption der HPS ein: Psychoanalytisches Denken dient (nur) der Verstehensdiagnostik; die Beziehungsgestaltung der Heilpädagogin wird vornehmlich von den klassischen Variablen nach Rogers und Axline bestimmt. Die pädagogisch orientierten Interventionen bestätigen, ermutigen und konfrontieren das Kind. In der konkreten Rollenübernahme bietet die Heilpädagogin im Mitspielen eine Konfliktverdichtung/Profilierung und Lösungsalternativen an und/oder sie delegiert diese Inhalte in Teilaussagen an Spielfiguren. Zentral bleibt das freie Spiel des Kindes als seine wesentliche Sprache (vgl. Zulliger 1951), mit der es Problemlösungswege findet und in einer veränderten Auseinandersetzung mit sich selbst und mit seiner sozialen Umwelt eine verbesserte Lebensqualität aufbauen kann. 2008 legten Simon und Weiss (Herausgeber) eine aktualisierte Konzeption vor.

Die Heilpädagogin nutzt die Kompetenzen des Kindes, das im freien Spiel seine Lebensthemen – seine Not und Verzweiflung, seine bisherigen Lösungsversuche, seine Freuden und Hoffnungen – gestaltet. Die Heilpädagogin versucht, über eine verstehensfördernde Aufmerksamkeit (vgl. Schmidtchen 2001, 181) die Spielsprache des Kindes zu entschlüsseln, zu bewerten und im Spiel Antworten anzubieten, die das Kind ermuntern, seine ihm eigene emotional-soziale Neuorientierung zu finden und zu gestalten. Im Spiel wird es dazu Perspektiven entwickeln und experimentierend mit ihnen umgehen. Das Kind braucht dazu den Schutzraum des Spielzimmers mit ausgesuchten Materialien, die seine Aufmerksamkeit lenken und die es zu seinem Spiel anregen. Es braucht dazu die Heilpädagogin, die das Tun – manchmal auch das verweilende Nichtstun – wertschätzt. Es braucht eine Heilpädagogin, die versucht, mitspielend Antworten auf direkte wie auf vorbewusste oder kaschierte Fragen des Kindes zu geben. Puppen und Tierfiguren, Ver- und Entzauberungen wirken über ihre Symbolkraft. Sie übernehmen entlastend Ängste und Wünsche des Kindes; sie spiegeln Anteile seiner Wirklichkeit und bieten sich an, mit veränderten Szenarien – hin zu Problem- und Konfliktlösungen – zu experimentieren. Die Heilpädagogin wird hier zugewandt und aufmerkend Akzente setzen, wenn das Kind sie zum Mitspielen einlädt. Sie hat auch die Möglichkeit, im Parallel-Spiel – für sich – kurz Szenen zu gestalten, von denen sie annimmt, dass sie für das Kind jetzt einen Sinn machen.

Die Übersicht in Abbildung 6 (s. S. 148; vgl. Schroer 2015, 8) zeigt polarisierend und generalisierend Unterschiede von HPÜ und HPS auf. In der Praxis der individuell ausgerichteten heilpädagogischen Arbeit überschneiden sich beide Förderkonzepte. Die Zusammenarbeit mit den Eltern ist in beiden Ansätzen integrierter Bestandteil.

In Abbildung 6 wird deutlich: HPÜ und HPS sind zwei methodisch unterschiedlich angelegte Förderkonzepte, die in der Praxis der Heilpädagogin selten in ihrer »Reinkultur« angewendet werden. Das Individuum Kind in seiner konkreten unverwechselbaren Lebenswelt und die fachliche Reflexion der Heilpädagogin bestimmen die angemessene Kombination dieser beiden Konzepte, die sich mit ausgewählten Bausteinen weiterer, heilpädagogisch relevanter Methoden anreichern lassen. Noch einmal: In der HPÜ soll das Spiel des Kindes (neu) initiiert entfaltet und stabilisiert werden. In der HPS wird die ausdrucksstarke Spiel-Sprache des Kindes als heilende Kraft im gemeinsamen Spiel-Gespräch genutzt. Für beide Konzepte gilt dennoch eine gemeinsame Grundausrichtung. In den folgenden didaktisch-methodischen Prinzipien werden die Gemeinsamkeiten konkretisiert:

- Das Kind und die Heilpädagogin begegnen sich in regelmäßigen Zeitabständen in einem Raum, der den individuellen Bedürfnissen des Kindes entsprechend vorbereitet wird und der dem Kind zunehmend vertraut wird. Spielmaterial ist vollständig vorhanden und hat seinen festen Platz.
- Die Heilpädagogin hat sich auf die gemeinsame Zeit vorbereitet: Sie ist bereit, sich ausschließlich auf dieses Kind, seine individuelle Geschichte und die entsprechenden heilpädagogischen Arbeitsschritte in der Gegenwart auszurichten.
- Die Heilpädagogin und das Kind entwickeln eine intensive Beziehung, die als Voraussetzung gilt, Lernprozesse und damit Entfaltung zu ermöglichen.
- Die Heilpädagogin wird das Erleben des Kindes und seine emotionale Befindlichkeit verbal und über gezielte Spielimpulse darstellen und reflektieren.
- Die Heilpädagogin wird aufmerksam und sensibel die kleinsten Bewegungs- und Handlungsimpulse des Kindes wahrnehmen und begleiten: aktiv hinhorchend, sich selbst zurücknehmend oder handelnd einen Reiz setzen, der für das Kind einen Sinn ergibt.
- Die Spielaktivitäten des Kindes haben in der Regel Vorrang.
- Die Heilpädagogin wird Inhalte (z. B. innerhalb der Wahrnehmungsförderung, im Aufbau von Fertigkeiten, in der Differenzierung emotional-sozialer Erlebnisinhalte) so in die Wiederholung nehmen, dass sie vom Kind lustvoll und anregend erlebt und schrittweise internalisiert werden können. Das Angebot neuer Erfahrungen muss an die bisher erworbenen anknüpfen.
- Das Kind wird nicht als passiv entgegennehmendes und konsumierendes Individuum degradiert; es lernt über sich selbst und seine Umwelt nur über das »zündende« Erleben und sein Selbsttätigwerden hinzu.

5.1 Zwei Förderkonzepte

übergeordnete Zielsetzungen
Aufbau von Handlungskompetenzen
Adäquate Bewältigung der Entwicklungsaufgaben
Stärkung der Persönlichkeit
Entfaltung eines positiven Selbstkonzeptes
Soziale Teilhabe
Sinnerfüllte Daseinsgestaltung

← HPÜ →   ← HPS →

HPÜ – Spielen lernen		HPS – Konflikte/Themen ausspielen
Kinder mit Entwicklungsstörung oder Behinderung	**Klientel**	Kinder mit emotionalen und sozialen Verhaltensauffälligkeiten
ab dem Funktionsspielalter	**Alter**	ab dem Rollenspielalter
als Auseinandersetzung mit der sozialen und dinglichen Umwelt > Ausformung von Fähigkeiten/ Erwerb sozial-emotionaler Kompetenzen zur Alltagsbewältigung	**Spiel**	als Ausdruck der Ich-Befindlichkeit, Anregung von Selbstheilungskräften > subjektives Projektionsfeld, um Erlebnisse zu bearbeiten, Verhaltensweisen zu reflektieren
gelenktes Spiel strukturierte Situation mit gezielter Materialauswahl gemeinsames Spiel mit Impulsen des Heilpädagogen orientiert am Spielthema des Kindes und an der „Zone nächster Entwicklung" (Wygotski) > das Kind kann Eigenaktivität erfahren und sich als selbstwirksam erleben	**Raum-Material** **Person**	freies Spiel offene Situation mit großer Materialauswahl vom Kind initiiertes Spiel, in das der Heilpädagoge nach Regieanweisung des Kindes einsteigt und mitspielt > das Kind erfährt sich selbst und kann sich wie in einem Spiegel entdecken und reflektieren
Heilpädagoge als Modell • Spielmaterialien mit Aufforderungscharakter • Motivation wecken • Spielangebote/Übungen in kleinen, aufeinander aufbauenden und für das Kind überschaubaren Schritten vom Einfachen zum Komplexen • Lernen über die Bewegung (ggf. geführte Handlungen), die Beobachtung und Nachahmung, das handlungsbegleitende Sprechen • Zur Auseinandersetzung ermutigen, Hilfen dosiert sowie gezielt anbieten • Raum und Resonanz geben, Erfolge bestätigen • Übende Wiederholungen zur Stabilisierung und Transferleistung	**methodisches Vorgehen**	Heilpädagoge als Symbolrolle • Spielmaterialien zu allen Themenbereichen • Sprachliche Anregungen, Strukturierungen und Differenzierungen bei diffusen Spielideen • bestimmte Verhaltensweisen und Gefühlsäußerungen aufnehmen, Handlungen und Gefühle verbalisieren – Externalisierung kindlicher Themen/Ressourcenaktivierung • Erlebnisaktivierende Techniken • Grenzen und Konsequenzen • Hilfe bei Problembewältigung und Strategiebildung • Hilfe bei Affektabstimmung und Emotionsregulierung

Begegnung und Zusammenarbeit mit den Eltern
HPÜ ← Anamnese- und Explorationsgespräche → HPS
HPÜ ← Befundrückmeldung und Kontraktabsprache → HPS
HPÜ ← Zielformulierung → HPS
HPÜ ← Beratung → HPS
HPÜ ← Anleitung - aktive Teilnahme am gemeinsamen Spiel in der Stunde
HPÜ ← Video-unterstütze Auswertung der Eltern-Kind-Interaktion → HPS
HPÜ ← Information und Koordination → HPS

(vgl. von Oy/Sagi/Biene-Deißler/Schroer: „Lehrbuch der Heilpädagogischen Übungsbehandlung" (Heidelberg) 2011)

(vgl. Simon/Weiss: „Heilpädagogische Spieltherapie" (Stuttgart) 2008)

Abb. 6: Polarisierende Gegenüberstellung von HPÜ und HPS (aus Schroer 2015, 8)

Immer geht es um die Verbesserung, Differenzierung und Stabilisierung der Selbstwahrnehmung und der Kommunikation in allen Lebensvollzügen. In der Beziehungsgestaltung wird die Heilpädagogin den Prozess in drei Schritten gestalten. Sie wird zu Beginn vornehmlich dafür sorgen, dass das Kind Sicherheit erfährt, um sich öffnen zu können. Nur so wird es Vertrauen, Zuversicht und Freude an der Begegnung erleben können. Das Prinzip Sicherheit gilt als Grundlage, auf der dann ein dem Kind angemessenes Erregungspotential wirksam werden kann. Es will gefordert werden, Risiken ausprobieren; Erregendes macht wach, lebendig und zugewandt. In das Erleben von Sicherheit und Erregung eingefasst vollzieht sich dann Autonomie: in ihren vorhandenen Anteilen, in ihren von der Heilpädagogin geförderten und in den neu zu erwerbenden.

Die Heilpädagogin weiß um das Fragile einer gelingenden Beziehungsgestaltung: ihrer Anbahnung und ihrer Aufrechterhaltung. Sie weiß aber auch um ihre einzigartige, durch nichts anderes zu ersetzende Chance für das Kind, im gemeinsamen Spiel zu einer veränderten, erweiterten und zufrieden machenden Lebensgestaltung zu finden. Immer begegnet die Heilpädagogin mit ihrem Angebot dem Kind unmittelbar. Sie setzt auf die Kraft des Kindes, sich im geschützten Rahmen zu öffnen, sich zu zeigen mit seinen Stärken und Hoffnungen ebenso wie mit seinen Schwächen, Zweifeln und Fragen. Sie baut darauf, dass es dem Kind gelingt, seine oft kaschierten Nöte im gemeinsam gestalteten Prozess der Annäherung zu offenbaren und sie aufgehoben zu wissen. Das bedeutet für das methodisch orientierte Vorgehen der Heilpädagogin, sehr respektvoll und behutsam das Geschenk des kindlichen Vertrauens anzunehmen. Das heißt: Nicht die heilpädagogisch relevanten Erkenntnisse (z. B. Hypothesen, Diagnose, Zielformulierung) sind primär wesentlich. Sie haben zwar einen hohen Stellenwert im Gesamtkonzept der Arbeit, sind jedoch nur (unverzichtbare) Hilfsmittel mit dienender Funktion. Das »neue Miteinander« ist die heilpädagogisch wirksame Substanz; sie wird zu den notwendigen Einstellungs- und Verhaltensänderungen führen. So steht es der Heilpädagogin nicht zu, dem Kind vorschnell oder überzogen Angebote zu machen, die sein Spielthema verbal grell durchleuchten wollen. Sie muss sich auch davor hüten, das in sein Spiel vertiefte Kind rasch und häufig mit eigenen Spieleinfällen, die sie selbst – jetzt – für wichtig hält, mit denen sie dem Kind etwas mitteilen möchte, zu unterbrechen. Dieses didaktisch lenkende Element mag in bestimmten Spielperioden seinen Sinn haben, muss jedoch von der Heilpädagogin feinfühlig und stabil begründet eingesetzt und immer wieder kontrolliert werden. Fragen zur Selbstreflexion:

- Brauche ich jetzt eine Aktion, weil mir zu wenig sichtbar geschieht? Weil das Arbeitstempo schleicht, zu stagnieren scheint? Weil ich »etwas« (unbedingt) überprüfen möchte?
- Führe ich eine Aktion zu lange, zu intensiv durch, weil sie mir persönlich besonders entspricht, die zu meinem Repertoire gehört und sich schon oft bewährt hat?
- Habe ich mein Bedürfnis nach Nähe oder Distanz in den Vordergrund gestellt? Wer »klammert« hier gerade: das Kind und/oder ich?

- Holen mich Anteile meiner eigenen Lebensgeschichte ein? Halte ich an einer bestimmten Teilthematik des Kindes fest, weil sie auch zu mir persönlich gehört? Durchleuchte ich sie – verbal/im Spielangebot – zu intensiv, so dass das Kind mit Abstoßungsimpulsen reagiert/agieren muss?
- Entspricht mein Angebot für das Kind unserer aktuellen Beziehungsqualität? Entsprechen die körperorientierten Materialien und ihr Gebrauch der gewachsenen Nähe und Vertrautheit?
- Wo, wann und warum bin ich risikofreudig? Nehme ich »etwas« in Kauf, wenn Beziehungsanfragen entstehen? Darf die Beziehung zwischen mir und dem Kind infrage gestellt werden? Dürfen die entsprechenden Gefühle lebendig werden? Wann passiert mir das? Auf welche meiner Beziehungsphantasien falle ich besonders rasch herein? Welche Konfrontationen, die vom Kind ausgehen und meiner Person gelten, sind erlaubt oder werden von mir gefürchtet? Wie halte ich es mit meinen Konfrontationen, die das Kind irritieren werden, aber auf seinem Weg langfristig zu wachsender Selbsterkenntnis und Verhaltensänderung führen wollen?

5.2 Von der heilpädagogischen Diagnose zur Stundenplanung und -gestaltung

Im Förderkonzept von HPÜ und HPS steht das Kind mit seinem sozialen Umfeld im Zentrum aller heilpädagogischen Bemühungen. Das Grundphänomen Spiel ist die Mitte aller methodisch orientierten Arbeitsschritte, die für die Arbeit im Konzept der HPÜ tabellarisch aufgezeigt werden (▶ Abb. 7 auf der folgenden Seite).

Im Rahmen der frühen Hilfen verwirklicht sich heilpädagogisches Handeln auf verschiedenen Ebenen. Das Medium Spiel findet seinen ersten bedeutsamen Einsatz in der diagnostischen Arbeit. Hier führen Anamnese, Exploration, Verhaltensbeobachtung und insbesondere die Spielbeobachtung, Verhaltensanalyse und Testverfahren zur Hypothesenbildung, die den Bedeutungsgehalt der umschriebenen Beeinträchtigung/Störung für die Betroffenen klären möchte: Wie erlebt sich das Kind in seinem Lebenskontext? Wie erleben sich seine Bezugspersonen? Welche Einstellungen und Verhaltensmuster haben sich herausgebildet? Welche Ressourcen, welche Mängel wirken auf die Lebensgestaltung? Wo liegen Problemfelder, die nicht selbsttätig gelöst werden können, unter denen die Betroffenen – unterschiedlich – leiden?

Zu diesen Fragen sucht die Heilpädagogin gleich zu Beginn eines Arbeitsprozesses mit Eltern und Kind Antworten. Diese Antworten müssen im weiteren Verlauf überprüft, differenziert und erweitert werden. Im Sinne einer Förderdiagnostik im laufenden Prozess eignet sich insbesondere das Spiel des Kindes mit seinen Botschaften. Alle diagnostischen Erhebungen führen in einer auswertenden Gesamtschau zu einer ersten Einschätzung der vorliegenden Problematik. Exemplarisch wird aus der Fallarbeit der Studentin Nadine van Almsick zitiert (S. 153).

5 Spiel: Das zentrale Medium in heilpädagogischen Tätigkeitsfeldern

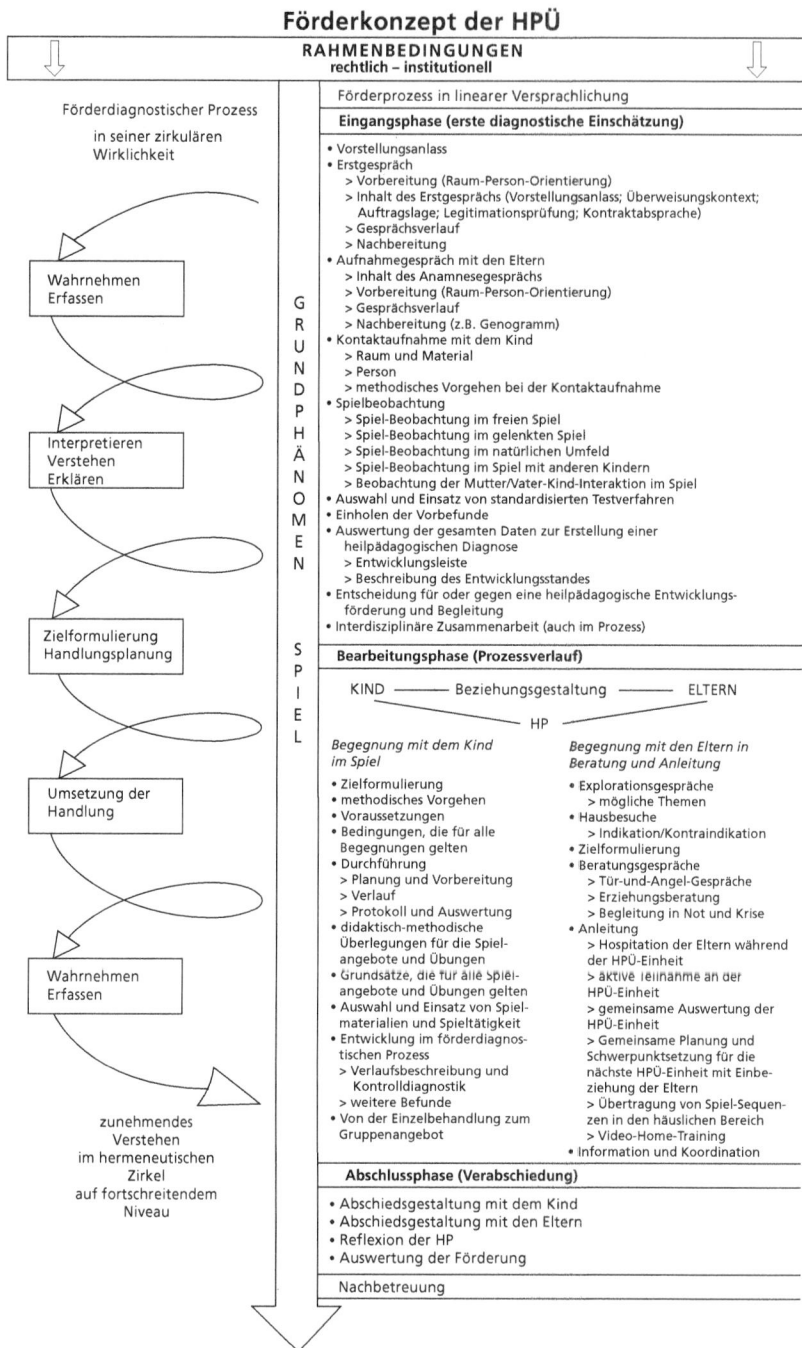

Abb. 7: Schematische Darstellung des Förderkonzepts der HPÜ (aus von Oy/Sagi/Biene-Deißler/Schroer 2011, 196 – überarbeitetes Schema aus Schroer 2005, 75)

Erste diagnostische Einschätzung

»Steffen (1;4 Jahre) ist ein Kind mit Trisomie 21. Er hat seine eigene individuelle Lebensgeschichte mit Ereignissen, die ihn geprägt haben.
  Die Trisomie 21 und die komplikationsreiche Geburt mit häufigen Krankenhausaufenthalten in der Folge wirken sich hemmend und stagnierend auf die frühe sensomotorische Entwicklung von Steffen aus.
  Nach dem erschwerten Beziehungsaufbau in den ersten Lebensmonaten, der von Berührungsängsten und Trauer geprägt war, konnte die Mutter Steffen annehmen und liebevoll auf seine speziellen Bedürfnisse eingehen.
  Steffen ist ein Kind, das neugierig und motiviert auf die Dinge der Welt zugeht und sich aktiv mit ihnen auseinandersetzt. Bei individuellen Stärken im sozial-emotionalen Bereich liegen seine Schwächen vorwiegend in den frühen kognitiven und den feinmotorischen Fähigkeiten in der sensomotorischen Entwicklung. Die Beschreibung des Entwicklungsstandes macht eine globale Entwicklungsretardierung von 6 Monaten in allen Entwicklungsdimensionen deutlich.
  Die Wahrnehmung ist das Fundament für alle Entwicklungsbereiche. Hier braucht er Hilfen zur Differenzierung und Stabilisierung seiner Kompetenzen, um seine Spielfähigkeiten ausbauen zu können.« (von Oy/Sagi/Biene-Deißler/Schroer 2011, 219 f.)

Eine umfängliche, individuelle, ressourcenbestimmte diagnostische Einschätzung führt zu einer ersten Zielformulierung, die sich bis in jede Stundenvorbereitung niederschlägt. Basis aller Zielvorstellungen ist die Verwirklichung einer zuverlässig gelebten Beziehung zwischen Heilpädagogin und Kind, die Zeit zum Wachsen braucht. Die Zielformulierungen orientieren sich immer unmittelbar an den persönlichen Kompetenzen und Beeinträchtigungen eines jeden Kindes – und seiner Lerngeschichte. Zielformulierungen haben ein unterschiedliches Abstraktionsniveau. Sie lassen sich strukturieren in: Richtziele, Teil-/Nahziele und Fein-/Lernziele. *Richtziele* beschreiben auf einem relativ hohen Abstraktionsniveau die grundsätzliche Ausrichtung der Förderung. *Teil-/Nahziele* operationalisieren die Dimensionen der ersten groben Skizzierung von Arbeitsschritten, die sich der Realisierung der Richtziele nähern. Eine noch kleinschrittigere Strukturierung wird über die Formulierung von *Fein-/Lernzielen* erreicht. Sie beschreiben detailliert und konkret, was in der/den nächsten Stunde(n) – überprüfbar – verwirklicht werden soll. Zielformulierungen mit ihrem hierarchischen Charakter orientieren sich durchgängig an einer von der Heilpädagogin gewählten Entwicklungstheorie (z. B. Spieltheorien, Wahrnehmungstheorien, Persönlichkeitstheorien). Noch einmal: Zielformulierungen haben dienende Funktion, sie sind kein Diktat. Die Heilpädagogin muss frei bleiben, situativ und damit flexibel auf das aktuell entstehende Spielgeschehen zu reagieren: Die Freude am Miteinander-etwas-Erleben bleibt wesentlich. Zielformulierungen haben dennoch eine wichtige Funktion: Sie geben der Heilpädagogin – wie ein roter Faden – Orientierung für ihre Arbeit; anhand der festgeschriebenen Ziele kann sie ihre Arbeit kontrollieren. Sie hat so ein Werkzeug, mit dem sie ihre Arbeit transparent machen kann – für Eltern, Kollegen und andere professionelle Disziplinen.
  Nadine van Almsick formuliert Richt- und Nahziele für ihre Arbeit mit Steffen. Die Lernziele finden sich im Entwurf ihres Stundenbildes:

Ziele in der HPÜ mit Steffen (1;4 Jahre)

Richtziel 1: Steffen soll zu mir eine vertrauensvolle Beziehung aufbauen.
Nahziele:

- Steffen soll in unseren gemeinsamen Stunden Sicherheit und Geborgenheit erfahren.
- Steffen soll sich in seinen Äußerungen verstanden fühlen.

Richtziel 2: Steffen soll auf der modalspezifischen Ebene seine Kompetenzen erweitern, stabilisieren und differenzieren.
Nahziele:

- Steffen soll im Bereich der taktil-kinästhetischen und vestibulären Wahrnehmung (neue) Erfahrungen machen.
- Steffen soll seine Figur-Grund-Wahrnehmung ausbauen.

Richtziel 3: Steffen soll auf der intermodalen Ebene seine Kompetenzen erweitern, stabilisieren und differenzieren.
Nahziele:

- Steffen soll eine sichere Objektkonstanz aufbauen.
- Steffen soll Materialien/Gegenstände konkreter erfassen, unterscheiden und zuordnen.

Richtziel 4: Steffen soll seine serialen Leistungen stabilisieren und erweitern.
Nahziele:

- Steffen soll verlässlich Rituale erkennen und begreifen.
- Steffen soll räumliche, sachliche und personenbezogene Zusammenhänge erkennen, diese abrufen können und lernen, diese in eine Handlung umzusetzen.

Richtziel 5: Steffens Spielkompetenzen im gegenstandsbezogenen Funktionsspiel sollen differenziert, stabilisiert und erweitert werden.
Nahziele:

- Steffen soll seine Hand-Hand-Koordination und seine Auge-Hand-Koordination ausbauen.
- Steffen soll die Funktionen der verschiedenen Spielmaterialien (z. B. Schütteln, Schlagen, Reiben und Ziehen) erfahren, erkennen und eigenständig durchführen.
- Steffen soll Gegenstände aus- und einräumen.

Richtziel 6: Steffens Sprachverständnis, Lautierungen und sprachlich-kommunikative Kompetenzen sollen sich ausdifferenzieren und erweitern.

5.2 Von der heilpädagogischen Diagnose zur Stundenplanung und -gestaltung

Nahziele:

- Steffen soll in den Stunden vermehrt Laute unterscheiden lernen und imitieren.
- Steffen soll durch Laute und Gesten Wünsche äußern.
- Steffen soll vermehrt über wechselseitiges Handeln kommunizieren.

Hinweis: Die Formulierung »soll« weist auf einen Anspruch hin, den die HP einlösen muss.

(nach von Oy/Sagi/Biene-Deißler/Schroer 2011, 225 f.)

Exemplarisch wird in Tabelle 3 die Planung für den 11. Kontakt wiedergegeben.

Tab. 3: Planung für den 11. Kontakt mit Steffen

Material	Angebot	HP-Verhalten	Lernziele
Ball	Diejenige, die begrüßt wird, bekommt den Ball und gibt ihn an diejenige weiter, die als nächste Person begrüßt wird.	Ich werde Steffen dabei ansprechen und einen Blickkontakt zu ihm herstellen, bevor ich ihm den Ball zurolle. Wenn Steffen mich und dann den Ball wahrgenommen hat, werde ich anfangen zu singen. Ich möchte Steffen mit diesem eingeführten Ritual Orientierung geben.	• Steffen soll über Bewegung mit mir in Kommunikation treten (zu Richtziel (RZ) 1 mit seinen Nahzielen (NZ)). • Er soll zu einer Raum- und Zeitorientierung finden. • Er soll beim Blickkontakt aufmerken und fixieren. • Er soll den Zusammenhang erfassen zwischen: den Ball bekommen und begrüßt werden (zu RZ 4 mit seinen NZ).
Fühlbilderbuch	Dann schauen wir uns gemeinsam das Bilderbuch an.	Ich nehme Steffen auf meinen Schoß und zeige ihm die einzelnen Tierbilder. Jedes Tier tasten wir ab. Mit einzelnen Worten werde ich die abgebildeten Tiere benennen und deren Laute produzieren. Ich gebe ihm ein Modell. Den Dreier-Lernschritt will ich stabilisieren.	• Steffen soll einen ihm bekannten Tierlaut imitieren (zu RZ 6 mit seinen NZ). • Er soll visuell und auditiv aufmerken, fixieren und verweilen. • Er soll lernen, dass er das Gefühlte auch sehen und hören kann (zu RZ 3 mit seinen NZ).

Tab. 3: Planung für den 11. Kontakt mit Steffen – Fortsetzung

Material	Angebot	HP-Verhalten	Lernziele
Plastikflaschen mit Murmeln gefüllt	Steffen kann die Flaschen eigenaktiv erkunden. Wir können abwechselnd am rechten und am linken Ohr hören (Steffen, Frau G, HP). Wenn er den Inhalt der Flaschen entdeckt, werde ich ihm eine Flasche öffnen. Gemeinsam können wir die Murmeln auf das Tablett schütten.	Ich werde Steffen bei seinem eigenaktiven Erkunden verbal begleiten, seine Spielideen aufgreifen und fortführen.	• Steffen soll selbstwirksam Effekte auslösen. • Er soll das Ausräumen von Gegenständen erleben (zu RZ 5 mit seinen NZ). • Er soll den raschen Wechsel der Bedeutungsträger (Flasche, Murmeln) erkennen (zu RZ 2 und seinen NZ). • Er soll die visuellen und die auditiven Reize des Materials miteinander verknüpfen und differenzieren (zu RZ 3 mit seinen NZ). • Er soll die Bewegungen der Murmeln und die Veränderungen beim Ausschütten der Flasche visuell verfolgen (zu RZ 4 mit seinen NZ).
rundes Holztablett und Murmeln	Auf dem Tablett können die Murmeln im Kreis rollen. Wir können sie durch Anstoßen oder durch Bewegung des Tabletts zum Rollen bringen.	Ich werde zunächst eine Murmel anstoßen. Steffen werde ich beim Anstoßen helfen, indem ich seine Hand führe. Gemeinsam werden wir das Tablett halten und leicht schwenken, so dass sich die Murmeln bewegen. Den Dreier-Lernschritt will ich stabilisieren.	• Steffen soll die sich bewegenden Murmeln vom Tablett unterscheiden können (zu RZ 2 mit seinen NZ). • Er soll den Zusammenhang von Tablett schwenken und Murmeln rollen erfassen (zu RZ 4 mit seinen NZ).
Murmelbahn	Frau G. und Steffen können abwechselnd Murmeln auf der Bahn rollen lassen.	Ich werde Steffens Hand beim Legen der Murmeln auf die Bahn führen.	• Steffen soll über Bewegung in Kommunikation treten (zu RZ 1 mit seinen NZ). • Er soll Gegenstände gezielt greifen und loslassen (zu RZ 5 mit seinen NZ).

5.2 Von der heilpädagogischen Diagnose zur Stundenplanung und -gestaltung

Tab. 3: Planung für den 11. Kontakt mit Steffen – Fortsetzung

Material	Angebot	HP-Verhalten	Lernziele
Murmeln und Plastikflaschen	Gemeinsames Einräumen der Murmeln in die Flaschen.	Ich werde Frau G. bitten, einige Murmeln in eine Flasche zu füllen. Dann werde ich Steffen direkt ansprechen, um seine Aufmerksamkeit auf die Murmeln und die Flasche zu richten. Ich werden Steffen beim Einräumen der Murmeln durch gemeinsames Festhalten und Handführung unterstützen. Wir horchen der fallenden Murmel nach. Den erzeugten Ton werde ich verbal mit dem Signalwort »Plong« verbinden.	• Steffen soll Gegenstände gezielt greifen und loslassen. • Er soll das Einräumen von Gegenständen erleben. • Er soll selbstwirksam Effekte auslösen. Er soll Freude an der Wiederholung entwickeln (zu RZ 5 mit seinen NZ). • Er soll den erzeugten Klang der Murmeln beim Einwerfen als Signal wahrnehmen (zu RZ 3 mit seinen NZ). • Er soll den gesamten Ablauf der Handlung nachvollziehen (zu RZ 4 mit seinen NZ).
Abschlusslied	Wir singen gemeinsam das Abschlusslied und klatschen dazu.	Ich werde Steffen auf dem Schoß halten, so dass es mir möglich ist, ihn beim Klatschen zu unterstützen und evtl. seine Hände zu führen. Ich möchte feste Strukturen einarbeiten, um eine stabile Zeitorientierung zu vermitteln.	• Steffen soll mich als verlässlich erleben (zu RZ 1 mit seinen NZ). • Er soll das Abschlusslied als Ende der Stunde nachvollziehen (zu RZ 4 mit seinen NZ).

Weitere didaktisch-methodische Überlegungen: Ich habe bewusst in der Planung der Stunde auf den Einbau von Phasen passiven Genießens für Steffen verzichtet, werde diese aber im Verlauf der Stunde berücksichtigen. Sie ergeben sich meist spontan und nach Einschätzung von Steffens Konzentrationsvermögen.

Ich versuche in dieser Stunde bewusst, den Fokus auf ein bestimmtes Medium (Murmeln) zu legen. Durch die verschiedenen Spielvarianten möchte ich Steffen verschiedene Zugänge und eine intensive Auseinandersetzung mit dem Material ermöglichen.

(von Oy/Sagi/Biene-Deißler/Schroer 2011, 232 f.)

Wie schon erörtert lautet die diagnostisch relevante Frage: Was braucht das Kind? Welche Ressourcen lassen sich wie (re-)aktivieren? Was kann für das Fehlende getan werden? Die heilpädagogisch relevante Intention bewegt sich um das Verstehenwollen subjektiv bestimmender Lebensvollzüge mit ihren gelungenen, beglückenden und mit ihren beeinträchtigten, leidvollen Dimensionen. Die Heilpädagogin wird auf der Basis ihrer aktuellen Erkenntnis entscheiden, was an methodisch orientierter Hilfe nun angemessen ist; bezogen auf ein heilpädagogisch begleitetes Spiel wird sie differenzieren müssen zwischen einem Angebot im Einzelkontakt mit dem Kind, einem Angebot für die Eltern und das Kind, in dem im gemeinsamen Spiel Kompetenzen aufgebaut werden, oder einem Kleingruppenangebot.

5.3 Überlegungen zum Einzelkontakt von Heilpädagogin und Kind

Einige Kinder können noch nicht spielen, weil Mängel in ihrer organischen Ausstattung oder erhebliche Bindungsstörungen aus der frühen Kindheit eine wechselwirksame Begegnung mit der dinglichen wie personalen Umwelt nur sehr brüchig oder auch so gut wie gar nicht zulassen. Wieder anderen Kindern gelingt die kommunikative Ausrichtung auf materielle Objekte und/oder auf emotional-soziale Prozesse nur noch sehr fragmentarisch und oft massiv verzerrt, weil sie andauernden Kränkungen ausgesetzt sind und – handlungsmüde geworden – nicht mehr spielen können oder wollen. Die Heilpädagogin begegnet auch Kindern, die sich im Spiel Wirklichkeit aneignen können, die im Spiel einen wesentlichen Ausdruck für ihre belastenden, unlösbar erscheinenden Lebensthemen finden. Für eine veränderte Selbst- und Fremdwahrnehmung brauchen diese Kinder jedoch die unmittelbare und personzentrierte Begleitung in einer intensiv gestalteten Beziehung, um an ihrem individuellen Lernprozess arbeiten zu können.

All diese Kinder brauchen primär den schützenden Rahmen im Zweierkontakt, der Mängel und Nöte in einer aufmerksamen Zugewandtheit unmittelbar aufnimmt, so dass das Kind sich seiner selbst vergewissern kann und in seinem ihm angemessenen Tempo Schritte hin zur Fremdheit des Materials und der Person der Heilpädagogin wagt, um sich mit Wahrnehmungseindrücken und Spielabläufen vertraut zu machen. Strukturierte, überschaubare Spielmaterialien und Spielsituationen und eine transparent handelnde Heilpädagogin schaffen das förderliche Klima, in dem das Kind sich angstfrei ausprobieren kann, eigene Bedürfnisse wahrnimmt und eigene Gefühle entdeckt. Im Einzelkontakt gibt die Heilpädagogin spielerisch Anregungen, so dass das Kind ein verbessertes Körperbewusstsein entwickeln kann; sein Raumlagebewusstsein und seine Bewegungsplanung differenzieren lernt, so dass es sich gezielt einer Quelle zuwenden kann und seine Kraftdosierung verfeinert. Insgesamt wird sein Interesse geweckt und seine Handlungsbereitschaft aufgebaut. Das Kind soll angeregt werden, seine Umwelt zunehmend entdecken zu wollen und lustvoll zu erforschen, dabei Zusammenhänge zu erkennen und Absichten zu verfolgen. So wird ihm Spielen (wieder) ermöglicht. Im Einzelkontakt soll sich das Kind qualitativ verändert erleben, so dass es die Zuversicht und den Mut entwickelt, sich in veränderten Kontexten zu bewähren, weil es (wieder) an das eigene Leistungsvermögen glaubt.

Frau Stefanie Kortmann, Heilpädagogin, zeigt einen Ausschnitt aus ihrer Arbeit mit Max. Deutlich werden die ausgeprägten psychischen Kräfte, mit denen Max kreativ seinen Lernprozess gestaltet, und die individuell ausgerichtete heilpädagogische Begleitung. Methoden-Bausteine aus der HPÜ und aus der HPS fügen sich zu einer überzeugenden Einheit.

Fallbeispiel

Max (5;9 Jahre) wurde aufgrund kombiniert umschriebener Entwicklungsstörungen mit Beeinträchtigungen in der sozial-emotionalen Entwicklung in die Frühförder- und Beratungsstelle aufgenommen. Es fiel ihm schwer, im Kontakt mit Kindern und Erwachsenen die Wünsche und Bedürfnisse des Gegenübers wahrzunehmen und fremdbestimmte Regeln einzuhalten. So kletterte er beispielsweise während der Diagnostik auf die Fensterbänke, entnahm ohne Nachfrage Materialien aus dem Testkoffer und ignorierte die Fragen der Psychologin. Seine Stärken hatte Max im Vorstellungsvermögen und in der Kreativität, die er besonders im Spiel ausleben konnte. Hier zeigte er eine gute Handlungsplanung (vorausschauendes Denken und Handeln).

In den Wochen vor der hier vorgestellten Fallbeschreibung zeigte Max verstärkt Verhaltensweisen, die an Wutanfälle eines Kleinkindes in der Trotzphase (sich auf den Boden werfen, schreien, Dinge zerstören, gegen Türen treten) erinnerten. Der Schwerpunkt der heilpädagogischen Begleitung lag auf der Förderung und Stärkung von Max' emotionaler Persönlichkeit (Fokussierung auf das Erkennen und Wahrnehmen von Gefühlen bei sich selbst und bei anderen Personen sowie seinen Umgang mit Emotionen, insbesondere mit Wut). In der Praxis fand eine Einzelfallbegleitung statt. Im Folgenden wird sie anhand von Stundenprotokollen beschrieben und *reflektiert*. Die Eltern arbeiteten parallel in der Beratung an den gleichen Themen intensiv mit. Im Anschluss fanden gemeinsame Stunden mit Max, seiner Mutter und mir statt.

Die Frühförderstunden hatten einen zeitlichen Rahmen von 60 Minuten und sollten Max durch wiederkehrende Abläufe strukturelle Sicherheit bieten. Sie waren gegliedert in Begrüßung und Einstieg, ein gezieltes Spielangebot (exemplarisch in den folgenden Protokollen: 1. Stunde: malen/bildnerisches Gestalten auf einer Tapete mit seinem Körperumriss, 2. Stunde: Lesen eines themenbezogenen Bilderbuchs, 3.–6. Stunde: Entwicklung eines kreativen Brettspiels (siehe Kasten)), ein freies Spielangebot und in eine gemeinsame Abschlussreflexion.

> **Hinweis**
>
> Das Bauen von und Spielen mit kreativen Brettspielen eignet sich für Kinder, die Verhaltensprobleme lösen wollen. Die Intervention schafft eine hohe Verbind-

lichkeit und erlaubt es, die Familie in den Therapieprozess einzubeziehen. Das Kind wird gebeten, die Ziele des Spiels festzulegen und sich Aktionsfelder auszudenken: Z. B. wird der Weg zum Ziel mit Gefahren (Angriff des Wutmännchens) oder Kraftfeldern (das Wutmännchen, kann dir nichts anhaben, gehe vor auf Feld 7) ausgestaltet. Aus Fimo werden Spielfiguren hergestellt, auch das Spielfeld kann kreativ gestaltet werden. Das Kind und die Familie legen die Regeln fest. Das Spiel wird in einer weiteren Sitzung ausprobiert (vgl. Retzlaff 2010, 279 f.)

Protokoll zur Spielstunde von Max

Erste Spielstunde

Im Anschluss an die Begrüßung sprang Max auf dem Trampolin und kletterte nach einigen Sprüngen wieder herunter, um mir etwas zu zeigen. An seiner Hose war ein Aufnäher angenäht und er sagte, wenn er den drücke, könne er sich in einen T-Rex *(Der T-Rex ist der größte und gefährlichste Dinosaurier, ein ausgestorbenes Lebewesen, das Schrecken und Angst, aber auch zugleich eine Faszination auslöst. Er ähnelt dem Archetyp (Urbild) des Drachen; seine Ressourcen sind Mut, Stärke, Kraft und Macht)* verwandeln. Natürlich drückte er auf den Aufnäher und bewegte sich auf Zehenspitzen, mit hochgezogenen Schultern und angezogenen Armen fauchend durch den Raum.

Max verkörperte und identifizierte sich mit dem T-Rex, den er beherrschen und kontrollieren konnte. In dieser Rolle konnte er sich stark und mutig fühlen und gleichzeitig seine Wut als belastendes, niederdrückendes Gefühl mitteilen.

Ich sagte: »Der T-Rex sieht ganz schön gefährlich aus. Er macht mir richtig Angst.« Max antwortete, dass er auch gefährlich sei und dass er wütend wäre. Daraufhin fragte ich vorsichtig nach: »Wo fühlt der T-Rex, wo fühlst du denn die Wut?« Max: »Überall!« Ich: »Überall. Das ist ganz schön viel. Kannst du mir zeigen was und wo überall ist?«

Durch das Nachfragen und Konkretisieren sollte erreicht werden, dass Max beim aktuell entstandenen Gefühl bleiben kann und so einen Zugang zu seinen Emotionen bekommt. Mit der Zeit kann er lernen, sie sozial angemessen auszudrücken, sie einzuordnen und zu verbalisieren, mit dem Ziel der Selbstregulation.

Max schaute an sich hinab und sprang mit erhoben Armen hoch. Als er wieder Blickkontakt zu mir aufnahm, war er nicht mehr in der Spielrolle des gefährlichen T-Rex, sondern stand ruhig auf einer Stelle, als wartete er auf meine Reaktion. Ich spiegelte ihm sein Verhalten und sagte erstaunt: »Du musstest ja schon mit ganz langen Armen hochspringen, damit du mir das zeigen konntest!« Er nickte. Um die Thematik weiter zu vertiefen, bot ich ihm folgendes gezieltes Spielangebot an: »Vielleicht ist es einfacher, wenn du die Wut aufmalst. Ich habe da eine Idee. Wir haben hier eine Tapetenrolle, wo du dich drauflegen kannst und ich male um dich drum herum. Und dann malst du weiter. Einverstanden?«

Die Aufgabe von Max sollte es sein, den Körperumriss mit Farben auszumalen, die all seine Gefühle wie auch die Wut wiedergeben sollten. Von dieser Art der Kör-

perarbeit erhoffte ich mir, dass wir in einen Dialog über Gefühle gelangen würden, wie z. B. »Wo fühlst du die Freude, das Traurig-Sein, die Wut, die Angst zuerst? Welche Farbe passt zu diesem Gefühl, wenn es noch klein ist? Du sagtest vorhin, die Wut ist überall, hat sie dann eine andere Farbe?« Im weiteren Prozess würden wir die Wut weiter ausleuchten, mit dem Ziel, Wege zu finden, diese zu verkleinern und Hilfen zu bekommen: »Wie kannst du es schaffen, dass die Wut wieder kleiner wird und (die erstgenannte Farbe) bekommt? Wer oder was kann dir dabei helfen?«*

Max legte sich auf die Tapete, ich malte um ihn herum und ließ ihn zunächst ohne »Auftrag« ausmalen. Als erstes malte er den Knopf für die Verwandlung, dann sein Gesicht mit Ohren, Augen, Nase, weiter sein Herz und seinen Blutkreislauf. Dann begann er die Tapete weiter auszurollen und ein neues Bild zu malen, einen riesigen T-Rex. Ich beobachtete ihn dabei und fragte zwischendurch nach, was er im Detail aufmale, da ich nicht alles erkennen konnte. Dann wiederholte ich seine Antworten: »Ah, das ist das zweite Auge vom T-Rex, das nur ein bisschen auf ist.«

Auf diese Weise war ich mit ihm in Kontakt über sein Tun, ohne seine eigenständigen Ideen zu beeinflussen. Meine Planungen und Reflexionsfragen stellte ich zurück, um seinen Impulsen folgen zu können. Durch die Visualisierung des T-Rex schaffte Max die Möglichkeit, seine Gefühle extern und personalisiert (in Gestalt des T-Rex) zu betrachten. Der T-Rex könnte symbolisch für seine Gefühle der Kraft, der Macht und auch der Wut stehen sowie seinen Wunsch, diese kontrollieren und beherrschen zu wollen.

Als er mit dem Malen fertig war, nahm ich ihn zur Seite und wir schauten uns beide Bilder an. Im Vergleich schienen sein Körperumriss und der T-Rex gleich groß zu sein. Ich merkte an: »Der T-Rex sieht sehr groß aus.« Das fand Max auch. Dann fragte ich ihn: »Wollen wir mal schauen, ob Max oder der T-Rex größer ist?« Max wollte es rausfinden und legte sich auf den T-Rex. Beim Messen sah ich, dass es sehr knapp war und sagte: »Max ist ein ganz bisschen größer!«

Durch das Betrachten der zwei Bilder (Körperumriss und T-Rex) konnte sich für Max die Möglichkeit ergeben, von »außen« auf seine geschaffenen Werke zu schauen (Metaebene). Sein Selbstbild anzuschauen, eröffnete ihm eine neue Perspektive, um sich anders wahrzunehmen. Durch den Größenvergleich konnte er sich groß, stark und überlegen fühlen und an Selbstvertrauen gewinnen.

Er freute sich sehr. Ich: »Du freust dich, größer und stärker zu sein.« Er nickte und fragte nach einer Schere und schnitt den T-Rex von seinem Körperumriss ab.

Die neue Wahrnehmung löste diesen Veränderungsimpuls in ihm aus. Max war handlungsfähig, durchtrennte mit der Schere die Bilder und konnte über seine Handlungen bestimmen. Hier gelingt ihm die Distanzierung als eigenständige Person.

Danach sah er sehr zufrieden aus. Die Bilder rollten sich von selbst wieder zusammen, da wir die Tapete an der Schnittstelle nicht am Boden fixiert hatten. Max legte die Schere daneben und kletterte auf das Trampolin. Ich bat ihn, noch einmal zu mir zu kommen, und fragte ihn, was er jetzt mit den Bildern vorhabe. »Die kannst du auf die Bank legen!« antwortete er mir. Wir einigten uns darauf, dass er seine Bilder auf die Bank und ich meine Schere zurück auf den Tisch legte. Dann leitete ich die Phase des freien Spiels ein: »Du kannst jetzt spielen, was du möchtest.« Wir spielten auf seine Regieanweisung hin, dass wir auf einer Burg wären und Schutzschilder zu unserer Verteidigung hätten.

Max übernahm die Rolle des Anführers, die aktive und mächtige Rolle, und er bestimmte was passieren würde.

»Wir können uns also schützen«, wiederholte ich. Max: »Ja. Oh, da vorne sind Piraten, die wollen uns angreifen!« Ich: »Müssen wir Angst haben? Was sollen wir machen?« Er sagte, dass die Piraten sich vor dem T-Rex erschrocken hätten und alle weg oder tot wären.

Sein Spielthema war die Auseinandersetzung mit Angst und Konflikten: Die Schutzschilder stellten eine Ressource dar. Der T-Rex in der Rolle des Retters vor Gefahren wurde zum imaginären Partner, der im Spiel die Piraten verjagte und die Bedrohung, die Angst bewältigte (positive Seite des T-Rex).

Max sagte: »Der T-Rex ist jetzt auch weg. Aber da sind Mumien!« Ich: »Was machen wir denn jetzt? Wenn der T-Rex sie nicht verjagt?« Nach einer kurzen Pause bot ich eine Lösung an: »Wir haben doch die Schutzschilder, also ich verstecke mich schnell dahinter. Und was machst du?« Max: »Ich schieß die Mumien ab!« Ich: »Du bist mutig und schießt die Mumien ab. Pass gut auf dich auf! Wenn du Hilfe brauchst, sag mir Bescheid und ich helfe dir!«

Durch das Verbalisieren emotionaler Erlebnisinhalte wollte ich Max die Spielsituation bewusster erleben lassen und ihn in seinem aktuellen Gefühl (Mut) stärken. Ich erinnerte ihn an unsere Ressourcen (die Schutzschilder) und gab ihm auf der Beziehungsebene mehrere Botschaften mit: »Ich sehe, dass du mutig bist. Ich sorge mich um dich, weil ich dich mag. Wenn du meine Hilfe brauchst, bin ich sofort an deiner Seite.«

Ich selbst hockte mich hinter ein imaginäres Schutzschild, beobachtete Max und wartete ab. Max besiegte die Mumien ganz allein und ging im Anschluss wie ein Held aus der Burg hinaus, um die Umgebung zu erkunden.

Max erlebte sich in dieser Situation als stark, wurde selbst aktiv und stellte sich seinen Ängsten, indem er sich traute, gegen die Mumien zu kämpfen. Als er aus der sicheren Zone (Burg mit Schutzschildern) hinausging, wirkte er selbstbewusst und mutig.

»Danke, dass du uns so gut beschützt hast. Das war sehr mutig von dir!«, lobte ich ihn. Gemeinsam gingen wir durch den Raum und Max entdeckte eine Insel, auf welcher man Burger, Pommes und Vitamine bestellen konnte. Die Malstifte waren unsere Pommes. Er fragte, ob ich noch mehr Hunger hätte und ich sagte: »Ja. Ich hätte gerne eine Pizza, wenn es die denn auf der Insel gibt.« Max: »Ich nehme Dinofleisch, ein schön großes Stück!« Ich: »Schmeckt das denn?« Er nickte und ich bestellte daraufhin bei ihm auch Dinofleisch. Als wir essen wollten, bemerkte er, dass das Fleisch noch zu hart war und legte es nochmal auf den Grill.

Sein Spielthema war in der Szene das Versorgen und das Versorgtwerden und das Für-sich-selber-Sorgen. Max übernahm Verantwortung und versorgte uns. Gleichzeitig demonstrierte er seine Macht über den T-Rex, indem er ihn verspeiste (sich die Gefahr einverleibte und damit über alle T-Rex-Kraft verfügen konnte). Ich als seine Weggefährtin unterstützte ihn, indem ich mitspielte.

Bei der Abschlussreflexion erinnerte er sich als erstes daran, dass er größer als der T-Rex war und ihn abgeschnitten hatte. Ich sagte: »Toll, dass du größer als der T-Rex bist und ihn abschneiden konntest, ob er wollte oder nicht.« Er wirkte sehr stolz, was ich aufgriff: »Es fühlt sich gut an, so stark zu sein.« Ich sagte ihm, dass wenn er wolle, er die beiden Bilder in der darauffolgenden Woche mit nach Hause nehmen könne. Weiter fragte ich ihn, wo er die Bilder gern hinlegen möchte, ob er einen Platz in dem Raum finden könne, wo sie für ihn gut bis zur nächsten Woche liegen bleiben könnten. Er steckte beide Bilder in einen Schlitz von einem kleinen Kasten an der Wand. »So hast du deine Bilder sicher verstaut und es kann nichts passieren.«

Durch die Abschlussreflexion konnten die Geschehnisse noch einmal sortiert werden und sich verfestigen. Das Spiel mit dem T-Rex fand auf verschiedenen Ebenen statt (Max verwandelte sich selbst als T-Rex, er visualisierte den T-Rex auf der Tapete, trennte ihn von seinem Körperumriss, der T-Rex wurde zum imaginären Spielpartner, der uns vor den Piraten beschützte und zum Schluss wurde er gegrillt und einverleibt). Zum Ende der Stunde war es mir noch wichtig, Max und seinen gemalten Bildern die entsprechende Wertschätzung mitzugeben. Dadurch, dass er bestimmen konnte, wo die Bilder aufbewahrt werden sollten, bot sich ihm ein Abschied mit gleichzeitiger Perspektive, in der nächsten Woche auf das Gemalte/Erlebte zurückgreifen zu können.

Zweite Spielstunde

Max ging mit festem, sicherem Gang und einem breiten Lächeln aus dem Bewegungsraum. In der darauffolgenden Spielstunde veränderte ich die Raumgestaltung zu den vorangegangenen Stunden nicht. Die Bilder von Max legte ich an die Stelle, wo er sie in der letzten Stunde abgelegt hatte. Bei der Begrüßung erzählte mir Max als Erstes, dass er in der letzten Stunde den T-Rex abgeschnitten hat. Er schaute zu den Bildern und ich meinte: »Du hast deine Bilder schon entdeckt. Sie sind noch da, wo du sie hingelegt hast, wie besprochen. Hast du schon eine Idee, was du mit den Bildern machen willst?« Daraufhin rollte er seinen Körperumriss auseinander und legte ihn in die Mitte des Raumes, das T-Rex-Bild sollte an Ort und Stelle (aufgerollt in der Kiste) liegen bleiben. Dann ging er auf das Trampolin und sprang mutig hoch und rief: »Ich kann alles!«

Max erinnerte sich an seine Handlungen aus der letzten Stunde und strahlte ein großes Selbstvertrauen aus, was durch die Lage des Körperumrisses in der Raummitte noch verstärkt wurde: Ich stehe im Zentrum, ich darf im Mittelpunkt stehen. Das Bild vom T-Rex schien für ihn an einem guten Platz zu liegen, an dem er ihn ignorieren und links liegen lassen konnte, weil er keine Gefahr mehr war. Aber ich wollte gerne noch mit beiden Bildern weiterarbeiten, anstatt seine Entscheidung, nur den Körperumriss auszurollen, zu akzeptieren.

Als ich Max fragend anbot: »Könntest du auch den T-Rex zähmen?«, antwortete er: »Ich bin immer albern, dummer Maxi, lalala, ...« und streckte mir die Zunge raus. Dann rannte er wild durch den Bewegungsraum und sang immer weiter: »Ich bin albern, lalala.«

Er demonstrierte mir durch sein Tun das Gegenteil von »zähmen« bzw., sich kontrolliert zu verhalten. Später – in der Reflexion der Stunde – hatte ich einen weiteren Einfall: Eigentlich hatte Max den T-Rex schon geschwächt (abgeschnit-

ten). Er mag sich nun missverstanden gefühlt haben und muss mich, die ihn zähmen möchte, strafen.

Ich folgte wieder seinen Impulsen, indem ich ruhig auf der Matte saß und ihm spiegelte, was ich sah und hörte. Ich: »Du streckst mir die Zunge raus.« »Du rennst die Rutsche hoch.« »Du singst, dass du albern bist.«

Durch meine Haltung, ihn im geschützten Raum der Spielstunde gewähren zu lassen, hatte er die Möglichkeit, sich auszuprobieren. Wie fühlt sich »albern sein« an? Wie lange macht »albern sein« Spaß?

Nach ca. drei Minuten wurde er wieder ruhiger und ich holte aus meiner Tasche ein Bilderbuch. Als Max es sah, wurde er neugierig und sprang zu mir auf die Matte. Ich: »Schau mal, ich habe hier ein Buch mit einem kleinen Drachen. Es heißt: ›Der klitzekleine Drache und die Wut‹ (Zöller 2006). Das würde ich mir gerne mit dir anschauen.« Sofort wollte er das Buch an sich nehmen, aber ich hielt es fest, schaute ihn an und sagte: »Meinst du, du schaffst es, hier auf der Matte zu bleiben und zuzuhören? Oder möchtest du vorher noch eine Runde albern sein? Beides zusammen geht nämlich nicht gut.« Daraufhin rannte er noch einmal im Kreis und setzte sich dann ruhig wieder hin.

Durch mein Angebot »noch eine Runde albern zu sein« hatte Max die Möglichkeit, sich zu sammeln und bewusst noch einmal seine überschüssige Energie rauszulassen.

Max verfolgte aufmerksam meine Erzählung, wie ich den Inhalt darstellte und verkörperte. Gemeinsam führten wir die Strategien des Drachens zur Regulierung seiner Wut durch (dreimal ein- und ausatmen, an das Allerschönste denken, dann klären, was los war, und versuchen, Schaden zu reparieren). Wir sprachen darüber, was für uns jeweils das Allerschönste ist. Dafür machten wir kurz die Augen zu und jeder dachte darüber nach. Einig waren wir uns darüber, dass man direkt bessere Laune bekommt, wenn man an etwas Schönes denkt und dass man dann automatisch lächeln muss. Die Atmosphäre während des Lesens und Unterhaltens war ruhig und vertraut. Max rutschte nach und nach immer näher an mich heran, bis er zum Ende der Geschichte fast auf meinem Schoß saß.

Max war an der Vorlesegeschichte interessiert und da er motiviert war, konnte er sich gut selbst steuern, indem er ruhig und konzentriert der Geschichte zuhörte. Ich hatte den Eindruck, dass er sich mit dem kleinen Drachen identifizieren konnte und er gemeinsam mit mir mitgedacht und mitgeatmet hat. Nun hatte er eine mögliche Strategie gehört, was er bei Wut machen kann.

Als ich das Buch zur Seite legte und in das freie Spiel einleitete, wollte Max lieber noch einmal die Geschichte lesen. Das taten wir daraufhin dann auch. Dieses Mal erzählte Max, was er alles auf den Bildern entdeckte und woran er sich noch erinnerte. Zum Abschluss reflektierten wir die Stunde und Max nahm seine beiden Bilder (Körperumriss und T-Rex) sowie die Geschichte vom klitzekleinen Drachen und der Wut (als Kopie) mit nach Hause.

Dritte Spielstunde

In der nächsten Spielstunde fragte ich Max bei der Begrüßung, was er mit seinen Bildern gemacht habe. »Mama hat die weggelegt, damit ich die nicht kaputt mache«, antwortete er traurig. Ich: »Deine Mama fand deine Bilder auch so klasse, hat sie letztes Mal gesagt, da hat sie sich bestimmt gedacht, sie legt sie an einen guten Ort. Weißt du noch, welchen Ort du dir für die Bilder hier im Raum ausgesucht hattest?« Er zeigte zu dem Kasten. »Genau, da lagen sie. Wir fragen die Mama später einmal, ob sie dir die Bilder wiedergibt. Dann kannst du dir überlegen, was du damit machen möchtest. Ob du eines oder beide in deinem Zimmer aufhängst, sie selbst gut weglegst oder sie kaputt machst, das ist dann deine Entscheidung.«

Max waren seine Bilder sehr wichtig und er sollte die Möglichkeit bekommen, die Verantwortung dafür zu übernehmen, auch wenn sie vielleicht dabei kaputt gehen.

Die Geschichte vom klitzekleinen Drachen und der Wut – erzählte er – hätten ihm Papa, Mama und die Oma vorgelesen. Besonders spannend fand er, dass auch seine Oma mal wütend wird.

Für Max war der Austausch innerhalb der Familie sehr wichtig, um zu erfahren, dass jeder Mensch ab und zu wütend wird und Strategien nutzt, um die Wut wieder kleiner werden zu lassen.

Nach einer Bewegungssequenz auf dem Trampolin fragte ich Max, ob er Lust habe, selbst einmal ein Spiel zu bauen (siehe Kasten S. 158 f.). Er war sofort begeistert und hatte direkt viele Ideen, die er mir mitteilte: »Ich baue als erstes einen Vulkan mit Lava und eine Höhle, wo der T-Rex drin wohnt. Da muss man dann herlaufen.« Wir organisierten Bastelmaterialien und Max fing an, das Spielbrett zu gestalten. Wichtig waren ihm die Gefahren im Spiel: ein T-Rex, ein Vulkan mit Lava, ein Friedhof mit Vampiren und ein giftiges Meer mit einem Hai, welche er aus verschiedensten Materialien wie Papier, Dosen, Schachteln mit Kleister und Fimo selbst baute. Ähnlich wie in der ersten Stunde beim Malen saß ich neben ihm und fragte nach, was er im Detail gestaltete, und wiederholte seine Antworten. Zudem teilte ich ihm meine Emotionen zu den jeweiligen Beschreibungen mit. Ich: »Das ist ein umgekippter Grabstein auf dem Friedhof, wo sich ein Vampir hinter versteckt, den man nicht sieht. Da bekomme ich richtig Angst, wenn ich mir vorstelle, dass ich mit meiner Spielfigur da herlaufen soll und die Gefahr gar nicht sehe.«

Durch das Verbalisieren emotionaler Erlebnisinhalte konnte Max in seine Spielideen und Phantasien tiefer eintauchen und Lösungen entwickeln.

Max: »Wenn du eine Kraftkugel dabei hast, kann dir nichts passieren.« Ich: »Eine Kraftkugel, das ist eine gute Idee. Und wie funktioniert die?« Max: »Das ist wie ein Schutzschild: dreimal tief ein- und ausatmen, an das Allerschönste denken und dann verschwindet die Gefahr wieder«.

Max verfügte über gute, variationsreiche Spielideen und übertrug z. B. die Strategie aus der Geschichte des klitzekleinen Drachens auf sein Spiel. Im Spielprozess war er ganz bei sich und ging in eine aktive Auseinandersetzung mit seinen Themen: Gefahren meistern und Angst bewältigen.

Am freien Spiel hatte er kein Interesse, weil er lieber das Spielbrett weiter gestalten wollte. So spielte er mit seinen noch imaginären Figuren und selbst entwickelten Regeln auf dem Spielfeld.

Das Bauen an seinem Spiel konnte Max auf kreative Weise einen Zugang zu seinen Gefühlen bieten. Es eröffnete ihm die Möglichkeit, darüber zu sprechen, Strategien zu entwickeln und auszuprobieren.

Zum Abschluss reflektierten wir gemeinsam die Stunde und ich gab ihm eine der Kraftkugeln für seine Hosentasche mit. Falls er selbst einmal in eine Situation kommen sollte, wo er eine Kraftkugel gebrauchen könnte (dreimal tief durchatmen, an das Allerschönste denken, noch mal schauen, was los ist, und ggf. nach Hilfe fragen).

Spielstunden vier bis sechs

In den nächsten Stunden (4–6) gestaltete Max, mit meiner Begleitung, das Spiel immer weiter aus. Die Spielfiguren und den Würfel formte er aus Fimo und kam währenddessen ins Erzählen. Er habe beispielsweise schon einmal einen echten Vampir gesehen. Auf behutsames Nachfragen stellte sich heraus, dass dieser Rüdiger hieß und im Fernsehen zu sehen war.

Auf diese Weise konnte ich von den möglichen Auslösern seiner Ängste vor Vampiren erfahren und im Anschluss mit den Eltern über Fernsehsendungen für Kinder sprechen.

In der darauffolgenden Woche spielten Max, seine Mutter und ich das Spiel zum ersten Mal. Wir saßen am Esszimmertisch der Familie und noch bevor wir starteten, ließ ich mir von Max die Spielregeln diktieren. Eine Regel lautete beispielsweise: »Am Start kriegt jeder eine Kraftkugel.« Max war während des Spiels sehr begeistert bei der Sache. Ab und zu wollte er neue Spielregeln aufstellen, um einen Vorteil für sich daraus zu ziehen. Als ich ihm daraufhin seine vorher aufgestellten Spielregeln vorlas, akzeptierte er diese schweren Herzens und wir konnten weiterspielen.

Max konnte im Prozess lernen, sich an seine eigenen festen Regeln zu halten. Einige Wochen zuvor hätte er vermutlich das Spiel wütend vom Tisch auf den Boden geworfen. Seine Mutter konnte in dieser Situation miterleben, dass Max in der Lage ist, sich an Regeln zu halten, wenn man ihn darauf aufmerksam macht.

Zu diesem Zeitpunkt war es mir wichtig, die Frühförderstunden wieder in und mit der Familie durchzuführen. Max konnte in den vorausgegangenen Stunden neue Perspektiven und Ressourcen für sich entdecken. Das gleiche galt auch für die Eltern im Beratungsprozess. Die Eltern analysierten mit mir Situationen, in denen Max »Wutausbrüche« zeigte. Gemeinsam fanden wir Gegenbeispiele, in denen es Max besser gelang, sich zu regulieren. Die wichtigste Frage in diesem Zusammenhang war: »Was ist in den Ausnahmesituationen anders?« Wir tauschten uns zu meinen Beobachtungen und Hypothesen zu den Spielstunden aus, wobei ich sehr wertschätzend von Max und seinen Kompetenzen erzählte. Im Gespräch über Max' Emotionen reflektierten die Eltern ihre eigenen Gefühle und Verhaltensstrategien. Es stellte sich dabei heraus, dass es Parallelen zu dem Verhalten von Max in ihrer Familie gab. Die Eltern überdachten daraufhin ihre jetzigen Erziehungsmethoden und überlegten sich, welche ihrer Haltungen sie bewahren und was sie selbst in Zukunft verändern möchten. Konkreter wurden die Pläne zur Veränderungsabsicht durch Fragen wie: »Woran kann Max im Alltag konkret merken, dass Sie in Zukunft konsequenter reagieren möchten?« Da Veränderungen oftmals auch mit Anstrengungen verbunden sind, fragte ich die Eltern nach Ressourcen in ihrem

Familiensystem: »Wer kann Sie als Eltern noch unterstützen? Was hat Ihnen in früheren Situationen geholfen, Kraft zu tanken, um an den entwickelten Veränderungen festzuhalten?«

Die gemeinsame Aufgabe für die Zukunft wird es nun sein, auf der Grundlage der neuen Erfahrungen einen Kontext in der Familie zu schaffen, der die begonnene Entwicklung festigt und weitere Entwicklungsschritte begünstigt. Im Rahmen der Frühförderstunden wird das Spielen (in all seinen Formen) für Max weiterhin ein zentrales Medium sein, welches er nutzen kann, um sich selbst auszuprobieren und kennenzulernen.

5.4 Überlegungen zur Anleitung von Eltern im gemeinsamen Spiel

Eltern sind Menschen mit unterschiedlichen Erwartungen, individuell geprägten Lebenslagen, mit einem bestimmten kulturellen Hintergrund und den ihnen eigenen Ressourcen. Für die Heilpädagogin ist es bedeutsam, die Auswirkungen dieser Prägung auf Bildungsinhalte, Erziehungsvorstellungen und das Familienklima zu kennen und zu verstehen. Nur so kann sie individualisiert Angebote entwickeln und in der gemeinsamen Kontraktabsprache transparent und für die Beteiligten nachvollziehbar formulieren.

Neben der Beratungsarbeit im Gespräch nimmt das praktisch-konkrete Miteinander-Handeln einen wesentlichen Raum ein. Im gemeinsamen Tun soll den Eltern deutlich werden, dass das Spiel weitaus mehr ist als ein lockerer Zeitvertreib – als nur Spielerei. Im gemeinsamen Spiel lernen sie, die »Spielsprache«, den Ausdrucksgehalt, zu entschlüsseln und auf diese Botschaften gestaltend zu antworten. Der oft täglich sich auswirkende emotional-soziale Druck – Wie kann ich mein (behindertes) Kind noch besser fördern? Was verpasse ich? Wie komme ich überhaupt in Kontakt mit meinem Kind? – kann über das lustvoll gestaltete Spielen mit dem Kind reduziert werden. Die elterliche Selbsttätigkeit kann so angebahnt, unterstützt und erweitert werden. Insgesamt soll die Erziehungskompetenz der Eltern gestärkt werden.

Die Kommunikation der Heilpädagogin mit den Eltern im und über das Spiel bietet sich an,

- um ihnen Bedingungen anzubieten, unter denen sie sich (wieder) konstruktiv und aktiv in Bezug zu ihrem Kind erleben können,
- um für sie erlebbar zu machen, dass das Spiel für das Kind seine wesentliche Auseinandersetzung mit sich selbst im sozialen Bezug bedeutet,
- um überhaupt eine Interaktion zu ermöglichen, die für alle Betroffenen sinnvoll ist, weil sie miteinander lustvoll und unmittelbar etwas tun, der zu hohe Leistungsanspruch nicht störend zwischen ihnen wirkt,

- um den Eltern ein förderliches Milieu im Miteinander erfahrbar zu machen,
- um mit ihnen angemessene Förderelemente/gemeinsame Spielzeiten für den häuslichen Bereich zu erarbeiten.

Insgesamt wird eine veränderte Beziehungsqualität zwischen Eltern und Kind angestrebt.

Die Indikation für ein angeleitetes Spiel mag gegeben sein, die praktische Umsetzung muss sorgfältig geprüft werden: Der Beobachtungsfokus der Heilpädagogin liegt auf der Art und Weise des Umgangs von Eltern und Kind. Was wird über die Körpersprache mitgeteilt? Welche gemeinsamen Aktivitäten gibt es? Wie reagieren beide auf ihre gegenseitige Ansprache? Wie verlaufen die Trennung und das Wiedersehen? Gibt es ein gemeinsames Spielen? Wer ist hier initiativ, dominant, hilflos, abwartend?

Das gemeinsame Spiel von Eltern(teil), Kind und Heilpädagogin ist dann sinnvoll, wenn die Eltern eine Spielbereitschaft zeigen, offen dafür sind, ihre konkreten Kommunikationsweisen zu zeigen und darüber in einen Austausch gehen zu wollen, um ein verändertes Erziehungsverhalten zu entwickeln. Für manche Eltern ergeben sich hier große Schwierigkeiten: Es ist nicht selbstverständlich, sich auf die Ebene des Kindes zu begeben und in seiner Sprache so mit ihm zu agieren, dass ein lebendiges Miteinander entstehen kann – und sich dabei beobachten und bewerten zu lassen.

Auf der Basis der aktuellen diagnostischen Erkenntnisse, einer gewachsenen, vertrauensvollen Beziehung zwischen den Eltern und der Heilpädagogin sowie der ersten Erfahrung der Heilpädagogin im Spiel mit dem Kind wird sie entscheiden, zu welchem Zeitpunkt und unter welchen Bedingungen den Eltern dieses Angebot gemacht wird.

In allen Arbeitsformen innerhalb der Anleitung von Eltern wird die Heilpädagogin anhand der Merkmale einer Spielform erläutern, welche Tätigkeit das Kind aktuell bevorzugt und welche Aussage zu seinem Entwicklungsalter hier abgeleitet werden kann. Die Heilpädagogin wird den Eltern die Schnittstellen von lustvoller Selbsttätigkeit und notwendiger, portionierter Hilfestellung deutlich machen. Sie wird mit ihnen den begleitenden Einsatz von Sprache erörtern und die Verhaltensbedingungen, die nötig sind, damit das Kind eine Handlungssequenz nachahmen kann.

Übungsformen, die in das Spielangebot eingebettet werden, sollen den Eltern vorgestellt werden. Sie sollen konkret erfahren können, dass ihr Kind im Spiel über sein Erleben, sein Ausprobieren, Wiederholen, Vergleichen und Kombinieren Funktionen einüben kann, die sein Lernpotential anstoßen, vertiefen und erweitern. Folgende Arbeitsformen bieten sich an:

- *Hospitation während einer HPÜ–Einheit*: Vorstellung/Erörterung der Stundenplanung: Beziehungsgestaltung, Darstellung der Stundenstruktur: Spannung – Entspannung, Zielvorstellung, Inhalte; Erläuterung zur vorbereiteten Raumgestaltung und zum ausgewählten Material; Überlegungen zum Verhaltensmodus von Elternteil und Heilpädagogin.

- *Aktive Teilnahme:* Vorbedingung: Bereitschaft der Eltern; zu Beginn: Übernahme von Beobachtungsaufgaben nach vorheriger Absprache; im Verlauf: Beteiligung an Spielsequenz/en; dann selbständige Ausführung von einer Spielsequenz; ggf. Videoaufzeichnungen mit Einverständnis der Eltern.

Auswertungsgespräch – Eindrücke und Erleben der Eltern schildern lassen, z. B.:

- Wie habe ich mich als Elternteil gefühlt?
- Wie wurde das Kind erlebt?
- Wie wurde die Beziehungsqualität erlebt? (aufeinander bezogen sein, Ausdrucksverhalten und Initiativen des Kindes feinfühlig wahrnehmen, Absichten erkennen, ihnen folgen und beantworten können)
- Gibt es Ideen und Anregungen?

Die hier beschriebenen Arbeitsformen sind für erheblich sozial-emotional beeinträchtigte Kinder vorerst nicht indiziert, da sie einen Raum brauchen, der ihnen eine Distanz zum Umfeld verschafft. Nur so können sie – erst einmal – ein Gefühl von Sicherheit und Aufgehobensein entwickeln, um ihre Lebensthemen zu bearbeiten. Im Einzelfall, der sorgfältig geprüft sein muss, mag eine elterliche Anleitung über das gemeinsame Spiel zu konkreten Fragestellungen angemessen sein.

5.5 Überlegungen zur Kleingruppenarbeit

Sich gruppenzugehörig zu fühlen ist ein grundlegendes menschliches Bedürfnis, das Sicherheit vermittelt. In einem konkreten Rahmen mit bestimmten, wiederkehrenden Merkmalen findet das einzelne Mitglied Beachtung; es kann Beziehungen aufnehmen und gestalten; die einzelne Person bekommt Rückmeldungen zu eigenen Ideen und Verhaltensweisen, fühlt sich bestätigt und lernt, mit ablehnenden Reaktionen umzugehen. Im Geben und Nehmen wird Teilhabe erfahrbar. Die Entwicklung des Selbst- und Fremdbildes findet eine Bereicherung.

Die Heilpädagogin wird – im Kontext der institutionellen Aufgaben und Rahmenbedingungen – am Bedarf der Kinder orientiert, ein Kleingruppenangebot inhaltlich konzipieren und durchführen: wenn möglich im Zweier-Team mit einer gemeinsamen Ausrichtung. Die Gruppenleitung entscheidet über die Zusammenstellung der Teilnehmer (Zielgruppe, Anzahl der Kinder, Alter, Schweregrade der Beeinträchtigungen) und den Zeitpunkt, der für das jeweilige Kind geeignet erscheint, in einer Gruppe Anregungen für sein Lernen zu finden.

Beziehungserfahrungen haben sich im unmittelbaren, überschaubaren und damit geschützten Rahmen des Dialogs zwischen Ich und Du ausreichend differenziert und stabilisiert. In diesem Spieldialog lebt und erlebt das Kind zunächst die Dyade und beginnt dann mit der Triangulierung; d. h. es kann die soziale Aufmerksamkeit auf mehrere Personen ausrichten und verteilen. Im Sozialspiel spiegeln sich die Schritte im Erwerb dieser Kompetenzen wider: Das Kind ist in seinem Spiel auf seine Bezugspersonen ausgerichtet, beobachtet – von dieser sicheren Basis ausgehend – die anderen Kinder, imitiert deren Verhalten und nimmt Kontakt auf. Es ist nun bereit und fähig, sich im fordernden Gruppengeschehen zu erleben, zu kommunizieren und sein Selbst in sozialer Bezogenheit weiter auszubilden. Es entwickelt Neugier auf andere Kinder, möchte gemeinsam mit ihnen etwas erleben, sich und einen Sachverhalt mitteilen, darüber abstimmen und sich selbst dabei eindeutiger erfahren. Die Gruppenfähigkeit ist abhängig vom Entwicklungsalter des Kindes und von der aktuellen Bewältigung seiner Entwicklungsaufgaben. Mit dem Beginn der Kindergartenzeit und mit dem Übergang in die Schule werden altersbedingte Anforderungen, in Gruppenkontexten zu agieren, an das Kind gerichtet (vgl. Schmidtchen 2001, 47; Erikson 1966, 75 ff.):

- Entwicklungsaufgaben des Kindesalters (3–4 Jahre)
    - Ausbau von spielerischen Verarbeitungskompetenzen
    - Erwerb von sprachlichen Kompetenzen
    - Erwerb von moralischen Urteilskompetenzen (Gewissensnormen)
- Entwicklungsaufgaben des Vorschulalters (5–6 Jahre)
    - Erwerb von Geschlechtsrollenkompetenzen
    - Erwerb von Kompetenzen zum Umgang mit Altersgenossen und außerfamiliären Bezugspersonen
    - Erwerb von Rollenkompetenzen des täglichen Lebens
- Entwicklungsaufgaben des Schulalters (7–12 Jahre)
    - Erwerb von schulischen Kompetenzen
    - Erwerb von Gruppenkompetenzen

Die bisher nicht ausreichend gelösten Entwicklungsaufgaben werden in ihrer Aktualität die für das Kind bedeutsamen Themen bestimmen und innerhalb des Gruppenprozesses gestaltet werden. Sie müssen dort für das Kind ausreichend Raum finden und damit eine Darstellungsbühne erhalten, auf der die kindliche Auseinandersetzung für das Kind einen Sinn ergibt. Unter anderem bedeutet das, dass die Interaktionen der teilnehmenden Gruppenmitglieder von den Heilpädagogen aufmerksam wahrgenommen, gewichtet und gezielt in ihrem emotionalen Gehalt verbalisiert – auch analysiert – werden, um sie – bei Bedarf – für die betroffenen Kinder nachvollziehbar und verstehbar zu machen. Konfliktlösungen, die nicht von den beteiligten Kindern unter sich bewältigt werden, finden Hilfestellungen, die Lernen ermöglichen. Oder anders gesagt: Die heilpädagogische Kleingruppe bietet ein Lernfeld für das Kind, im gemeinsamen Spiel mit anderen Kindern sozial-emotionale Kompetenzen aufzubauen, indem situativ Aufgaben und Probleme behandelt und gelöst werden. Sie werden auf der emotionalen und kognitiven Ebene bearbeitet und eröffnen Wege in die Handlungsstrategie (vgl. Klauß 2013, 23 ff.):

5.5 Überlegungen zur Kleingruppenarbeit

Emotionale Ebene	Kognitive Ebene	⇨	Handlungsebene
Gefühle wahrnehmen und regulieren, ausdrücken und verbalisieren, Gefühlsausdrücke erkennen, einordnen und benennen	Situation wahrnehmen und analysieren, mit früheren Erfahrungen abgleichen, eigene Möglichkeiten einschätzen, Strategien entwickeln		Gefühle und Gedanken beeinflussen die Handlungen, ungünstige emotionale und kognitive Verarbeitung führt zu einer situativen Überforderung, daraus folgen Verhaltenskonsequenzen
⇧	⇧		⇩
förderlicher Umgang in Form von Ich-Botschaften und Regulationsstrategien	Bewertungen verändern, andere Ziele setzen, Problemlöseverfahren anwenden	⇦	kompetentes Verhalten in verschiedenen/typischen Situationen lernen

Notwendige Teilschritte bei der Aushandlung einer Konfliktlösung können über die Gestaltung von Spielszenen mit Spielfiguren und/oder verbal angeboten werden. Das stellvertretende Agieren von Spielfiguren reduziert die Gefahr des sich öffentlich beschämt Fühlens in der Konfrontation mit dem eigenen Ungenügen oder Versagen.

Beispiel

Die beiden Handpuppen spiegeln die zwei Verhaltenspolaritäten bei sozial-emotionalen Beeinträchtigungen wider: Die Internalisierer werden durch die Schildkröte dargestellt, die ein überkontrolliertes, hoch angepasstes und sozialängstliches Verhalten zeigt. Der Kasper repräsentiert die Externalisierer, die in Problemsituationen schnell überreagieren und ihre Gefühle in impulsiven, unüberlegten Handlungen nach außen tragen, die meist mit aggressiven Impulsen einhergehen (vgl. Klauß 2013, 12 f.). Die Handpuppen werden in der »Soziale-Kompetenz-Gruppe« von den beiden Heilpädagogen gespielt und gezielt eingesetzt. Die Kinder im Vorschulbereich können sich damit identifizieren, die Verbalisierungen in den Situationen auf sich beziehen oder die vorgegebene alternative Handlung nachvollziehen und nachahmen. Sie können die Puppen auch selbst spielen, sich in einer anderen Rolle ausprobieren oder die Handpuppe als stellvertretendes Sprachrohr, als Ausdrucksgestalt für die eigenen Themen einsetzen. Hier ergeben sich vielfältige Möglichkeiten, Handpuppen in der eigenen Praxis zu nutzen. Auch standardisierte Gruppenangebote greifen den methodisch-therapeutischen Einsatz von Stofftieren auf (z. B. »Lubo aus dem All«-Programm zur Förderung sozial-emotionaler Kompetenzen im Vorschulalter; Hillebrand 2009).

Die Heilpädagogen werden ihre Interventionen an den vorhandenen Kompetenzen ausrichten, ebenso an den für das einzelne Kind formulierten Lernzielen. Sie werden davon ausgehen, dass das Kind im kokonstruktiven Sinn seine Wirklichkeitserfahrungen erst einmal selbsttätig strukturieren und darstellen kann. Erst dort, wo es aufgrund seiner gravierenden Beeinträchtigung Hilfestellung braucht, werden die Heilpädagogen tätig.

Grundsätzlich gilt für die Begegnung der Heilpädagogen mit jedem einzelnen Gruppenmitglied, dass sie geleitet ist vom Respekt vor der Person und ihrem biografischen Gewordensein. Sie müssen ihre Kommunikationsangebote angemessen kleinschrittig, überschaubar und damit nachvollziehbar gestalten – auch verständlich für das schwächste Mitglied. Akzentuiert stellen sie das aktuelle Geschehen mit seinen Erlebnis-Anteilen in den Mittelpunkt: Nur über das Erleben mit den zugehörigen Gefühlen verläuft ein Lernprozess.

Ein Gruppenangebot fordert auf eine komplexe Weise: Auf der kontextuellen Ebene wird das Kind konfrontiert mit vorgegebenen Regeln, die einer pädagogischen Zielsetzung entsprechen. Diese Vorstellungen über richtige und angemessene Verhaltensweisen werden als Normen bezeichnet, die an das Kind herangetragen werden. Auf der interaktionalen Ebene gestaltet es seine Kommunikation mit unterschiedlich geprägten Individuen und ihrer Lebenskultur. Das je eigene Spielanliegen braucht viel Kompromissbereitschaft, damit ein gemeinsames Spielthema entstehen und umgesetzt werden kann. Das Spielthema, die gemeinsame Aktivität fördert die Annäherung der Kinder hin zu einem Wir-Gefühl und bildet das Zentrum der Gruppe. Über die gefundenen Gemeinsamkeiten entwickelt die Gruppe entsprechend der eigenen Bedürfnisse angepasste Normen.

Im Gruppengeschehen werden die Heilpädagogen die Balance halten zwischen den Bedürfnissen des Einzelnen (*Ich*), der Interaktion und den Beziehungen untereinander (*Du*) und dem gemeinsamen Spielthema der Gruppe (*Wir*). Dieser dynamische Prozess kann in Anlehnung an das Konzept der »Themenzentrierten Interaktion« (Cohn 1975) wie folgt skizziert werden:

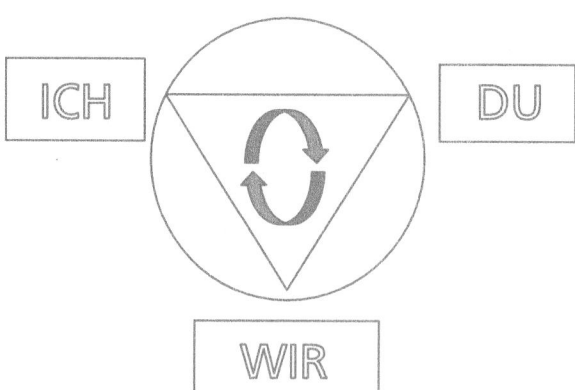

5.5 Überlegungen zur Kleingruppenarbeit

Ich

- Temperament/Persönlichkeit des Kindes – »Was bringe ich mit?«
- eigene Bedürfnisse, Wünsche, Absichten wahrnehmen, kennen – »Wissen, was ich möchte!«
- eigene Gefühle wahrnehmen, Emotionen regulieren und sein emotionales Befinden mitteilen, ausdrücken und versprachlichen
- Spielideen haben und in Handlung umsetzen können – »Tun, was ich möchte«
- Sich non-verbal mitteilen, sprachlich-kommunikative Fähigkeiten – »Zeigen und sagen, was ich möchte«
- sich trauen, sich einbringen, sich behaupten, sich durchsetzen
- Initiative ergreifen, Kontakte herstellen und erhalten
- eigene Aufgaben verfolgen und bei Misserfolgen nicht aufgeben
- eigenes Verhalten reflektieren

Du

- gemeinsame Aufmerksamkeitslenkung
- den anderen wahrnehmen und beobachten, seinen non-verbalen Ausdruck deuten, aktiv zuhören, Wünsche und Absichten erkennen
- »Was sagt der andere? Was will der andere?«
- das Verhalten des anderen nachahmen
- Gefühle des anderen wahrnehmen, erkennen und benennen – Perspektivübernahme/Empathie, sich in den anderen hineinversetzen, einfühlen – »Wie geht es dem anderen?«
- auf den anderen eingehen, ihn ansprechen und fragen
- Hilfe anbieten und Hilfe annehmen
- Grenzen und Widerstände spüren und aushalten
- sich zurückhalten, sich anpassen, Rücksicht nehmen

Wir

- Gemeinsame Spielidee entwickeln – Ziele haben, zusammen planen und Schritte umsetzen
- sich im Spielverlauf abstimmen und sich einigen
- ein-, über- und unterordnen – kooperieren
- Kritik äußern und annehmen können
- sich verständigen und Kompromisse aushandeln – Konflikte lösen – zunehmend verbal
- gemeinsames Werk gestalten – es nur zusammen schaffen zu können, Wir-Gefühl entwickeln und Wert von Gruppe erfahren
- Gruppenregeln/Normen einhalten
- eine Rolle in der Gruppe einnehmen
- Verantwortung für andere – für die Gruppe – übernehmen

Im Laufe der Entwicklung erwirbt das Kind soziale Kompetenzen, die Fähigkeiten, persönliche Ziele in sozialen Situationen zu erreichen und gleichzeitig positive Beziehungen zu anderen aufrechtzuerhalten. Es wird gruppenfähig und kann das Wir leben und gestalten.

Gruppen durchlaufen von der Entstehung bis zur Auflösung charakteristische Phasen, die sich überschneiden können und im dynamischen Wandel neu belebt und angestoßen werden. Abhängig ist das von den institutionellen und konzeptionellen Rahmenbedingungen und den jeweiligen Mitgliedern und Leitern, die als Individuen die Gruppe als Unikat prägen. Diese grundlegenden Aspekte werden von den Heilpädagogen in die Planung mit einbezogen und bei der Reflexion berücksichtigt. Unterschieden werden die folgenden Arbeitsformen:

Umschriebenes Gruppenprogramm: Hierbei handelt es sich um vorgegebene Programme zur Durchführung eines Gruppenangebotes. Zu einem bestimmten Thema gibt es für eine festgelegte und begrenzte Zeitspanne ein Angebot für die definierte Zielgruppe. Der Gruppenverbund bleibt die Zeit über gleich, alle Kinder beginnen mit den Gruppenleitern und beenden gemeinsam diesen Kurs. Im Konzept bzw. im Handbuch sind alle Stunden, die Abläufe, Inhalte und Materialien als Standard festgehalten, so dass die Gruppenleiter entsprechend dieser Vorgaben das Angebot durchführen können. Unabhängig von der Institution, dem Ort und der Person sind die Inhalte gültig und die Erarbeitung für alle Kinder in gleicher Art und Weise gewährleistet. Alle chronisch kranken Kinder erfahren z. B. in der Asthma- oder Diabetesschulung die gleichen Informationen und Behandlungen. Die Vergleichbarkeit vereinfacht eine Evaluation derartiger Gruppenprogramme.

Fortlaufendes Gruppenangebot: Hierbei handelt es sich um ein fortlaufend bestehendes Gruppenangebot in einer Institution. Zu einer bestimmten Thematik werden in einem festgelegten Turnus (z. B. alle zwei Wochen) Gruppenstunden angeboten. Entsprechend der Zielgruppe nehmen Kinder bedarfsorientiert teil. Von einer Mindestdauer ausgehend wird die Förderung in der Gruppe den individuellen Entwicklungsschritten angepasst – in Absprache der Gruppenleiter mit den Eltern. Es besteht meist eine Kerngruppe, die einige Kinder neu aufnimmt und einige verabschiedet. Neubeginn und Abschied sind wiederkehrende Themen, die die Anforderungen des Lebens widerspiegeln und in der Gruppe bearbeitet werden. An der Zielsetzung der Gruppe orientiert werden die Gruppenstunden der aktuellen Dynamik der jeweiligen Gruppenkonstellation angepasst. So realisiert sich ein individualisierendes Gruppenangebot in der Praxis.

Im gruppendynamischen Prozess treten typische Phasen auf, die jedes einzelne Kind und die Gruppe als Ganzes durchlaufen. Von Gruppe zu Gruppe ist die Dauer und der Prozessverlauf unterschiedlich. Aus der aktuellen Phase ergeben sich die Themen einzelner Kinder und der Gruppe, die von den Heilpädagogen im Spiel aufgegriffen und bearbeitet werden können. Eine theoretisch orientierte Darstellung liefern die aus der Sozialpsychologie stammenden Modelle (z. B. die klassischen Gruppenphasen nach Bernstein/Lowy oder die Gruppenentwicklung nach Vopel 1976). Darauf beziehen sich die folgenden Punkte A–E, deren Inhalte an Beispielen veranschaulicht werden.

A – Orientierung

Im Anfangsstadium der Gruppe oder wenn Kinder in einer Gruppe neu dazukommen, bestehen Unsicherheit und Zurückhaltung, aber auch Neugierde und Vorfreude. In dieser offenen Situation der ersten Orientierung zeigen Kinder unterschiedliche Verhaltensweisen, um sich untereinander abzutasten und in Kontakt zu kommen. Die einen halten sich eher zurück und nehmen eine abwartend-beobachtende Position ein. Die anderen gehen aktiv »drauf zu« und präsentieren sich der Gruppe. Wieder andere suchen bei den Gruppenleitern nach Verhaltensregeln und Anweisungen (vgl. Marmet 1994, 50 f.).

Die Heilpädagogen, die als Team die Gruppe leiten, können bei der Gruppengestaltung auf folgende Punkte achten, um in der Orientierungsphase den Kindern Sicherheit zu geben:

- *Raum-Orientierung*: Gruppenraum zeigen und auf Regeln hinweisen (z. B. Schuhe ausziehen), Foto-Wand der Teilnehmer/Steckbriefe (Wer gehört dazu?), ein Fach/eine Schatzkiste für jedes Kind einrichten
- *Material-Orientierung*: Material für die Gruppe zeigen (Gruppenschrank mit Spielen und Bastelmaterialien o. a.); jedes Material hat seinen festen Platz
- *Person-Orientierung*: Haltung und Verhalten der Heilpädagogen; ruhige und emotional warme Atmosphäre schaffen, in der sich alle Kinder angenommen fühlen; geduldig abwarten und Vielfalt zulassen; ein förderliches, pädagogisch-therapeutisches Milieu schaffen, in dem sich jeder Einzelne entwickeln und die Gruppe wachsen kann; nicht pädagogisieren und reglementieren; sich ohne Druck und drängende Erwartungen anbieten – vor allem bei ängstlich gehemmten Kindern mit Rückzugstendenzen oder einer Außenseiterrolle. Lenkung in Form klar strukturierter Vorgaben und Grenzsetzungen bei aggressiven Kindern; positive Verstärkung in Form sozialer Zuwendung und Rückmeldung bei angemessenen Verhaltensweisen, z. B. gelungene Kontaktaufnahme und Abstimmung; individualisierende Beziehungsangebote: Jedes Kind bekommt das, was es braucht.

Das hier skizzierte Verhalten der Heilpädagogen und das folgende Stundenbild beziehen sich nicht nur auf die Orientierungsphase, sondern auf den gesamten Gruppenprozess. Die Stundengestaltung wird an die aktuellen Bedingungen immer neu angepasst.

Stundenbild

Wiederkehrender Ablauf einer Gruppenstunde zur Orientierung: Die Strukturen setzen eine haltgebende Rahmung, in der Vielfalt angenommen und gelebt werden kann; Rituale schaffen und einführen, nicht fragend anbieten, sondern vorgeben (z. B. alle nehmen sich eine Teppichfliese und setzen sich in den Kreis, der Reihe nach die Kinder mit Namen benennen, die die Aufgaben umgesetzt haben: »Der ... sitzt schon, der ... sitzt schon« usw.). Je nach Bedarf kann der Ablauf mit Fotos/Piktogrammen visualisiert werden und die Aktivitäten können am Handlungsplan abgearbeitet werden. Übergangsobjekte (von zu Hause mitgebrachte Stofftiere, Spielzeuge oder Glücksbringer für die Hosentasche) geben den Kindern Halt und können mit in die Gruppe gebracht werden. In der Orientierungsphase stehen Kennenlernspiele entsprechend des Entwicklungsstandes der Kinder im Mittelpunkt. Die Gruppenstunde gliedert sich in unterschiedliche Sequenzen:

5 Spiel: Das zentrale Medium in heilpädagogischen Tätigkeitsfeldern

- Begrüßung und gemeinsamer Einstieg
- gezieltes Spielangebot und/oder freies Spiel
- Abschluss mit einem gemeinsamen Stundenende

Beispiel: Eine gemeinsame Stadt bauen

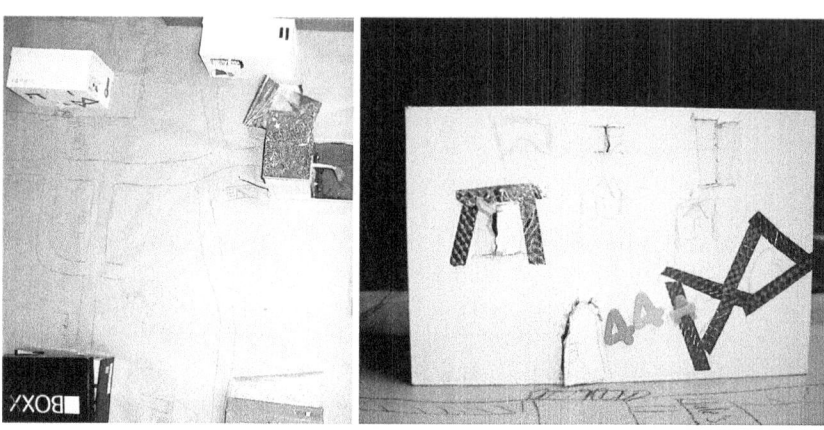

Jedes Kind bekommt einen Schuhkarton o. ä. zur Verfügung, aus dem es sein Haus nach eigenen Vorstellungen schaffen kann. Das Haus wird als Ich-Ausdruck individuell gestaltet und ausgeschmückt. Über mehrere Stunden hinweg wird aus den Häusern eine gemeinsame Stadt gebaut: Jedes Kind sucht sich innerhalb der Stadtgrenze einen Bauplatz und stellt sein Haus auf. Es kann seinen Platz suchen und finden, die Nähe und Distanz zu den anderen selbst bestimmen. Alle Kinder werden in ihren Häusern besucht und jedes Kind entscheidet für sich, wie es den Besuch, der anklingelt, aufnimmt, ob es zu Hause ist oder nicht, ob die Tür verschlossen bleibt oder geöffnet wird. Zufahrtswege und Straßen – die verbinden – werden nach Regieanweisung der Kinder aufgezeichnet. Einige Kinder möchten den Weg bis an die Tür, bei anderen soll der Weg am Törchen enden und das Haus von einem Zaun umgeben sein.

Gemeinsam überlegen die Kinder der Gruppe, was ihre Stadt braucht (z. B. einen Spielplatz, einen Kindergarten/eine Schule, ein Krankenhaus, einen Supermarkt/eine Eisdiele, eine Kirche usw.), und malen es auf. Ein Städtename kann überlegt und am Ortseingangsschild notiert werden. Im Spielprozess kann beobachtet werden, welche Rolle das jeweilige Kind einnimmt, wie Kontakt und Kommunikation untereinander und wie ein gemeinsames Werk entsteht.

B – Positionskampf und Kontrolle

In dieser Phase suchen die einzelnen Kinder ihren Platz, ihre Position in der Gruppe. Die Rollen – die Erwartungen der Teilnehmer an das Verhalten des Einzelnen innerhalb der Gruppe – werden untereinander verteilt. Eine Rangordnung wird festgelegt. In dieser Auseinandersetzung kommt es mitunter zu Konflikten und Machtkämpfen. Die einen versuchen ihre Spielideen ohne Kompromissbereitschaft durchzusetzen, die anderen gehen in den Rückzug, räumlicher und/oder emotionaler Art. Auch kann es zur Bildung von Untergruppen mit Gleichgesinnten kommen, die gemeinsam spielen und mit den anderen ggf. rivalisieren. Das Austragen dieser Konflikte werden die Heilpädagogen situativ begleiten und mit den Kindern der Gruppe zusammen erarbeiten und nach befriedigenden Lösungen suchen. Meinungsverschiedenheiten werden in dieser Phase geklärt und die Kinder finden über die Abgrenzung zueinander. Bewegungsspiele können ein mögliches Angebot sein, sich körperlich zu messen und über den Wettkampf auch in kooperative Spielformen zu gelangen. So wird die Erfahrung gemacht, nur gemeinsam die Anforderung, die gestellte Aufgabe bewältigen zu können (vgl. Marmet 1994, 52 ff.). In dieser Positionierungsphase ist es für die Entwicklung von Beziehungsstrukturen hilfreich, eine förderliche Gruppenatmosphäre zu schaffen (vgl. ebd., 30 f.):

- Regeln erlauben Offenheit im Ausdruck von Gefühlen
- Erwartungen eröffnen einen großen Verhaltensspielraum
- Andersartigkeit wird akzeptiert
- Strukturen bleiben flexibel
- Austausch mit der Umwelt

C – Vertrautheit und Intimität

Mit der Bereitschaft, sich zu verständigen, besteht in dieser Phase eine Übereinstimmung innerhalb der Gruppe. Ein Gefühl der Sicherheit entsteht. Die Gruppe wird insgesamt positiver erlebt, die persönlichen Beziehungen kennzeichnen das Gruppenklima und die Kinder fühlen sich zugehörig und akzeptiert. Ein Gemeinschaftsgefühl entsteht: Das Wir kann gelebt werden mit zunehmender Identifizierung mit der Gruppe (vgl. Marmet 1994, 54). Um den Gruppenzusammenhalt zu stärken, ist ein sozial-emotional ausgerichtetes Verhalten der Leitung sowie aller Mitglieder sinnvoll (vgl. ebd., 42):

- Kontaktbereitschaft signalisieren
- Gefühle und Prozesse feinfühlig wahrnehmen
- andere ermutigen und bestätigen
- Beiträge anhören und annehmen
- Spannungen abbauen
- Unterschiedlichkeiten akzeptieren

D – Differenzierung

In dieser Arbeitsphase ist die maximale Produktivität der Gruppe erreicht. Die Unterschiede ergänzen sich, Individualität wird toleriert und die Gruppe ist in sich stabil und gesichert. Dem Kind ist es möglich, sich selbst als »Insel der Konsistenz«

(Stern 1992, 144) im Ablauf von Geschehnissen zu erleben: Es kann es selbst bleiben als Teil des Ganzen, für das es mitverantwortlich ist. Die Sachfragen und Inhalte rücken in den Vordergrund und bestimmte Themen können von der Gruppe bearbeitet werden.

Beispiele

Gruppenprojekte: Die Kinder überlegen und planen gemeinsame Spielaktivitäten als ein Projekt der Gruppe über mehrere Stunden hinweg. Es können die Lieblingsspiele sein, die alle Kinder der Reihe nach mitbringen und dann mit der Gruppe zusammenspielen, das Knüpfen von Freundschaftsbändern oder gemeinsame Rollenspiele zu einem Thema, z. B. Zirkus, Jahrmarkt, Einschulung.

Märchen bildnerisch gestalten: Die Heilpädagogen lesen eine Geschichte vor, die das Thema der Gruppe aufgreift: z. B. »Das hässliche Entlein« von Hans Christian Andersen. Im anschließenden Gespräch wird der Inhalt fragend erarbeitet und ein persönlicher Bezug dazu hergestellt. Über das bildnerische Gestalten wird die non-verbale Ausdrucksebene angesprochen und jedes Kind kann das Thema auf sich bezogen in Szene setzen und bearbeiten: Dazu gibt es ein Arbeitsblatt, auf dem Küken und Schwan abgebildet sind; jedes Kind kann ein bestimmtes Tier oder mehrere auswählen und in einem eigenen Bild platzieren. Die Bilder können mit den eigenen Beweggründen und Interpretationen in der Gruppe vorgestellt werden.

Ausdruck von Gefühlen: Bildkarten mit Gefühlsdarstellungen; die emotionale Situation pantomimisch darstellen bzw. spielen; Heilpädagogen verbalisieren das emotionale Erleben; weitere Bildkarten, die dazu passen, suchen; Gefühle erkennen und benennen; dargestellte Situation in der Gruppe fragend reflektieren; sich in andere Personen hineinversetzen; die Gefühle (z. B. Freude, Trauer, Angst, Wut) auf eigene Erlebnisse und Erfahrungen beziehen und Bilder dazu malen; Strategien zur Emotionsregulation erarbeiten.

E – Abschluss und Trennung

Die Abschlussphase wird dann aktuell, wenn ein Kind die Gruppe verlässt oder sich die Gruppe in Gänze auflöst. Die damit einhergehende Trennung kann unterschiedlich erlebt und bewertet werden. Dies ist meist abhängig von dem biographischen Gewordensein, der Persönlichkeit des Kindes und seiner Entwicklung in der Gruppe. Wichtig ist es, dass die Heilpädagogen den damit einhergehenden Emotionen genug Raum geben und jedes Kind seinen Abschied, eingebettet in Rituale (z. B. dem Kind etwas aus der Gruppe mitgeben, ein Fotobuch mit positiven Rückmeldungen), individuell vollziehen kann. Das Thema Abschied geht mit Ambivalenzen einher: Die Freude über das, was geschafft und erreicht wurde, die bewältigten Aufgaben und die gewonnene Ich-Stärke und Autonomie – die Freude auf einen Neubeginn. Andererseits erfüllt es mit Trauer, etwas zurücklassen zu müssen und zu verlieren.

Die emotional besetzten Themen wie auch das »Abschiednehmen« können in einer Geschichte formuliert, den Kindern erzählt und mit der Gruppe im Rollenspiel dargestellt werden. Das Thema wird der emotionalen Bearbeitung zugänglich gemacht und die Situation wird gefühlsmäßig verstehbar mit der Erkenntnis, dass auch andere Kinder in der Situation so empfinden. In der gespielten Geschichte kann das Kind seine Ressourcen erfahren, die Suche nach Lösungen angeregt und können Lösungsstrategien aufgezeigt werden. Diese spieltherapeutische Intervention bzw. dieses differenzielle Spielangebot weist typische Merkmale auf (vgl. Goetze 2002, 328 f.; Weinberger 2001, 152 ff.):

- Zeitverzerrung (Es gab einmal eine Zeit ...)
- Hintergrund (Lebensbereich der Kinder)
- Hauptfigur (Kind, Tier oder Phantasiewesen wie eine Elfe, mit der sich das Kind identifizieren kann)
- Problem (Situation, die belastend ist)
- Helfer (Figuren, die viel erlebt haben, weise sind und über magische Kräfte verfügen)
- Aufgabe (Weg, der bewältigt werden muss)
- Lösung (Problem wird bewältigt und in einer Metapher dargestellt)
- Ende (z. B. ein Fest feiern)

Beispiel: Die kleine Elfe

Eine Geschichte für ein Mädchen in der »Soziale-Kompetenz-Gruppe« (geschrieben von den Heilpädagoginnen Ch. Beber und B. Schroer)

Leo Löwe möchte euch heute etwas erzählen, eine Abenteuergeschichte, etwas ganz Besonderes, das er erlebt hat: Es war einmal ... vor ganz langer Zeit ... da spielte Leo Löwe ganz vergnügt mit seinem Ball und tollte rennend durch die Gegend ... ihm ging es so richtig gut und er strahlte über das ganze Gesicht.

Frage an die Gruppe: Kennt ihr das, dass ihr so richtig fröhlich spielt und keiner stören darf?

Plötzlich hielt Leo Löwe inne und blieb stehen ... er hörte etwas, ein leises wimmerndes Weinen – und dann sah er in der Ecke eine kleine, eine ganz kleine Gestalt ... ganz erstarrt im seidigen Glanz ... so etwas anmutig Schönes hatte er noch nie gesehen ... und er fragte sich, wer sie war und wo sie herkäme? Leo Löwe ging auf die kleine Gestalt zu und schaute sie an:

»Hallo, wer bist denn du?« – »Wo kommst du denn her?« – »Wie heißt du denn?«

Die kleine Gestalt erstarrte und gehemmt schaute sie Leo Löwe aus großen Augen an – starr vor Angst traute sie sich nicht, sich zu bewegen ... ihr Herz raste im Galopp, die Knie gaben nach und waren weich wie Wackelpudding und bei schweißnassen Händen war ihr flau im Magen ...

Da die kleine Gestalt nichts sagte, fragte Leo Löwe forsch: »Willst du mit mir spielen?« und als keine Antwort kam, beugte er sich vor und fragte sie erneut: »Komm sag, was willst du mit mir spielen?« Die kleine Gestalt zögerte ... sie traute sich nicht und ihr versagte die Stimme, um zu antworten ... der Klos im Hals nahm zu und drückte ihr an die Kehle.

Während Leo Löwe nichts tat, untätig wartete und auch nichts sagte, nahm das Unbehagen der kleinen Gestalt zu ... am liebsten hätte sie sich unsichtbar gemacht, sich in die Ecke verdrückt und wäre vor Scham im Boden versunken. Leo Löwe spürte nun die Angst der kleinen Gestalt und meinte vorsichtig zu ihr: »Du weißt vielleicht gar nicht, was du spielen möchtest, und manchmal ist es auch gar nicht so leicht, das herauszufinden.« Leo Löwe dachte weiter nach und meinte: »Nun, auch wenn du nichts sagen und spielen möchtest, freue ich mich, dass du da bist. Nun überlege ich mir, was ich tun kann, damit du keine Angst mehr haben musst.«

Frage an die Gruppe: Habt ihr eine Idee, was Leo Löwe tun kann?

Leo Löwe schaute sich um, dachte nach und hatte eine Idee: Er holte den Ball, mit dem er gerade gespielt hatte, und rollte ihn der kleinen Gestalt vorsichtig und aufgeregt zu ... Zunächst duckte sich die kleine Gestalt, doch dann hörte sie etwas ... im Ball klingelte ein leises Glöckchen ... kling, kling, kling ... Wie schön, dachte sie sich, und guckte Leo Löwe das erste Mal an. Dieser saß ein Stück weit von ihr entfernt und bewegte sich nicht. Ganz behutsam stupste die kleine Gestalt den Ball an. Das Glöckchen klingelte. Sehr zaghaft rollte sie den Ball zurück in Leo Löwes Richtung.

Auf halber Strecke blieb der Ball liegen. Leo Löwe bewegte sich immer noch nicht. Es war so schwer abzuwarten, dachte er sich. Doch die kleine Gestalt kroch aus ihrem Loch heraus und sah sich um. Sie und der Löwe waren ganz allein. Mutig krabbelte sie zu dem Ball und gab diesem einen erneuten Schubs, so dass er vor Leo Löwes Pfoten landete. Dieser lachte freudestrahlend und rollte den Ball mit seiner Pfote zu der kleinen Gestalt zurück.

Sie fand Gefallen an dem Spiel und wurde immer mutiger. Die beiden rollten sich den Ball wiederholt zu. Dabei sprudelte es aus Leo Löwe heraus: »Ich bin Leo Löwe. Ich habe eine ganz große Familie und wir treffen uns jedes Jahr in der Löwenstadt. Ich spiele gern Fußball und Löwen-Monopoly. Am liebsten esse ich Fleisch. Meine Mama sitzt immer ganz da oben auf dem Felsen und liegt in der Sonne, während ich hier spiele. Ich bin schon sooo lange hier, dass ich jeden Baum und jedes Tier kenne. ... Nun sag, wie lange bist du schon hier? Wie heißt du denn und wo kommst du her? Dich habe ich hier noch nicht gesehen ...«

Plötzlich wurde die kleine Gestalt ganz traurig, setzte sich auf den Boden und zupfte an einem Grashalm ... »He, was hast du denn jetzt, was ist los?« Er trottete langsam auf die kleine Gestalt zu ... »Sag, was hast du? Bist du traurig?«

Nun nahm die kleine Gestalt ein großes Blatt und ein Etui aus ihrem Beutel und begann zu malen ... da sie es nicht in Worte fassen konnte ... Leo Löwe schaute neugierig zu, ganz gespannt beobachtete er, was sie gestaltete. Er sah ein buntes Elfenland mit vielen Blumen, Bäumen, Wasserfällen und tanzenden, kleinen, anmutigen Gestalten, kleinen Häusern versteckt im Nebel der Bäume ...

Leo Löwe war ganz beeindruckt und meinte: »Du kannst ja toll malen!« Leise nuschelnd flüsterte die kleine Elfe »i...b...d...k...el...«. »Häää, was hast du gesagt?« Die kleine Elfe nahm all ihren Mut zusammen, guckte dem Löwen in die großen braunen Augen und begann zu erzählen: »Ich bin die kleine Elfe. Und das ist mein Zuhause.« Sie zeigte auf ein Haus: »Da wohne ich! ... Ich bin zum glitzernden Regenbogen gelaufen, obwohl Mama und Papa das verboten haben. Und dann bin ich auf den Regenbogen geklettert und plötzlich bin ich heruntergerutscht und nun hier gelandet ...«

Die Elfe hielt einen Moment inne und überlegte: »Ich muss doch wieder zurück. Ich weiß aber nicht wie. Ich vermisse meine Mama und meinen Papa. Und meine Geschwister. Und meine Elfen-Freunde ... mhh, obwohl, du kannst ja auch ein Freund für mich sein.«

Frage an die Gruppe: Was kann die kleine Elfe tun? Wie kann Leo Löwe ihr helfen?

Leo Löwe: »Wir können ja den Regenbogen suchen ... dann finden wir den Weg zu dir nach Hause.«

Auf der Suche nach dem Regenbogen kamen die beiden an einen großen, plätschernden Wasserfall. Die Sonne spiegelte sich im Wasser. Ein Regenbogen glitzerte auf. »Da, schau mal Leo Löwe, ein Farbenstrahl taucht auf.« – »Der glitzert aber schön und Sterne funkeln auf«, meinte Leo Löwe. Und auf einmal tauchte galoppierend und schnaufend ein schillerndes Einhorn auf ... leise Klänge ertönten im Hintergrund ... Das Einhorn verneigte sich vor der kleinen Elfe und sprach zu ihr: »Deine Eltern schicken mich als Helfer, um dich nach Hause zu holen. Sie vermissen dich und sind in Sorge.«

Frage an die Gruppe: Wie können der Löwe und die Elfe Abschied nehmen und sich in Erinnerung behalten?

Hinweis: Die Kinder spielen die Geschichte zu Ende.

Unter Berücksichtigung der hier beschriebenen Phasen wird jede Gruppenstunde im Anschluss von den Heilpädagogen reflektiert, um die Förderung an die aktuelle Dynamik in der Gruppe und an die Bedürfnisse jedes einzelnen Kindes zielgerichtet anzupassen. Bei der Reflexion können folgende Fragen hilfreich sein:

- Wie gelingt die dialogische Daseinsgestaltung im gemeinsamen Spiel der Gruppe?
- Wie entwickelt sich eine reziproke Dynamik mit neuen Variationen?
- Wie gelingt den Heilpädagogen die Gratwanderung zwischen methodischer Strukturierung zur Haltgebung und freier Gestaltung?
- Wie abgestimmt ist die Rhythmisierung der Angebote (z. B. Anspannung und Entspannung, vertraute Inhalte und neue Anforderungen)?

Um die Entwicklung des Einzelnen im Gesamtgeschehen der Gruppe als systemisches Beziehungsgeflecht zu sehen und zu verstehen, bietet sich zur Visualisierung ein Gruppenbrett an. Die hier genannten Fragen können in der Praxis variiert und weitergeführt werden:

- Wo steht und bewegt sich das einzelne Kind?
- Wer nimmt mit wem Kontakt auf?
- Wie wird kommuniziert?
- Wie ist die Beziehungsgestaltung?
- Welche Nähen und Distanzen ergeben sich?
- Wie ist die räumliche Aufstellung?
- Wie verändert sich diese im Verlauf der Stunde?
- Wo gibt es Koalitionen, Rivalitäten, Rückzugstendenzen o. ä.?

Im gemeinsamen Spiel sind die Kinder dialogisch aufeinander bezogen. Sie teilen sich mit und drücken ihre Befindlichkeiten aus. Sie möchten am Spielgeschehen teilhaben, dazugehören und mitentscheiden können. Die Beziehungsgestaltung findet in einer bestimmten und einmaligen Situation statt, in der das Kind Erfahrungen mit sich selbst in sozialer Bezogenheit sammelt.

In der sozialen Interaktion entstehen einerseits neue Bedeutungen – bezogen auf Menschen, Objekte und Ereignisse; andererseits werden vorhandene Bedeutungen überprüft, stabilisiert und verändert. Das einzelne Kind hat die Chance, die Fremdperspektive einzunehmen und kann gleichermaßen sich selbst aus der Fremdperspektive wahrnehmen. Aktuell entstehende Situationen müssen handelnd eine angemessene Antwort finden, die weitgehend von der eigenen Lerngeschichte bestimmt wird.

Im neuronalen System prägen sich Spuren, die diese komplexen Kommunikationsvorgänge abbilden. Sie sind die Folie, auf der weitere Erfahrungen gemacht und abgebildet werden. In diesem Prozess formt und differenziert das Kind sein Selbstbewusstsein – seine Identität.

Das Kind mit einer Beeinträchtigung braucht zum Gelingen dieses Prozesses Hilfen, so dass es sich einbezogen fühlen kann. Es braucht Angebote, die es ihm ermöglichen, sich mit anderen gemeinsam an etwas nicht nur selbstwirksam, sondern auch wechselwirksam betätigen zu können: Die soziale Teilhabe ist für die Entwicklung eines soliden Selbstwertgefühls unabdingbar.

6 Ausblick

Ausgehend von der philosophischen und anthropologischen Bedeutung des Spiels bzw. des Spielens wurde sie in diesem Buch als das relevante Zentrum der kindlichen Entwicklung sowie der Lebenswelt des Kindes erläutert. Das Spiel begleitet somit die Entwicklung eines jeden Menschen von Beginn an. Spiel kann hierbei als Kommunikation, als Beziehung und als Identitätsmarkierung verstanden und gedeutet werden. Des Weiteren nimmt das Spiel als förderdiagnostisches Medium in der Heilpädagogik einen herausragenden Stellenwert ein – auch und gerade, da der Ansatz der Förderung immer mehr in das argumentative Hintertreffen zu geraten scheint, ist uns eine Vernetzung zwischen den diagnostischen Möglichkeiten des Spiels mit den Ansätzen der Begleitung, der Assistenz und der Unterstützung wichtig.

Gerade auf der Basis aktueller neurologischer Forschungen kommen dem Spiel weitere Bedeutungen zu: Mittels einer bio-psycho-sozialen Analyse und Interpretation kann das Spiel als die Möglichkeit der Entwicklung neuronaler Strukturen bezeichnet werden. Das Gehirn entwickelt und deutet hierbei die Beziehung zwischen Innen und Außen, zwischen Person und Umwelt, zwischen Kind und Spielweisen. Die sich hierdurch vollziehenden Lernprozesse im Spiel hinterlassen Gedächtnisspuren und modifizieren so das (nicht nur kindliche) Gehirn.

Vor diesem Hintergrund wird es mehr als deutlich, dass Kinder (auch, aber nicht nur, professionelle) Spielangebote benötigen. Dieses trifft insbesondere auf die Kinder mit Entwicklungsbeeinträchtigungen zu. Die hierzu notwendige heilpädagogische Entwicklungsförderung und Begleitung im Spiel, sowohl im Einzelsetting als auch in der Kleingruppe, vermag das in jedem Fall kreativ umzusetzen. Das kindliche Spiel in der Gruppe soll und muss hierzu mehr und mehr in den Fokus einer heilpädagogischen Begründung des Spiels geraten – das Ziel hierbei kann nur in der sozialen Teilhabe und Partizipation, also einer umfassend zu verstehenden Inklusion der Spielpartner liegen.

In der heilpädagogischen Wissenschaft müssen demzufolge deutlich mehr Forschungsschwerpunkte auf das Spiel hin ausgerichtet werden, so z. B. in der Betrachtung der Spielentwicklung des Kindes als leiborientierter Prozess oder in Forschungsprojekten zu multimedialen Aspekten des Spiels (wie in der Nutzung von Computerspielen). Aber auch in der Ausbildung und im Studium muss die Methodik des Spiels mit all seinen Möglichkeiten im Fächerkanon explizit und umfassend angeboten und realisiert werden. Schlussendlich sollte das Spiel in den heilpädagogischen Organisationen, in all seinen Dimensionen und förderdiagnostischen Ausrichtungen als gelebte Praxis verstanden und immer wieder auf die Theorie bezogen gedeutet werden.

Literatur

AG AVWS der deutschen Gesellschaft für Phoniatrie und Pädaudiologie (DGPP), 2002
Ainsworth, M./Bowlby, J.: Frühe Bindung und kindliche Entwicklung; München/Basel, 2001
Amthor, F.: Das menschliche Gehirn für Dummies; Weinheim, 2013
Antonovsky, A.: Salutogenese. Zur Entmystifizierung der Gesundheit; Tübingen, 1997
Arnold, M.: Kinder denken mit dem Herzen. Wie die Hirnforschung Lernen und Schule verändert; Weinheim/Basel, 2011
Bandura, A.: Lernen am Modell. Ansätze zu einer sozial-kognitiven Lerntheorie; Stuttgart, 1976
Bellebaum, Ch.: Neuropsychologie; Wiesbaden, 2012
Berk, L.E.: Entwicklungspsychologie, 5., aktual. Aufl.; München, 2011
Bernstein, S./Lowy, L.: Untersuchungen zur sozialen Gruppenarbeit; Freiburg im Breisgau, 1969
Bigger, A./Strasser, U.: Diagnostik bei schweren Formen geistiger Behinderung, in: Stahl, B./Irblich, D. (Hrsg.); Diagnostik bei Menschen mit geistiger Behinderung; Göttingen, 2005, 245–268
Bowlby, J.: Bindung. Eine Analyse der Mutter-Kind-Beziehung; München, 1975
Bowlby, J.: Elternbindung und Persönlichkeitsentwicklung. Therapeutische Aspekte der Bindungstheorie; Heidelberg, 1995
Brandau, H./Pretis, M./Kaschnitz, W.: ADHS bei Klein- und Vorschulkindern, 2. Aufl.; München, 2006
Brisch, K.H.: Bindungsstörungen als frühe Marker für emotionale Störungen; in: Suchodoletz, W. v. (Hrsg.); Früherkennung von Entwicklungsstörungen; Göttingen, 2005, 23–43
Bronfenbrenner, U.: Die Ökologie der menschlichen Entwicklung. Natürliche und geplante Experimente; Stuttgart, 1981
Buber, M.: Ich und Du; Stuttgart, 2008
Cohn, R.: Von der Psychoanalyse zur themenzentrierten Interaktion; Stuttgart, 1975
Damasio, A.: Selbst ist der Mensch. Körper, Geist und die Entstehung des menschlichen Bewusstseins, 2. Aufl.; München, 2011
Deutsche Gesellschaft für Sozialpädiatrie und Jugendmedizin e. V.: Qualität in der Sozialpädiatrie (aktual. Aufl.); 2007, 2014
Eagleman, D.: Inkognito – Die geheimen Eigenleben unseres Gehirns; Frankfurt a. M., 2013
Ehrt, O.: Frühdiagnostik bei Sehstörungen, S. 261 ff. in: W. von Suchodoletz (Hrsg.): Früherkennung von Entwicklungsstörungen; Göttingen 2005
Einsiedler, W.: Das Spiel der Kinder. Zur Pädagogik und Psychologie des Kinderspiels, Bad Heilbrunn, 1991
Erikson, E.H.: Identität und Lebenszyklus; Stuttgart, 1966
Erikson, E.H.: Identität und Lebenszyklus; Stuttgart, 1998
Erikson, E.H.: Kindheit und Gesellschaft, 14. Aufl.; Stuttgart, 2005
Ferrin, N.: Selbstkultur und mediale Körper. Zur Pädagogik und Anthropologie neuer Medienpraxen; Bielefeld, 2013
Flitner, A.: Spielen lernen – Praxis des Kinderspiels; München, 1977
Fuchs, T.: Das Gehirn – ein Beziehungsorgan. Eine phänomenologisch-ökologische Konzeption, 4. Aufl.; Stuttgart, 2013
Gebauer, K./Hüther, G. (Hrsg.): Kinder brauchen Wurzeln. Neue Perspektiven für eine gelingende Entwicklung, 7. Aufl.; Ostfildern, 2012

Ginsburg, H.: Piagets Theorie der geistigen Entwicklung, 7. Aufl.; Stuttgart, 1993
Goetze, H.: Handbuch der personenzentrierten Spieltherapie; Göttingen, 2002
Goetze, H.: Familien spielend helfen; Weinheim, 2013
Grimm, H.: Störungen der Sprachentwicklung; Göttingen, 2003, 2. Aufl.
Gröschke, D.: Das Spiel in der Entwicklung des geistig behinderten Kindes, in: Lernen Konkret Heft 4 – November, 1991, 2–8
Gröschke, D.: Praxiskonzepte der Heilpädagogik, 2. Aufl.; München, 1997
Grossmann, K.E./Grossmann, K. (Hrsg.): Bindung und menschliche Entwicklung; Stuttgart, 2003, 414–421
Grossmann, K.E./Grossmann, K. (Hrsg.): Bindung und menschliche Entwicklung. J. Bowlby, M. Ainsworth und die Grundlagen der Bindungstheorie, 2. Aufl.; Stuttgart, 2009
Hauser, B.: Spielen Frühes Lernen in Familie, Krippe und Kindergarten; Stuttgart, 2013
Heckhausen, H.: Entwurf einer Psychologie des Spielens. in: Psychologische Forschung, 27/ 1963/64, 225–243
Heimlich, U.: Einführung in die Spielpädagogik; Bad Heilbrunn, 2001
Hildebrandt, W.: Homo Ludens – Die Spiele des Menschen aus der Sicht der Anthropologie; in: Kaltenbrunner, G.-K. (Hrsg.); Im Anfang war das Spiel; München, 1987, 92–104
Hillebrand, C.: Lubo aus dem All! Programm zur Förderung sozialer Kompetenzen; München, 2009
Höfer, S.: Spieltherapie, Geleitetes individuelles Spiel in der Verhaltenstherapie; Weinheim, 2014
Höhler, G.: Glück im Spiel. in: Kaltenbrunner, G.-K. (Hrsg.); Im Anfang war das Spiel; München, 1987, 105–132
Hollenweger, J/Kraus de Camargo, O. (Hrsg.): ICF-CY; Bern, 2011
Huizinga, J.: Homo Ludens. Versuch einer Bestimmung des Spielelementes der Kultur; Basel/ Brüssel/Köln/Wien, 1949, 3. Aufl.
Huizinga, J.: Homo Ludens – Vom Ursprung der Kultur im Spiel; Hamburg, 1958
Hülshoff, Th.: Das Gehirn; Bern, 2000, 2. Aufl.
Kasten, H.: Soziale Kompetenzen, 1. Aufl.; Berlin 2008
Kaufmann, L.: Kognitive Entwicklungsneuropsychologie; Göttingen, 2007
Klauß, K.: Soziale Kompetenzen gezielt fördern, Praktische Übungen, Spiele und Geschichten für den Kindergarten, Donauwörth, 2013, 3. Aufl.
Knopf, M. (Forsch.-Gruppe a. d. Goethe-Universität); siehe http://www.psychologie.uni-frankfurt.de/56075415/Erg_SaeuglingsForschung.pdf
Kobi, E.E.: Grundfragen der Heilpädagogik; Bern/Stuttgart/Wien, 1993, 5. Aufl.
Kooij, R. v. d.: Die psychologischen Theorien des Spiels; in: Kreuzer, K.J. (Hrsg.); Handbuch der Spielpädagogik, Bd. 1; Düsseldorf, 1983, 297–336
Krenz, A./Klein, F.: Bildung durch Bindung. Frühpädagogik: inklusiv und beziehungsorientiert. Frühe Bildung und Erziehung; Göttingen, 2012
Kreuzer, K.J. (Hrsg.): Handbuch der Spielpädagogik, Bd. 1; Düsseldorf, 1983
Largo, R.H.: Babyjahre. Die frühkindliche Entwicklung aus biologischer Sicht (aktual. Neuaufl.); München, 2001
Largo, R.H.: Babyjahre. Entwicklung und Erziehung in den ersten vier Jahren, 16. Aufl.; München, 2015
Latal, B./Caflisch, J./Largo, R.H.: Neuromotorische Entwicklung im Kindesalter; in: Kaufmann, L. (Hrsg.); Kognitive Entwicklungsneuropsychologie; Göttingen, 2007, 225–244
Mahler, M./Pine, F./Bergmann, A.: Die psychische Geburt des Menschen. Symbiose und Individuation; Frankfurt, 2008
Marmet, O.: Ich und Du und so weiter, 3. Aufl.; München, 1994
Marsal, E./Dobashi, T.: Das Spiel. Die kreative Erwiderung des Menschen auf die Zufälligkeit; in: Schmidinger, H./Sedmak, C. (Hrsg.); Der Mensch – ein kreatives Wesen?; Darmstadt, 2008, 33–54
Mead, G.H.: Geist, Identität und Gesellschaft; Frankfurt, 1968
Merleau-Ponty, M.: Phänomenologie der Wahrnehmung; Bonn, 1966
Meyer-Glitza, E.: Wenn Frau Wut zu Besuch kommt. Therapeutische Geschichten für impulsive Kinder, 7. Aufl.; Salzhausen, 2013

Mogel, H.: Psychologie des Kinderspiels, 2. Aufl.; Berlin, 1994
Mogel, H.: Psychologie des Kinderspiels. Von frühsten Spielen bis zum Computerspiel; Berlin, 2008, 3. Aufl.
Moor, P.: Heilpädagogische Psychologie, Bd. 1; Stuttgart, 1960
Nielsen, L.: Der Fiela-Förderplan; Würzburg, 2000
Noterdaeme M.: Früherkennung autistischer Störungen; in: Suchodoletz, W. v. (Hrsg.); Früherkennung von Entwicklungsstörungen; Göttingen, 2005, 75–89
Oerter, R.: Psychologie des Spiels; Weinheim, 1999
Oerter, R./Montada, L.: Entwicklungspsychologie; Weinheim, 2002
Oerter, R.: Psychologie des Spiels. Ein handlungstheoretischer Ansatz, 2. Aufl.; München, 2011
Ortheil, H.J.: Glücksmomente; München, 2015
Oswald, P.: Grundgedanken der Montessori-Pädagogik, zusammengestellt aus Maria Montessoris Schrifttum und Wirkkreis; Freiburg, 1967
Oy, C.M. v.: Erinnerungen an eine geschenkte Zeit; Heidelberg, 2002
Oy, C.M. v./Sagi, A.: Lehrbuch der heilpädagogischen Übungsbehandlung. Hilfe für das Kind mit Entwicklungsstörung oder Behinderung; Heidelberg, 2008, 13. Aufl.
Oy, C.M. v./Sagi, A.: Lehrbuch der Heilpädagogischen Übungsbehandlung, 14., vollständig überarbeitete und erweiterte Auflage von Elke Biene-Deißler und Barbara Schroer; Heidelberg, 2011
Papousek, M/Gontard, A. v. (Hrsg.): Spiel und Kreativität in der frühen Kindheit; Stuttgart, 2003
Pertra-Fördermaterial: siehe hierzu ausführlich: info@pertra.de
Pfeffer, S.: Sozial-emotionale Entwicklung fördern; Freiburg, 2012
Piaget, J./Fatke, R.: Meine Theorie der geistigen Entwicklung; Weinheim, 2014
Portmann, A.: Das Spiel als gestaltete Zeit – Betrachtungen eines Biologen; in: Kaltenbrunner, G.-K. (Hrsg.); Im Anfang war das Spiel; München, 1987, 48–76
Portmann, A.: Das Spiel als gestaltete Zeit. in: Flitner, A./Kamper, D./Orff, G./Portmann, A./Thomas, Cl./Vonessen, F./v. d. Waerden, B.L.; Der Mensch und das Spiel in der verplanten Welt; München, 1976, 58–72
Prange, K./Strobel-Eisele, G.: Die Formen des pädagogischen Handels, 2. Aufl.; Stuttgart, 2015
Qualitätspapier; siehe ausführlich unter: dgspj.de
Reitemeyer, U.: Das Spiel im Schnittpunkt von Bildung, Ethik und Ästhetik; in: Marsal, E./Dobashi, T. (Hrsg.); Das Spiel als Kulturtechnik des ethischen Lebens; Münster, 2005, 47–66
Renner, M.: Spieltheorie und Spielpraxis, 3., neu bearb. Aufl.; Freiburg, 2008
Resch, F.: Der Einfluß gesellschaftlicher Rahmenbedingungen auf die kindliche Entwicklung; in: Gebauer, K./Hüther, G. (Hrsg.); Kinder brauchen Wurzeln, 7. Aufl.; Ostfildern, 2012
Retzlaff, R: Spiel-Räume. Lehrbuch der systemischen Therapie mit Kindern und Jugendlichen; Stuttgart, 2010
Revers, W.: Das Leibproblem in der Psychologie. In: Rocek, R./Schatz, O. (Hrsg.): Philosophische Anthropologie heute; München, 1972
Röhrs, H.: Das Spiel – ein Urphänomen des Lebens; Wiesbaden, 1981
Sarimski, K.: Entwicklungsbeurteilung und Förderung im Spiel mit geistig behinderten Kleinkindern; In: Papousek, M/Gontard, A. v. (Hrsg.); Spiel und Kreativität in der frühen Kindheit; Stuttgart, 2003
Sarimski, K.: Psychische Störungen bei behinderten Kindern und Jugendlichen; Göttingen, 2005
Sarimski, K.: Frühförderung behinderter Kleinkinder; Göttingen, 2009
Sarimski, K.: Familienorientierte Frühförderung von Kindern mit Behinderung; München, 2013
Schenk-Danzinger, L.: Zur entwicklungspsychologischen Bedeutung des Spiels, in: Kreuzer, K.J. (Hrsg.); Handbuch der Spielpädagogik, Bd. 1; Düsseldorf, 1983, 369–384
Scheuerl, H.: Zur Begriffsbestimmung von »Spiel« und »spielen«; in: Röhrs, H.; Das Spiel – ein Urphänomen des Lebens; Wiesbaden, 1981, 40–52

Scheuerl, H.: Das Spiel. Untersuchungen über sein Wesen, seine pädagogischen Möglichkeiten und Grenzen. Bd. 1; Weinheim/Basel, 1994, 12. Aufl.
Schmid, W.: Leben als Spiel? Philosophische Überlegungen zur Lebenskunst; in: Marsal, E./ Dobashi, T. (Hrsg.); Das Spiel als Kulturtechnik des ethischen Lebens; Münster, 2005, 23–32
Schmidtchen, St.: Allgemeine Psychotherapie für Kinder, Jugendliche und Familien. Ein Lehrbuch; Stuttgart, 2001
Schroer, B.: Heilpädagogische Entwicklungsförderung und Begleitung im Spiel Artikel in: heilpädagogik.de 04/2015
Schroer, B.: Das Spiel als Symbol der kindlichen Entwicklung. Ein heilpädagogisches Handlungskonzept zur Entwicklungsbegleitung und -förderung im Spiel; unveröffentlichte Diplomarbeit, vorgelegt am 14. Juni 2005, KFH NW, Abteilung Münster
Schroer, B./Biene-Deißler, E.: Heilpädagogische Entwicklungsförderung und Begleitung im Spiel nach dem Konzept der »Heilpädagogischen Übungsbehandlung«, in: Greving, H./ Schäper, S. (Hrsg.): Heilpädagogische Konzepte und Methoden; Stuttgart 2013, S. 97–122
Schulz von Thun, F.: Miteinander reden. Störungen und Klärungen; Reinbek/Hamburg, 1981
Senckel, B.: Du bist ein weiter Baum. Entwicklungschancen für geistig behinderte Menschen durch Beziehung; München, 1998
Senckel, B.: Mit geistig Behinderten leben und arbeiten. Eine entwicklungspsychologische Einführung, 6. Aufl.; München, 2002
Senkel, B.: Wie Kinder sich die Welt erschließen; München, 2004
Siegler, R.: Entwicklungspsychologie im Kindes- und Jugendalter, 3. Aufl.; Heidelberg, 2011
Simon, T./Weiss, G. (Hrsg.): Heilpädagogische Spieltherapie; Stuttgart, 2008
Skinner, B.F.: Erziehung als Verhaltensformung. Grundlage einer Technologie des Lernens; München, 1971
Specht-Tomann, M.: Wenn Kinder Angst haben, 2. Aufl.; Ostfildern, 2011
Spitzer, M.: Geist im Netz: Modelle fürs Lernen, Denken und Handeln; Heidelberg, 2000
Stahl, B./Irblich, D. (Hrsg.): Diagnostik bei Menschen mit geistiger Behinderung; Göttingen, 2005
Sterkenburg, P.S.: Bindungsbeziehung entwickeln: Ein Arbeitsbuch für die Gestaltung einer engen Bindungsbeziehung mit Kindern oder Erwachsenen mit schwerer geistiger oder mehrfacher Behinderung, bartimeus.nl, 2013
Stern, D.N.: Mutter und Kind. Die erste Beziehung; Stuttgart, 1985
Stern, D.N.: Die Lebenserfahrung des Säuglings; Stuttgart, 1992
Suchodoletz, W. v. (Hrsg.): Früherkennung von Entwicklungsstörungen; Göttingen, 2005
Sutton-Smith, B.: Hoppe, hoppe, Reiter. Die Bedeutung von Kinder-Eltern-Spielen; München, 1989
Thompson, R.F.: Das Gehirn, 3. Aufl.; Heidelberg, 2001
Vopel, K.W.: Handbuch für Gruppenleiter; Hamburg, 1976
Watson, J.B.: Behaviorismus; Köln, 1968
Watzlawick, P./Beavin, J.H./Jackson, D.D.: Menschliche Kommunikation. Formen, Störungen, Paradoxien, 12., unveränd. Aufl.; Bern, 2011
Watzlawick, P.: Die Möglichkeit des Andersseins: Zur Technik der therapeutischen Kommunikation, 7. Aufl.; Bern, 2015
Weinberger, S.: Kindern spielend helfen; Weinheim/Basel, 2001
WHO, dimdi.de 2012
Winnicott, D.W.: Ich-Integration in der Entwicklung des Kindes. In: Winnicott, D.W. (Hrsg.); Reifungsprozesse und fördernde Umwelt; München, 1962
Winnicott, D.W.: Vom Spiel zur Kreativität, 4. Aufl.; Stuttgart, 1987
Winnicott, D.W.: Vom Spiel zur Kreativität, 11. Aufl.; Stuttgart, 2006
Winnicott, D.W.: Übergangsobjekte und Übergangsräume; Gießen, 2014
Wygotski, L.S.: Mind in society: The development of higher psychological processes; Cambridge, 1978
Zaborowski, H.: Spielräume der Freiheit. Zur Hermeneutik des Menschseins, 2. Aufl.; Freiburg/München, 2013
Ziethen, U.: Erziehen allein genügt nicht; unveröffentl. Manuskript; Bad Lauterberg, 1988

Zoelch, Ch.: Visuo-Perzeption und Visuo-Motorik; in: Kaufmann, L. (Hrsg.); Kognitive Entwicklungsneuropsychologie; Göttingen, 2007, 200–224
Zöller, E./Kolloch, B./Wechdorn, S.: Ich bin ganz schön wütend! Vorlesegeschichten vom Wütendsein und Einander-Verstehen; Hamburg, 2006
Zollinger, B.: Die Entdeckung der Sprache. Beiträge zur Heil- und Sonderpädagogik; Bern/Stuttgart/Wien, 1995
Zollinger, B. (Hrsg.): Kinder im Vorschulalter, 3. Aufl.; Bern, 2008
Zulliger, H.: Heilende Kräfte im kindlichen Spiel, 3. Aufl.; Stuttgart, 1959
Zulliger, H.: Heilende Kräfte im kindlichen Spiel, 8., unveränd. Aufl.; Eschborn bei Frankfurt a. M., 2007
Zwirner, P.: Rechtzeitiges Erkennen von Kindern mit Hörstörungen; in: Suchodoletz, W. v. (Hrsg.); Früherkennung von Entwicklungsstörungen; Göttingen, 2005, 245–260

Sachwortregister

A

Abschiednehmen 179
Abschluss 178
Acht-Monats-Angst 140
Adaptionsprozesse 76
Affektaustausch 30, 33
Affektregulation 31
Affektspiegelung 70
Akkommodation 49
Akteur 27
Alltäglichkeit 11–12
Ambivalenz 15
Aneignung 51
Angstbewältigung 141
Angstsymptome 140
Assimilation 49
Assimilationsleistung 132
Assoziationsareale 69
Aufforderungscharakter 104
Aufmerksamkeit 33
Aufmerksamkeitslenkung 66, 135, 173
Aufmerksamkeitsprozesse 30
Auge-Hand-Koordination 103, 122, 154
Ausdauer 104
Autismus-Spektrum-Störung 114, 133–135
Autonomie 43, 66
Autonomieentwicklung 91

B

Baby-Talk 66
Bauen 97
Bauspiele 55
Beobachtungsfokus 47
Bewegungsentwicklung 68
Bewegungsspiele 69
Beziehungserfahrungen 22, 41
Beziehungsgestaltung 150, 182
Beziehungsorgan 22
Beziehungsqualität 168
Bindung 17
Bindungsqualität 31
Bindungsstörungen 140
Bindungsverhalten 32
Blickkontakt 66
Blindheit 121
Blindismen 122

C

Chromosomenanomalien 44
Chronosystem 34

D

Dasein 12
Dekontextualisierung 128
Deprivationssymptomatik 133
Destruktionsspiel 98
Dezentralisierung 128
Dialog 9, 16
Differentialdiagnostik 133
Differenzierung 177
Diskriminationsfähigkeit 115
Distanzlosigkeit 48

E

Einfühlungsvermögen 138
Einzelförderung 79
Eltern-Kind-Interaktion 66, 69, 72, 78
Embryo 21
Emotionale Störungen des Kindesalters 140
Emotionsregulation 139
Empathie 32, 173
Entwicklungsaufgaben 48, 62, 81, 97, 108, 170
Entwicklungsbeeinträchtigungen 144, 183
Entwicklungshilfe 145
Entwicklungsschritte 167
Entwicklungsstörung 134
Entwicklungsstörung motorischer Funktionen 117

Erziehungsmethoden 166
Erziehungsverhalten 168
Existenz 29
Exosystem 34
Explizites Lernen 30
Explorationsspiele 55

F

Farberkennung 74
Feedbackschleifen 76
Feinfühligkeit 31
Fetus 21
Figur-Grund-Wahrnehmung 73, 154
Freiheit 15
Frustrationstoleranz 104
Funktionslust 77
Funktionsspielalter 63, 71, 77
Funktionsspiele 55

G

Gebärdensprache 124
Gedächtnisentwicklung 19, 71
Gedächtnisleistung 22, 116
Gedächtnisnetzwerk 73
Gedächtnisprozesse 24
Gegenwart 27
Geschlechtsrollenkompetenzen 170
Gesichtswahrnehmung 70
Gestalt 180
Glück 15
Grobmotorik 33
Gruppenangebot 174
Gruppenkompetenzen 170
Gruppenprojekte 178
Guck-Guck-Spiel 71, 123

H

Haltgebung 181
Handlungsraum 26
Heilpädagogische Spieltherapie (HPS) 36, 147–148
Heilpädagogische Übungsbehandlung (HPÜ) 146, 148
Hemiparese 120
Hemisphäre 106–107
Hippocampus 20–21
Hörbeeinträchtigung 114, 124
Hörgerät, Cochlea Implantat 123
Hörschädigung 124
Hörsinn 21
Hörverlust 123

Hospitalismus 133
Hospitation 168
Hyperkinetische Störungen 141

I

ICD-10 111
ICF (International Classification of Functioning, Disability and Health) 47
ICF-CY 111–112
Ich-Bewusstsein 41
Ich-Entwicklung 59, 89
Ich-Identität 72
Ich-Stärke 178
Ich-Umwelt-Bezug 102
Ich-Werdung 43
ICP 80
Identität 10, 17, 42
Illusionsspiele 55
Imitationsspiele 66
Imitationsspielhandlung 83, 88
Implizites Lernen 30
Intelligenzminderung 128
Intimität 177

K

Kindertagesstätte 59
Klangbaum 130
Kleingruppenangebot 158
Kleinhirn 69
Kniereiterspiele 71
Know-how-Spiele 77
kognitive Leistungsfähigkeit 128
Kohärenzgefühl 44
Kommunikationsebenen 39
Kommunikationsprobleme 40
Kompensationsstrategien 119–120
Konditionierung 30
Konstruktionsspiel 21, 55
Kontextfaktoren 112
Kontrastintensität 74
Kontrolle 176
Konzentrationsfähigkeit 104
Konzentrationsvermögen 157
Koordination 26, 116
Koordinationsleistung 60
Körperlichkeit 29
Körperschema 115
Kortex 21, 69
Kultur 9
Kulturtechniken 128
Kurzzeitgedächtnis 20

L

Lähmung 114, 117
Langzeitgedächtnis 20
Leib 29
Lernen am Modell 66
Lernentwicklung 22
Lernfähigkeit 19
Lerngeschichte 29, 39
Lernprozesse 28
Loslösung 66, 71
Lustprinzip 50

M

Makrosystem 34
Malen 100, 105
Manierismen 138
Material-Orientierung 175
Merkfähigkeit 63, 75
Mesosystem 34
Metakommunikation 94
Mikrosystem 34
Milieu 42
Minderwertigkeitsgefühl 37
Mitteilung 38
Mittel-Zweck-Differenzierung 75
Modell 47
Motorik 21
motorische Beeinträchtigungen 120
Märchen 178

N

Nachahmung 128
Nachahmungsfähigkeit 91
Nähe-Distanz-Verhältnis 26
Nervensystem 54
Nervenzellen 19
Netzwerk 24–25
Netzwerke 28
Neurologie 19
Neuronale Netzwerke 76
Neuronen 28
Nichtzufälligkeit 15

O

Objektivierung 51
Objektkonstanz 49, 154
Objektpermanenz 63, 75, 133
Objekttransformation 91
Objektwahrnehmung 74

P

Parallelspiel 66, 77
Partizipation 127, 183
Peergroup 131
Person-Orientierung 175
Personale Identität 41
Personpermanenz 66
Perspektivübernahme 91–95
Persönlichkeit 31
Persönlichkeitsentwicklung 131
Persönlichkeitsmodell 50
Phobien 140
Polarisation der Aufmerksamkeit 72, 95
Positionskampf 176
Problemlösefähigkeit 91
Puppenspiel 95

R

Raum 178
Raum-Orientierung 175
Raumdimensionen 102
Realitätsformation 51
Realitätsprinzip 50
Reflexion 68, 83–85
Regelspiel 36, 55
Regulationsstörungen 140
Resilienzen 120
Resonanz 97
Ressourcenanalyse 112
Ritual 51
Rolle 97
Rollenerwartungen 36
Rollenspiel 36–37, 55
Rollenwechsel 81
Routinen 52
Rückzugstendenz 139

S

Salutogenese 43
Säugling 26
Schädigung der Sinnesfunktionen 121
Schuldgefühl 43
Schwerhörigkeit 123
Schwerkraft 63
Sehbeeinträchtigung 114, 121
Sehsinn 21
Selbstbezogenheit 45
Selbstdarstellung 38
Selbstregulation 71, 91
Selbstständigkeitsentwicklung 89
Selbstwerdung 30

191

Selbstwertproblematik 119
Selbstzweck 51
Sensorik 73
Skript-Entwicklung 95
Sozial-emotionale Beeinträchtigungen 138, 143
Soziales Regelwerk 92
Sozialität 33
Sozialspiel 60, 77–78
Spiegelerfahrung 70
Spiegelneuronen 29
Spiegelsystem 69
Spiel-Beobachtungsbogen der Heilpädagogischen Übungsbehandlung 108
Spielbeobachtung 59, 113, 116, 120, 183
Spielbeobachtung bei Autismus-Spektrum-Störung 138
Spielbeobachtung bei Hörverlust 125
Spielbeobachtung bei Sehbeeinträchtigung 122
Spielbeobachtung bei sozial-emotionalen Beeinträchtigungen 143
Spielbeobachtung bei Sprachentwicklungsauffälligkeiten 127
Spieldialog 70, 170
Spielentwicklung 76
Spielentwicklungsniveau 59, 113
Spielformen 48
Spielhandlung 51, 85, 112
Spielmaterialien 158
Spielplanung 80, 158
Spielqualitäten 54
Spielrahmen 50
Spielsituationen 158
Spielsprache 167
Spielstunde 160
Spielthemen 62, 81, 97, 108
Spielverhalten 54
Spielzentrum 27
Spielzeuge 60
Sprache 10
Sprachentwicklung 114, 123, 125
Spracherwerb 125
Sprachförderung 124
Steckspiele 136
Störungen des Sozialverhaltens 142
Stundenbild 175
Subjektivierung 51
Subjektivitätszentrum 29
Symbolisierung 91–92
Symbolisierungsfähigkeit 128
Symbolspielhandlung 79, 84, 90
Symbolverständnis 56, 78, 126
Synapsen 28

T

Tast-Spiele 73
Teilhabe/Partizipation 112, 124, 183
Theory of Mind 94
Tiefenwahrnehmung 74–75
Transition 34
Trennung 178
Trennungsangst 140
Triangulierung 72, 170
Trisomie 21 153

U

Überempfindlichkeit 140
Übergangsobjekt 71
Umwelt 97
Umwelterfahrung 58
Urvertrauen 43

V

Vergegenständlichung 51
Verhaltensauffälligkeiten 139
Verhaltensstrategien 166
Verlebendigung 78
Vernunft 10
Versteck-Spielen 75
Vertrautheit 71, 177
vestibuläre Wahrnehmung 115
Visuo-Motorik 74–75

W

Wahrnehmungsbeeinträchtigungen 114, 116
Wahrnehmungsverarbeitung 57
Welterschließung 47
Weltkonstruktion 15
Weltverstehen 17
Werksinn 37
WHO (World Health Organisation) 47, 111
Wiederholung 51, 54

Z

Zeichnen 100, 105
Zeit 10–11, 16, 95
Zeitverzerrung 179
Zerebralparese 118–119
ZNE 79, 82, 97
ZNS 121
Zone nächster Entwicklung 59, 63, 82, 88, 97, 103, 108, 146